WER KRIEGT DIE KURVE?

Buch und E-Book in einem – Lesen, wie *Sie* wollen!

1. Öffnen Sie die **Webseite** www.campus.de/ebookinside

2. Geben Sie folgenden **Downloadcode** ein und füllen Sie das Formular aus

   »TICKET TO READ« – IHR CODE: 2EYLW-U8M4R-SPJSH

3. Wählen Sie das gewünschte E-Book-**Format** (MOBI/Kindle, EPUB, PDF)

4. Mit dem Klick auf den Button am Ende des Formulars erhalten Sie Ihren persönlichen **Downloadlink** per E-Mail

Professor Dr. Ferdinand Dudenhöffer ist Direktor des CAR-Instituts an der Universität Duisburg-Essen sowie Inhaber des Lehrstuhls für allgemeine Betriebswirtschaftslehre und Automobilwirtschaft an der Universität Duisburg-Essen. Er ist der bekannteste und meistzitierte Autoexperte Deutschlands.

Ferdinand Dudenhöffer

WER KRIEGT DIE KURVE?

ZEITENWENDE IN DER AUTOINDUSTRIE

Campus Verlag
Frankfurt/New York

Dieses Buch wäre nicht möglich gewesen ohne die mehr als eine Milliarde Autobesitzer, die als Kunden die spannendste Branche der Welt prägen. Wesentlich gewonnen hat es durch die Anregungen meiner Lektorin Andrea Dietrich. Und trotz des Buches hat meine liebe Frau Ulrike ihre Geduld mit dem »größten Egoisten der Welt« nicht verloren.

ISBN 978-3-593-50607-4 Print
ISBN 978-3-593-43441-4 E-Book (PDF)
ISBN 978-3-593-43461-2 E-Book (EPUB)

Copyright © 2016 Campus Verlag GmbH, Frankfurt am Main
Umschlaggestaltung: Guido Klütsch, Köln
Umschlagmotiv: © Getty Images
Satz: Campus Verlag GmbH, Frankfurt am Main
Gesetzt aus: Scala und Lintel
Druck und Bindung: Beltz Bad Langensalza GmbH
Printed in Germany

www.campus.de

INHALT

VORWORT

Seit 130 Jahren bewegen wir uns »motorisiert«. Dabei erfinden sich das Auto und seine Branche ständig neu. Seit Carl Benz und Gottfried Daimler hat die Automobil- und Zulieferindustrie bis zum heutigen Tage in großen Metamorphosen immer wieder unter Beweis gestellt, wie innovativ und anpassungsfähig ihr System der individuellen Mobilität ist. Länder mit niedriger Motorisierung liegen in ihrem Wohlstand weit hinten abgeschlagen, wie etwa die Staaten Zentralafrikas. Der Aufstieg Chinas zu einer neuen Weltmacht ist ebenso mit dem Auto verknüpft, wie es der Aufstieg der USA war. Gesellschaftliche Veränderungen werden vom und mit dem Auto begleitet.

Künstler wie HA Schult beschäftigen sich in ihrem Schaffen genauso mit dem Auto wie Filmemacher, Philosophen und Schriftsteller. »Das Auto ist das technische Zentralobjekt der Moderne«, hat es der Philosoph Peter Sloterdijk auf den Punkt gebracht. Um den »Fetisch Auto« zu verstehen, schuf HA Schult sein Flügelauto, das Kunstwerk *Frozen Time* und im Jahre 1970 die Aktion 20 000 Kilometer. »Das Auto gab uns Freiheit wie kein Ding je zuvor und Unfreiheit gleichermaßen. Wir sind alle Autos«, fasste HA Schult seine Erfahrungen und Einsichten in Peter Weibels Ausstellungswerk *Car Culture* des Karlsruher ZKM im Jahr 2011 zusammen. Der Verhüllungskünstler Christo befasste sich mit dem »Wrapped Automobile«, einem 1959er Studebaker, und einem VW-Beetle in »Wrapped Volkswagen«, um unsere Fantasien zum Objekt Auto und seine Geheimnisse einzufangen. Wie das Auto zur Geißel werden kann, wenn es eine Gesellschaft zu stark dominiert, wird in dem Experimentalfilm

»Weekend« aus dem Jahr 1967 des französischen Regisseurs Jean-Luc Godard spürbar. Das Auto ist ein wesentlicher Teil unserer Gesellschaft und damit kontrovers.

In zwei großen Wellen haben sich das Auto und seine Branche in den vergangenen hundert Jahren grundlegend gewandelt: Mit der Einführung der Fließbandfertigung durch Henry Ford im Januar 1914 wurden das erschwingliche Auto und damit die Massenmotorisierung erst möglich. Mit der japanischen Revolution der »Lean Production«, also der schlanken Prozesse, in den Achtziger- und Neunzigerjahren zog das Denken in komplexen Wertschöpfungsketten und Qualitätsprozessen in unsere Industrie ein. Derzeit stehen wir mitten in der dritten großen Welle: Gleich drei große naturwissenschaftliche und technische Erkenntnisfortschritte sind die Auslöser:

Erstens: die Antriebsintelligenz – unsere Autos können ohne Abgase fahren. Neue Energiespeicher wie Lithium-Ionen-Batterien ermöglichen diesen Fortschritt. Zweitens: die künstliche Intelligenz der Maschinen – wir marschieren schnurstracks ins Zeitalter des autonom fahrenden Autos. Roboter ersetzen bereits in Pilotprojekten den Autofahrer. Drittens: die Schwarmintelligenz – unser Auto wird stärker gemeinschaftlich genutzt werden können. Sharing Economy ist das Schlüsselwort, das den gesellschaftlichen Wert des Autos steigert und gleichzeitig öffentliche Verkehrsträger wie den unbeweglichen Koloss der Deutschen Bahn entwertet.

So wie es derzeit aussieht, wird die dritte Welle die revolutionärste werden. Große radikale Veränderungen bezeichnete der österreichische Nationalökonom Joseph Schumpeter zu Beginn des 20. Jahrhunderts als »schöpferische Zerstörung«, die gnadenlos alte Strukturen verdrängt und schließlich zerstört. Nur durch Zerstörung kann Neuordnung stattfinden, so Schumpeter. Der Harvard-Ökonom und frühere Unternehmensberater Clayton Christensen beschrieb diese Übergänge als »Disruptive Innovations«, als Innovationen, die Erschütterungen und völlige Umgestaltungen von Branchen mit sich bringen. Die Chefin von General Motors, einem der größten Autohersteller der Welt, Mary Barra, drückte es in einer Rede beim 16. CAR

Symposium meiner Universität so aus: »Die Automobilindustrie wird sich in den nächsten fünf Jahren stärker verändern als in den 50 Jahren davor.«

Hinzu kommt, dass die Branche noch einige traditionelle Hausaufgaben zu erledigen hat. Dazu gehören die Bewältigung der immer größer werdenden Rückrufwellen und eine Neuorientierung bei der Verlässlichkeit und Qualität der Autos, die Neuordnung des Vertriebs und die Realisierung des »Billigautos«. Zusätzlich stellen sich Fragen nach der Aufrichtigkeit und Kultur wichtiger Unternehmen. Der VW-Dieselskandal, die Betrügereien der japanischen Autobauer Mitsubishi und Suzuki bei den jahrelang falschen Verbrauchsangaben der Fahrzeuge und die berüchtigt gewordenen Thermofenster bei der Abgasreinigung von Dieselmotoren zeigen: Es sind noch einige Hausaufgaben von gestern liegen geblieben, die gleichzeitig mit dem großen Wandel angegangen werden müssen.

Mit diesem Buch wollen wir diskutieren, in welche Richtung sich Geschäftsmodell, Denken und Strategie der traditionellen Autohersteller und Zulieferer verändern müssen, um nicht von den neuen Anbietern der Internetindustrie, mächtigen und schnellen Unternehmen wie Apple, Alibaba, Baidu, Google, Tesla oder Uber »überrollt« zu werden. Was muss getan werden, um bei der Zeitenwende der Automobilindustrie zu den Gewinnern zu gehören? Dies gilt nicht nur für Unternehmen, sondern auch für Staaten. Deutschland wird oft als Autonation bezeichnet und der frühere Bundeskanzler Gerhard Schröder kokettierte gerne als Autokanzler. Werden wir Autonation bleiben? Oder wird Deutschland eher auf der Verliererseite der disruptiven Veränderungen stehen?

1. MODELLE, MÄRKTE, WETTBEWERBER: AUTOINDUSTRIE HEUTE

Es begann vor 130 Jahren: Mit seinem »Patent-Motorwagen Nummer 1« läutete Carl Benz das Zeitalter des Autos ein. Oft wurde das Auto in der Vergangenheit schon als zukunftslos eingestuft: Etwa im November 1973, nach den bundesweiten Fahrverboten und autofreien Sonntagen infolge der Ölkrise, oder Anfang der Achtzigerjahre, als das Waldsterben im Mittelpunkt der Diskussionen stand. Als Reaktion darauf wurden der Katalysator und bleifreies Benzin in Deutschland eingeführt. Kritiker um das Auto gab es viele. Autobahnen und Blechlawinen zerstörten Landschaften und Städte, betonten Umweltverbände. Der Mensch sei nicht fürs Autofahren gebaut, das Auto setze Aggressionen frei, argumentierten Psychologen. Trauriger Negativrekord: Im Jahr 1970 waren 599 364 Verunglückte und 21 332 Verkehrstote in Deutschland zu beklagen. Aber bislang konnten weder Ölkrisen noch andere Ereignisse das Auto aufhalten, auch weil es sich immer wieder anpasste und viele Kritikpunkte mit Innovationen entkräftete. Eine besonders berühmte unter den zahlreichen Fehlprognosen gab ausgerechnet Gottlieb Daimler persönlich ab, der davon überzeugt war, dass »die weltweite Nachfrage nach Kraftfahrzeugen eine Million nicht überschreiten wird – allein schon aus Mangel an verfügbaren Chauffeuren«. Alle Einschätzungen haben sich als falsch herausgestellt. Bis heute. Wie ist die Branche aktuell aufgestellt, und wird sie damit den Herausforderungen einer neuerlichen Zeitenwende begegnen können?

Individuelle Mobilität: Warum werden Autos verkauft?

Zu Beginn des Jahres 2015 waren weltweit 1,02 Milliarden Personenkraftwagen (Pkw) registriert. Allein auf Europas Straßen fährt ein Viertel davon, nämlich 250 Millionen Pkw, in Deutschland sind offiziell 45 Millionen zugelassen. Wer hierzulande mit einem Verkehrsmittel unterwegs ist, der nutzt in knapp 85 Prozent der Fälle das Auto. Konkret haben wir Deutschen im Jahr 2014 rund 929 Milliarden Kilometer mit dem Auto zurückgelegt. Zum Vergleich: Die durchschnittliche Entfernung zwischen Erde und Mond beträgt etwa 385 000 Kilometer. Alle in Deutschland lebenden Menschen fahren also zusammengenommen jedes Jahr mit Autos etwa genauso weit wie 1,2 Millionen Mal von hier bis zum Mond und wieder zurück!

Diese wenigen Zahlen, so ungeheuer und unvorstellbar sie sind, zeigen sehr deutlich die Bedeutung des Autos für unsere Gesellschaft. Ohne Auto funktioniert Deutschland nicht. Aber auch Europa nicht, und erst recht nicht die USA. Die Transportmittel des öffentlichen Personenverkehrs – Bahnen, Busse, Flugzeuge – machen zusammen nicht einmal ein Sechstel unserer Personenverkehrsleistungen aus. Zudem sind Auto, Wohlstand und wirtschaftliche Entwicklung eng miteinander verknüpft. Das zeigt etwa ein Vergleich mit den wirtschaftlich schwächeren Regionen der Erde. In Deutschland beträgt das Bruttoinlandsprodukt pro Kopf 47 000 US-Dollar, in den ärmsten Staaten Afrikas, wie etwa Somalia, Burundi, Gambia oder Niger ist es gerade einmal ein Dreißigstel davon oder sogar noch weniger. Das kleine Malawi in Südostafrika erwirtschaftet pro Einwohner und Jahr gut 200 US-Dollar.

Afrikas Bevölkerung von rund einer Milliarde Einwohner besitzt zusammen etwas mehr als 25 Millionen Pkw. Auf 1 000 Afrikaner kommen also etwa 25 Pkw. In Deutschland besitzt dagegen mehr als jeder zweite ein Auto, und zwar einschließlich der neugeborenen Babys und 95-jährigen Omas. In USA und Kanada sind es im Durchschnitt sogar 790 Pkw und Pick-ups auf 1 000 Einwohner. Die Amerikaner lieben SUV (Sport Utility Vehicles, die auch hierzulande immer beliebteren »sportlichen Geländewagen«), Großraumlimousinen (Vans) und Pick-ups. Diese drei Fahrzeugarten werden dort als Light Vehicles bezeichnet und machen fast 60 Prozent des US-Automarktes aus.

Die Mobilität der Menschen mit dem Auto, Motorroller oder Fahrrad, also die individuelle Mobilität, ist eine Art Grundvoraussetzung zur Entwicklung moderner Industrie- und Dienstleistungsgesellschaften. Ohne individuelle Mobilität ist kein Wirtschaftswachstum möglich. Wohlstand ohne Auto ist in unserer Welt der Gegenwart schlicht und ergreifend ausgeschlossen. Das Auto hat also eine weitaus bedeutendere Funktion in unserer Gesellschaft, als es die schönen TV-Spots und die teuren Hochglanzmodelle suggerieren. Zwar prägen in der Regel die Premiumhersteller unsere Wahrnehmung: Denken wir an Auto, dann denken wir »Porsche«, »BMW«, »Mercedes«, wir denken an Audi, Volvo oder Mini. Doch nur jeder neunte weltweit verkaufte Neuwagen stammt von einem dieser Hersteller. Im Jahr 2015 waren unter den 78,3 Millionen weltweit verkauften Pkw knapp 8,5 Millionen Fahrzeuge von Premiummarken. Es sind die Neuwagen der Marken Toyota, VW, Ford, Chevrolet, Nissan, Hyundai, Renault, Opel, Peugeot, Fiat, Honda, Škoda oder Dacia, mit denen sich die Menschen in der Welt bewegen. Auto ist Massenmotorisierung und Massenmobilität. Mobilität in unseren modernen, weit entwickelten Staaten ist ohne Auto nicht oder nur zu weitaus höheren Kosten möglich.

Das zeigt sich etwa sehr deutlich an den Veränderungen in China in den letzten zwei Jahrzehnten. Die großen wirtschaftlichen Erfolge der Volksrepublik spiegeln sich eins zu eins im chinesischen Automarkt wider. Im Jahr 1995 wurden in China 411 000 neue Autos verkauft, weniger als die durchschnittlichen jährlichen Neuwagenverkäufe in den Niederlanden. Bis zum Jahr 2005 kletterte die Verkaufszahl in China auf 3,2 Millionen Neuwagen. Das entspricht etwa dem deutschen Automarkt. Und noch einmal zehn Jahre später hatten die Chinesen die Verkaufsgrenze von 20 Millionen Neuwagen geknackt. Die USA als ehemals größten Neuwagenmarkt verwies China sogar schon sechs Jahre zuvor auf den zweiten Platz. China ist also in zwanzig Jahren von einem Automarkt vergleichbar dem in den Niederlanden zum mit Abstand größten Automarkt der Welt gewachsen. Ohne die Motorisierung wäre die wirtschaftliche Entwicklung des Landes nicht möglich gewesen. Dabei kämpfen nicht nur Chinas Großstädte mit Staus, Verkehrslärm und Autoabgasen. Die wirtschaftliche Entwicklung wandert inzwischen immer stärker von den Megacities wie Peking, Shanghai oder Chongqing mit deutlich mehr als zehn Millionen Einwohnern in die Regionen und Provinzen des Riesenreichs. In der Mongolei ist der Dacia ein Luxusprodukt, das sich nur wenige leisten können. In Shanghai dagegen sind Porsche oder Jaguar stärker im Straßenbild vertreten als in London oder Berlin. Deshalb kämpft die chinesische Staatsregierung angesichts der sich anbahnenden Veränderungen in der Autoindustrie an zwei Fronten. Sie braucht die erschwingliche Mobilität für die Entwicklung der Provinzen und sie braucht das emissionslose, automatisierte und vernetzte Auto in den Millionenstädten. Das Beispiel China zeigt, welch gewaltige politische Dimension das Auto und seine Entwicklung für unsere Gesellschaft haben.

Wir brauchen das Auto – auch und gerade in Zukunft. Wie sehr der Individualverkehr unsere Mobilität bestimmen wird, das hängt allerdings stark von seiner Qualität ab. Die großen Engpässe dabei sind Parkraum, Staus, Unfälle, Lärm und Abgase. Tatsächlich existieren für all diese Probleme bereits Lösungen, und zwar keine Zukunftsutopien, die erst in fünfzig Jahren umgesetzt werden, sondern konkrete Entwicklungen, die wir Stück für Stück in den nächsten zehn Jahren sehen und erleben werden. Das »System Auto« wird sich grundlegend verbessern und zu einem wichtigen Bestandteil eines integrierten Verkehrssystems werden: Das Auto der Zukunft wird nicht mehr isoliertes Fortbewegungsmittel sein, sondern Teil einer in sich vernetzten Mobilitätswelt.

Dank Elektromobilität werden wir Abgase und Lärm erheblich reduzieren. Mit neuen Datenverknüpfungen können etwa durch geschickte Nutzung wie zum Beispiel mit Carsharing-Systemen Kosten erheblich gesenkt und gleichzeitig die Menge der Fahrzeuge in Metropolen – und damit der Parkraum – deutlich effizienter genutzt werden. Und schließlich wird uns die Technik des selbstfahrenden

Autos ermöglichen, die durch den Faktor Mensch entstehenden Fehler beim Autofahren zu verringern und damit die Sicherheit wesentlich zu steigern. »Vision Zero«, das Ziel der völligen Verkehrssicherheit ganz ohne Verkehrstote und Schwerverletzte, rückt erstmals in greifbare Nähe. Wir werden diese bahnbrechenden Veränderungen mit ihren Versprechen und ihren Risiken in den folgenden Kapiteln näher betrachten.

Mit dem »neuen« Auto – dem vernetzten, dem abgaslosen, dem noch sicheren – wird unsere Mobilität einen deutlichen Schub erhalten. Schienengebundene, zentralistische Verkehrsträger wie etwa die Deutsche Bahn werden es dagegen in Zukunft noch schwerer haben – besonders, wenn sie solch gravierende Altlasten mit sich herumtragen, die verhindern, dass Strukturen und Strategien rechtzeitig auf die Zukunft eingestellt werden.

Es gibt also zahlreiche gute Gründe dafür, anzunehmen, dass die Zahl der verkauften Autos in Zukunft sogar höher liegen wird als in der Vergangenheit. Ebenso ist es wahrscheinlicher, dass das Auto in Zukunft einen noch größeren Teil unserer persönlichen Mobilität ausmacht, als dass es an Bedeutung verlieren wird. Gottfried Daimler lag mit seiner Prognose falsch, weil er die Innovationskraft des Systems Auto unterschätzte. Die individuelle Beweglichkeit, zusammen mit der Digitalisierung unserer Welt, wird es dem System Auto ermöglichen, Marktanteile weiter auszubauen und sich in ein Mobilitätsnetz zu integrieren.

Schwellenländer: Wo werden heute und in Zukunft Autos verkauft?

Wie wird also der Weltautomarkt langfristig aussehen? Dazu will ich kurz mithilfe der Abbildung 1 »Entwicklungsmuster Automärkte« das Standardprognosemodell zur langfristigen Analyse der Automärkte exemplarisch erläutern. Die Grundprämissen sind einfach: Je höher das Pro-Kopf-Einkommen in einem Land, umso eher erhalten die Menschen die Möglichkeit, sich ein Auto leisten zu können. Das Pro-Kopf-Einkommen ist in der Abbildung entlang der x-Achse eingezeichnet.

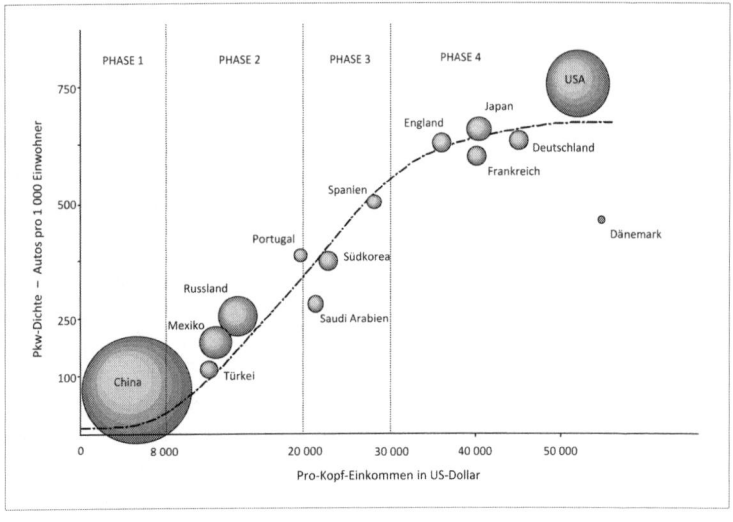

Abb. 1: Entwicklungsmuster Automärkte

Je mehr Menschen sich ein Auto kaufen, umso stärker wachsen der Fahrzeugbestand und damit die Anzahl der Pkw pro 1 000 Einwohner eines Landes. Diese Kenngröße wird auch als Pkw-Dichte bezeichnet. Sie ist auf der y-Achse eingezeichnet. Die Kreise bezeichnen die einzelnen Länder, ihre Größe steht in Relation zur Einwohnerzahl. Steigt das Pro-Kopf-Einkommen, so wissen wir aus der Erfahrung der Vergangenheit, dass sich die Motorisierung überproportional zum Einkommenszuwachs entwickelt (Phase 1 und 2 im Schaubild). Ab einer bestimmten Pkw-Dichte – etwa 400 Autos pro 1 000 Einwohner – verlangsamt sich das Tempo der Motorisierung. Der Automarkt geht in eine Sättigungsphase (Phase 3 und 4) über. Der Automarkt besteht jetzt überwiegend aus Ersatzbedarf, sprich alte Fahrzeuge werden durch neue ersetzt.

Die gestrichelt eingezeichnete Kurve bildet diesen in der Realität immer wieder zu beobachtenden Verlauf ab. Sie ist so etwas wie ein Motorisierungskanal, entlang dessen sich der Fahrzeugbestand, also alle angemeldeten Autos auf den Straßen eines Landes, entwickelt. Die Kurve selbst kann als die Kombination zweier Exponentialfunktionen interpretiert werden. In den Phasen 1 und 2 ist sie die übliche bekannte Exponentialfunktion und in den Phasen 3 und 4 eine »gedrehte« Exponentialfunktion. Die zusammengesetzte Kurve wird auch als logistische Funktion bezeichnet. Mit logistischen Funktionen lassen sich einfache Wachstumsprozesse gut beschreiben. Zum Beispiel das Wachstum von Bakterien in einem geschlossenen Glas. Die Bakterien vermehren sich zunächst exponentiell, das heißt, ihre Zahl verdoppelt sich immer wieder innerhalb eines bestimmten Zeitraums. Dies geschieht so lange, bis der Lebensraum dafür zu eng wird, ab dieser Grenze sinkt die Wachstumsrate. Schauen wir uns China in der Abbildung an: China hat im Landesdurchschnitt eine niedrige Motorisierung. Auf 1 000 Chinesen kommen knapp 70 Autos. Gleichzeitig liegt das Pro-Kopf-Einkommen in China im Landesdurchschnitt deutlich unter der 5 000-Euro-Grenze. Setzt jetzt Wirtschaftswachstum ein, steigt also das Bruttoinlandsprodukt in China, so steigt auch das Pro-Kopf-Einkommen. Wenn das Pro-Kopf-Einkommen steigt, wandert der Kreis entlang der Kurve nach rechts. Nun steigt auch die Pkw-Dichte, denn höhere Einkommen ermöglichen mehr Autokäufe; der Pkw-Markt wächst. Dieser einfache Zusammenhang erlaubt eine Prognose, inwieweit die Pkw-Nachfrage weltweit steigen wird.

Zum besseren Verständnis vergleichen wir den Markt in China in einer groben Analyse mit den großen gesättigten Automärkten Nordamerika, Westeuropa und Japan. Zusammengenommen leben in diesen drei Regionen knapp 900 Millionen Menschen. Die Pkw-Dichte in diesen drei Regionen beträgt im Schnitt 615 Pkw pro 1 000 Einwohner. Diese Zahl bleibt weitgehend konstant, wie uns das Modell im Schaubild zeigt. Pro Jahr werden in diesen Regionen mehr als 35 Millionen Neuwagen verkauft. Hierbei handelt es sich überwiegend um sogenannten Ersatzbedarf, das heißt, alte Autos werden durch neue ersetzt. Wie groß ist angesichts dieser Rahmenbedingungen theoretisch das Potenzial des chinesischen Marktes? Geht man von einem anhaltenden Wirtschaftswachstum in China aus, bei dem die Pro-Kopf-Einkommen in etwa 30 Jahren auf dem gleichen Niveau wie in Westeuropa liegen, würde das nach unserem Modell bei 1,3 Milliarden Menschen einen jährlichen Neuwagenmarkt von mehr als 50 Millionen Autos bedeuten. Der Markt könnte sich also im Vergleich zum Stand von 2015 mit 20 Millionen Neuwagen noch einmal mehr als verdoppeln. Offensichtlich ist das Wachstum in China noch lange nicht zu Ende.

Insgesamt leben in den so genannten Schwellenländern rund 7,4 Milliarden Menschen, die Pkw-Dichte liegt bei 81 Pkw pro 1 000 Einwohner. Denken wir das Modell noch einen Schritt weiter: Würden diese 7,4 Milliarden Menschen das gleiche Motorisierungsmuster erreichen, wie wir es in Nordamerika, Westeuropa und Japan vorfinden, ergäbe sich ein theoretischer jährlicher Neuwagenverkauf von knapp 290 Millionen Pkw. Zusammen mit den 35 Millionen jährlichen Pkw-Verkäufen in den gesättigten Märkten Nordamerika, Westeuropa und Japan ergäbe dies ein Marktpotenzial von 325 Millionen jährlichen Autoverkäufen gegenüber tatsächlichen 78 Millionen verkauften Pkw weltweit im Jahr 2015. Nach unserer Potenzialrechnung könnte der Pkw-Weltmarkt also noch mehr als viermal so groß werden wie heute: eine enorme Entwicklung.

Selbstverständlich ist das eine rein theoretische Modellrechnung. Eine verlässliche Prognose müsste neben der Hochrechnung noch eine Reihe anderer Faktoren wie etwa Ressourcen, Demografie, die Einstellung zum Auto et cetera. berücksichtigen, um seriös zu sein. Dennoch kann man auf Grundlage dieser Rechnung mit Recht behaupten, dass der Automarkt weltweit noch lange nicht am Ende, sondern eher noch immer am Anfang seiner Entwicklung steht. Voraussetzung ist immer Wirtschaftswachstum wie etwa in USA oder Westeuropa.

Die entscheidende Annahme lautet: bleibt die Sättigungsgrenze bei etwa 500 Pkw pro 1 000 Einwohner oder schrumpft oder wächst sie? Carsharing – also das »Teilen« von Fahrzeugen – deutet zunächst auf ein Schrumpfen der Sättigungsgrenze. Damit stellt sich die Frage: Wie viel Carsharing ist möglich? In den Großstädten ist Carsharing sicher deutlich besser umsetzbar als in ländlichen Regionen. Die neue Formen des Autos – so wie es etwa Google mit seinem Google-Auto gezeigt hat – bedeuten aber gleichzeitig, dass mehr Menschen – also zum Beispiel auch Kinder, Blinde oder Menschen im hohen Alter Autos eigenständig nutzen könnten. Damit steigt die Nutzung der Fahrzeuge. Tendenziell schiebt sich unsere Sättigungsgrenze nach oben. Zusätzlich addieren sich die Vorteile gegenüber zentralistischen Systemen wie der Bahn, das, rigide und innovationsschwach, zu den Verlieren der Mobilität von morgen gehören dürfte. In diesem Fall würden zukünftig Bahnfahrten durch Autofahrten ersetzt, was die Sättigungsgrenze in unserem Schaubild erneut nach oben verschöbe. Fazit: Wir können nicht mit Bestimmtheit sagen, wie die Pkw-Dichte in Deutschland in 30 Jahren sein wird. Aber der Trend scheint eher – trotz Sharing Economy – steigend zu sein.

Klar ist allerdings auch: Deutschland und Europa werden für die Autoindustrie immer unwichtiger. Die Märkte liegen in Asien, Osteuropa und – sollte wirtschaftliches Wachstum auf diesem Kontinent möglich sein – in Afrika. Umso entscheidender ist es, dass sich die Autoindustrie auf neues Terrain begibt. Denn globale Umweltbelastungen, Ressourcenendlichkeit und Klimawandel sind mit einem solchen Wachstum auf der Basis der gegenwärtigen Technologien nicht in Einklang zu bringen. Die Autoindustrie muss radikal umsteuern – in Richtung des Elektroautos. Strom aus Wind- und Sonnenenergie liefert uns die Energie, um die Motorisierung der Schwellenländer und unsere Umwelt in einer vernünftigen Balance zu halten. Auch aus diesen Gründen ist es so schwer begreiflich, dass in Deutschland das Elektroauto von den Politikern mit Nichtachtung gestraft wird. Schließlich hängen die Zukunft und die Stellung des Autos in unserer Gesellschaft unmittelbar mit seiner Innovationsfähigkeit zusammen.

Bisher lebten wir in einer Welt, in der überwiegend der persönliche Besitz der vier Räder die Branche geprägt hat. Die Autobauer und ihre Marken sind die Helden. Große mächtige Konzerne mit gefühlserregenden Produkten, deren Emotionen sich allerdings langsam eintrüben. Das Auto mutiert zu einem Element eines Mobilitätssystems und erfindet sich auch aus dieser Perspektive neu. In Zukunft wird Autos bauen vermutlich mehr zum »Back-Office«-Geschäft werden, während das »Front-Office« app-basiert sein könnte. Das erfolgreiche Geschäftsmodell der Zukunft wäre dann vor allem »am Klick« zu verdienen und nicht unbedingt an der Hardware Auto. Chinesische Milliardäre wie Jia Yueting sprechen davon, Autos künftig zu verschenken und diese automatisch fahrenden Autos als Einkaufswelten für Konsumenten zu nutzen. So wie ein Smartphone längst mehr als ein Telefon ist, über das allein in China mittlerweile ein Großteil der Bewohner der Millionenstädte ihre Produkte online kauft. In Kapitel 9 wollen wir uns diesen Themen widmen.

Emotionen, SUV-Welle und noch mehr PS: Wie werden Autos verkauft?

In den Achtziger- und Neunzigerjahren waren die USA für Porsche der mit Abstand wichtigste Markt. Dies galt erst recht für den 911 Turbo. Nirgends fand das Auto so viele treue Käufer wie in USA. Der »Turbo«, wie ihn damals die Porschefans nannten, war kein einfaches Auto. Berüchtigt war das sogenannte »Turboloch«. Bei Vollgas tat sich eine ganze Zeit wenig, bis dann der Turbo seine Kraft zeigte und das Auto plötzlich losschoss wie eine Rakete. Seine wahre Überlegenheit zeigte der Turbo auf engen kurvigen Straßen, die auch ruhig mal nass sein durften. Da war das Auto unschlagbar – allerdings auch schwierig zu fahren; so eine richtige »Männersache«. Wer Turbo fuhr, musste Fahrgefühl haben oder, wie die Ingenieure sagten, einen »Popometer«.

Ich war damals bei Porsche für die Marktforschung verantwortlich. Ein großes Thema zu dieser Zeit war, den Turbo »zahmer« zu machen. Dies entsprach dem allgemeinen Zeitgeist: Gesellschaftliche Werte entwickelten sich weg vom Machotum. Emotionalität wurde weniger mit »ins Lenkrad beißen« interpretiert. Die neuen Kunden waren keine Racing-Freaks, sondern gut verdienende Manager.

Die Gretchenfrage lautete: Würden die US-Kunden einem gezähmten Turbo treu bleiben? Also gingen wir in die USA und betrieben Marktforschung. In den USA sind die Straßen kerzengerade und mit einem Tempolimit von 60 bis 75 Meilen auf Fernstraßen (das sind zwischen 95 und 120 Stundenkilometer) eher zum gemütlichen Dahinrollen ausgelegt. Warum, war unsere Frage, sind die Amerikaner so verrückt auf den Turbo, und würde sich die »Verrücktheit« legen, wenn das Auto zahmer würde?

Die Studie brachte ein überraschendes Ergebnis. Alle befragten Turbofahrer wussten ganz genau, dass sie mit diesem Sportwagen in den USA eigentlich nichts anfangen konnten. Dennoch wollten sie auf die Fahrmaschine nicht verzichten. Einige erklärten uns das so: »Wenn ich an der Ampel stehe, weiß der Fahrer des Toyota oder Ford neben mir, dass ich der Größte bin, wenn ich will ... Aber eigentlich will ich nicht.« In diesem Moment hatten wir verstanden, was Emotion ist. Es ist ein wenig wie ein Abtauchen in eine Welt; man wird zum virtuellen Helden, obwohl man in Wirklichkeit Controller oder Investmentbanker ist. Für diese Emotion ist es wichtig, Dinge zu haben, die man eigentlich nicht in ihren Grenzbereichen nutzen kann. Emotion im Auto bedeutet, sich in Grenzbereichen bewegen zu können. Und dieses Gefühl wächst zum Beispiel mit der PS-Zahl. Wir zogen daraus den Schluss, dass es die Amerikaner dem Turbo nicht übel nähmen, wenn wir ihn »zähmen« und besser fahrbar machten. Wir mussten ihnen nur die Gewissheit liefern, dass der Turbo weiterhin das überlegene Fahrzeug wäre, etwa durch die PS-Zahl oder den Motorensound oder das Fahrwerk.

Auto bedeutet für viele mehr, als nur von A nach B zu fahren. Und ebenso sind Automarken Produktverkäufer, bei denen Emotionen – umgesetzt durch Fahrdynamik, hohe Beschleunigungsleistungen, hochwertige Fahrzeuginnenräume, sportliches Design – eine sehr große Rolle spielen. Mehr als fünfzig Prozent der Kaufentscheidungen für Autos werden emotional getroffen: weil wir mit dem Auto ein bestimmtes Lebensgefühl ausdrücken, uns in der Bewunderung – oder dem Neid – des Umfelds sonnen wollen. Sprich, das Auto ist Statussymbol. Auch wenn zunehmend andere Produkte wie Smartphones,

Tablets, Abenteuersportarten oder Erlebnisreisen gerade bei der jüngeren Klientel dem Auto als Prestigeobjekt Konkurrenz machen, gilt doch nach wie vor: Emotionslose Autos haben es äußerst schwer, Käufer zu finden. Daran ändert auch der Anspruch umweltfreundlicher emissionsarmer Technologien nichts. Die ersten Serienelektroautos wie etwa der Mitsubishi i-MiEV mussten dies schmerzlich erfahren und gingen nicht zuletzt deshalb kläglich im Markt unter. Tesla-Gründer Elon Musk setzte mit seinen Autos dagegen von Beginn an auf Emotionalität. Dynamisches Fahrverhalten, Beschleunigung und Design spielen bei sämtlichen Teslamodellen, vom Roadster über die Limousine Tesla Model S bis zum SUV Tesla Model X eine ebenso große Rolle wie bei BMW, Porsche oder Mercedes AMG.

Dynamik, Agilität, Sportlichkeit, Fahrfreude, alle diese Eigenschaften lassen sich in technische Maßgrößen übersetzen, nach denen die Ingenieure in den Entwicklungsabteilungen ihre Lastenhefte anlegen und die Autos konstruieren. Eine der wesentlichen Maßgrößen ist die Motorleistung. Fast immer gilt hier: je mehr, desto besser. Seit Jahrzehnten schon liefern sich die Hersteller ein Rennen um immer mehr PS-Leistung bei den Autos. Alle laufen in eine Richtung und die heißt: noch sportlicher, noch agiler. Im Jahre 1995 hatte ein Neuwagen im Durchschnitt noch 95 PS. Ein Fahrzeug der unteren Mittelklasse wie zum Beispiel ein VW Golf III mit 90 PS 66 kW bei 1,8 Litern Hubraum galt zu diesem Zeitpunkt als durchaus ordentlich motorisiert. Bis zum Jahr 2000 stieg die Motorstärke der in Deutschland verkauften Neuwagen auf durchschnittlich 111 PS. Im Jahr 2005 lag sie bei 123 PS, fünf Jahre später bei 131 PS und im Jahr 2015 wurde mit 144 PS durchschnittlicher Motorleistung der verkauften Neuwagen erneut ein Rekord erzielt. Heute hat schon der »PS-schwächste« für den Golf VII angebotene Motor 86 PS, bei deutlich kleinerem Hubraum von 1,2 Litern, und bietet dank eingebautem Turbo jedem Stadtverkehrskriecher eine Fahrdynamik, wie sie früher allenfalls die GTI-Fahrer erlebten. Der Opel-Kleinstwagen Adam schafft in seiner stärksten Motorisierung (1,4 Turbo 150 PS) die Beschleunigung von 0 auf 100 Stundenkilometern in derselben Zeit wie ein Porsche 911 Baujahr 1963 mit gleicher PS-Zahl. Die Neuwagen der Deutschen haben mittlerweile 11 Prozent mehr Leistung unter der Motorhaube als ein Porsche 911 des Jahres 1973 (der wurde nämlich bis zum Jahr 1973 in der Version 911 T 2 4 mit 130 PS angeboten). Und das PS-Rennen geht feste weiter.

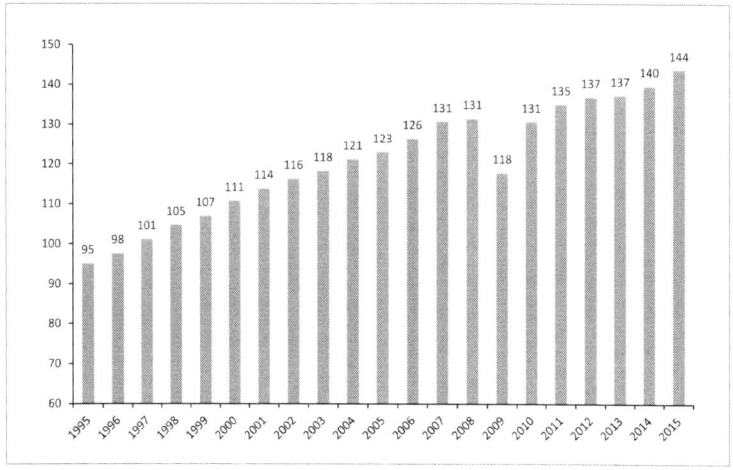

Abb. 2: Entwicklung der PS-Zahlen in Deutschland

Einzig im Jahr 2009 ließ sich ein deutlicher Einbruch im PS-Rennen der Neuwagen erkennen. Damals gab es in Deutschland die staatliche Abwrackprämie. Wer einen Neuwagen kaufte und seinen alten in der Schrottpresse gab, bekam vom Vater Staat 2 500 Euro Abwrackprämie geschenkt. Ein kurioses Geldgeschenk unserer damaligen Regierung, das nach der globalen Finanzkrise den deutschen Automarkt ankurbeln sollte. Da ein Geldgeschenk von 2 500 Euro bei einem 50 000 Euro teuren Neuwagen kaum ins Gewicht fällt, bei einem Fahrzeug für 10 000 Euro jedoch einen erheblichen Kaufanreiz darstellt, boomte in diesem Jahr der Kleinwagenmarkt in Deutschland wie nie zuvor.

Der starke Rückgang des Ölpreises seit dem Jahr 2012 gab der PS-Zahl im Jahr 2014 und 2015 dagegen einen kräftigen Kick. Und preisgünstiger Treibstoff beflügelt einen weiteren weltweiten Trend der

Branche: Der Siegeszug der Sport Utility Vehicles, gerne als SUV abgekürzt. Im Jahr 2015 wurden 625 000 SUV in Deutschland als Neuwagen zugelassen, damit war jeder fünfte Neuwagen in Deutschland ein SUV: Tendenz weiter steigend. Im Jahre 1995 wurden 67 800 SUV in Deutschland verkauft, im Jahr 2016 werden es voraussichtlich zehnmal so viele sein.

Von den 46 im deutschen Automarkt vertretenen Marken hatten zu Ende des Jahres 2015 noch 12 Marken kein SUV in ihrer Modelllinie. In weniger als drei Jahren wird das auf die vier Marken Aston Martin, Bugatti, Ferrari und Lotus zusammenschrumpfen. Ohne SUV ist heute kein Autobauer mehr wettbewerbsfähig. SUV gibt es in allen Segmenten – vom Dacia Duster bis Bentley Bentayga – und in allen Karosserieabmessungen – angefangen vom Kleinstwagen wie Mini bis zum SUV im S-Klasse-Format, dem Mercedes GLS. Da SUV höher ausfallen als die vergleichbaren Limousinenmodelle, haben sie einen höheren Luftwiderstand; zudem sind sie größer und damit auch schwerer als diese. So ist es nicht verwunderlich, dass SUV in der Regel 20 bis 25 Prozent mehr Kraftstoff verbrauchen. Fast zwei Drittel der SUV werden hierzulande mit Dieselmotoren angetrieben. Autos mit hohen PS-Zahlen und SUV sind für die Autobauer zunächst eine schöne Sache. Je mehr PS der Kunde kauft, umso höher ist die Gewinnmarge für den Hersteller, so lautet die Faustformel. Nicht allein wegen der teurer verkauften größeren Motoren, sondern weil PS-starke Modelle in der Regel auch besser ausgestattet sind. Das beflügelt die Gewinne zusätzlich. Das ist die schöne Seite der Beziehung SUV-PS.

Auf der weniger schönen Seite stehen dagegen ein höherer Spritverbrauch und damit höhere Emissionen des Klimagases Kohlendioxid. Zusätzlich schlagen beim Diesel die Stickoxidemissionen zu Buche. In Zeiten immer anspruchsvollerer Vorgaben zur Emissionsverminderung sind dies keine allzu rosigen Zukunftsaussichten. Zwar ist die Herausforderung, umweltkompatible Modelle mit emotional besetzten Kundenwünschen in Einklang zu bringen, für die Automobilindustrie keineswegs neu. Sie wird aber in der Zukunft auch nicht kleiner werden, eher im Gegenteil. Nicht zuletzt die Abgasskandale von Volkswagen und die offengelegten Schwächen aller Autobauer beim Diesel zeigen, dass sämtliche Hersteller noch immer weit hinter den technischen Möglichkeiten – und Notwendigkeiten – zurückliegen und zu wenig in abgasfreie Antriebe investiert haben. Noch gehört zu den erfolgreichen Autobauern, wer in seiner Produktstrategie auf Emotion und Leistungsstärke setzt. Für die Zukunft wird das nicht reichen. Dass man dabei umdenken kann und sich die Kunden Stück für Stück mit neuen Werten und neuer Technik, die diese Werte spiegeln, vertraut machen, zeigt der Motorentrend. Früher war der Zwölfzylindermotor das absolute Maß der Dinge und der Sechszylindermotor eine Art Must-have, um Premium zu signalisieren. Kompakte Sechszylindermotoren öffneten BMW den Weg in die sportliche Premiumklasse. Mittlerweile treiben auch Dreizylindermotoren Audi-Modelle und BMW-Neuwagen an, wie etwa beim BMW 318i oder BMW 218i Cabriolet. Und selbst in dem BMW-Sportwagen par excellence, dem BMW i8, arbeitet ein Turbo 1,5 Liter-Dreizylindermotor in Kombination mit einem Elektromotor. Emotionen sind also nicht an irgendwelche Traditionen gebunden, sondern können neu kreiert und an die gesellschaftlichen Werte angepasst werden. Die kleine Geschichte von der US-Marktforschung beim Porsche 911 Turbo, das »aufgeweichte« Dogma der hohen Zylinderzahl und leise Elektroautos á la Tesla haben das in besonderer Weise gezeigt.

Vielfalt, Flexibilität und Größe: Welche Faktoren sind noch entscheidend für erfolgreiches Autoverkaufen?

Die SUV-Welle ist ein Beispiel für die ausgefeilten Produktstrategien der Autobauer: Ein Fahrzeugtyp, der ursprünglich einmal für einen sehr speziellen und damit begrenzten Einsatzbereich gedacht war, nämlich im Gelände, wird für einen Massenmarkt adaptiert – und damit meine ich Masse. So gibt es nicht nur SUV verschiedener Hersteller, die sich deutlich in Größe, Form und Ausstattung unterscheiden – stellen wir gedanklich einen Škoda Yeti neben einen Porsche

Cayenne –, sondern die Hersteller selbst bieten zahlreiche Formate, sprich SUV mit unterschiedlicher Größe, an. Bei Audi sind dies zum Beispiel der Q2 als SUV im Kleinformat, im Kompaktformat der Q3, in der Mittelklasse Q5 und schließlich im XXL-Format der Audi Q7. Aber selbstverständlich ist damit noch nicht das Angebotsende erreicht. Bereits 2008 stellte BMW mit dem X6 erfolgreich eine Kombination aus klassischer SUV-Form und Coupé vor. Das Modell erwies sich schon nach kurzer Zeit als Verkaufsrenner. Damit war die Entscheidung klar, nicht nur die Standardformate des SUV in den Markt zu bringen, sondern zusätzlich noch jeweils eine SUV-Coupé-Variante. So werden aus einem Modellangebot von vier SUV-Modellen der verschiedenen Größenklassen gleich acht unterschiedliche SUV-Modellreihen.

Anfang des Jahres 2016 stellte die englische Marke Land Rover einen SUV in einer Cabriolet-Version vor, den Range Rover Evoque Cabrio. Was es für die weitere Modellvielfalt bedeutet, wenn auch dieses Cabrio Anklang bei den Kunden findet, kann man sich ausmalen.

Allein im deutschen Automarkt – in dem etwa Pick-ups, die in USA sehr beliebt sind, so gut wie nicht angeboten werden – gibt es zusammengerechnet knapp 500 unterschiedliche Modelle und Modellvarianten, wie etwa bei VW den Golf, Golf Variant, Golf Sportsvan, Golf Cabriolet, Beetle, Beetle Cabriolet und so weiter. Jedes dieser Modelle gibt es mit unterschiedlichen Motoren, zahlreichen Ausstattungsvarianten, als Schaltgetriebe oder Automatik, mit Allrad oder Frontantrieb, mit unterschiedlichen Polstern, Farben, Reifen und so weiter. Wer heutzutage als Autohersteller keine Vielfalt bietet beziehungsweise nicht sämtliche Marktnischen und Teilsegmente abdecken kann, verliert Marktanteile. Dies war das Schicksal etwa von Opel zu Beginn des neuen Jahrtausends. Und wer das volle Programm bietet, muss mit der Komplexität in Logistik und Produktion umgehen können. Der frühere BMW-Vorstandsvorsitzende Nobert Reithofer brachte dies bereits vor 15 Jahren in einer Präsentation zum Ausdruck. BMW konnte damals 10^{32} unterschiedliche Fahrzeugvarianten anbieten. Das ist eine Zehn mit 32 Nullen. Eine solche Zahl kann man sich als Normalsterblicher gar nicht mehr vorstellen (eine Billiarde hat gerade einmal 15 Nullen). Um ein Bild zu nehmen: Wenn BMW seit der Entstehung der Erde vor etwa 4,6 Milliarden Jahren jährlich eine Million Fahrzeuge gebaut hätte, wäre es möglich gewesen, bis heute kein einziges Fahrzeug doppelt zu bauen. Alle wären in diesem Sinne »Unikate«, die sich in mindestens einem Detail, etwa in Farbe, Motor, Ausstattung und so weiter, voneinander unterscheiden würden.

Dieser versierte Umgang mit Komplexität ist heute ein wesentlicher Erfolgsfaktor der Automobilbranche. Die Aufgabe lautet, dem Kunden die Vielfalt an Wahlmöglichkeiten zu bieten, ohne in nicht mehr tragbaren Kosten zu versinken. Genau deshalb arbeiten Autobauer mit einer Art Legoprinzip. Wie Legoklötzchen in den verschiedenen Basis- und Themenkästen wird versucht, die einzelnen Bauteile des Autos zu standardisieren. Die Legoklötzchen der Autobauer heißen Module, Gleichteile, Komponenten. Die Aufgabe besteht darin, Grundarchitekturen an Fahrzeugen zu definieren, mit denen nahezu alle Modellvarianten abgedeckt werden können.

Das fängt an mit Motoren, die bei BMW etwa im kompakten BMW 1er, im BMW 2er, im BMW 3er und möglicherweise sogar im BMW 5er zum Einsatz kommen. Das Spiel geht weiter über Getriebe, Achsen, Bremsen, Räder, Sitze, Türen, ja sogar Türgriffe oder elektrische Fensterheber. Je besser das funktioniert, umso größer sind die Produktionsvolumen der einzelnen Teile oder Komponenten, die überwiegend bei Zulieferunternehmen gefertigt werden. Je größer das Produktionsvolumen eines Teils beim Zulieferer, umso besser lassen sich für ihn etwa Entwicklungskosten oder Werkzeugkosten für das Teil »umlegen«. Das ist die Welt der »Economies of Scale«, also der Kostenvorteile durch Größe. Economies of Scale oder auch Skaleneffekte sind ein entscheidender Erfolgsfaktor für einen Autobauer. Dabei kann der Große – etwa der Marktführer – bei einem schlechten Plattform- oder Modulkonzept sogar Nachteile haben. Denn pure Größe allein reicht nicht aus. Es ist die Intelligenz der Fahrzeugarchitektur in Kombination mit der Größe, die den Kostenvorteil ausmacht.

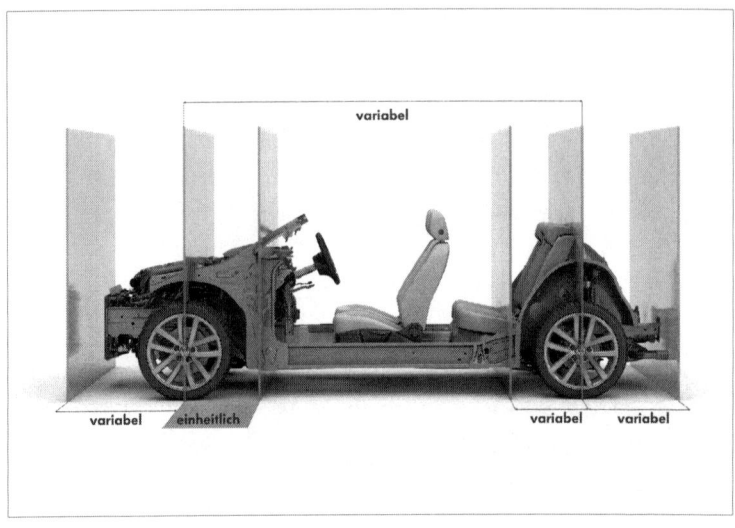

Abb. 3: Beispiel einer modularen Fahrzeugarchitektur

Abbildung 3 gibt ein Beispiel einer solchen modularen Fahrzeug-architektur. Im Bild ist gut erkennbar, dass es bei dieser Architek-tur nur einen Bereich gibt, die sogenannte Stirnwand, der starr, also nicht »dehnbar« oder »stauchbar« ist. Alle anderen »Zwischenstü-cke« lassen sich leicht verändern. Damit hat man ein Standardsystem von Legoklötzchen, mit dem man sehr viele unterschiedliche Modelle mit vernünftigen Kostenstrukturen bauen kann.

Die Autoindustrie von heute ist ein kompliziertes Gebilde mit ho-hem Know-how in Logistik, Produktion und Produktentwicklung. Dieses Know-how ist Grundvoraussetzung für den Erfolg als Auto-bauer, das auch angesichts der zukünftigen Herausforderungen der Branche nicht an Bedeutung verlieren wird. Neulinge in der Branche müssen sich dieses Wissen aneignen, sonst geht der Einstieg schief.

Neben der Komplexitätsbeherrschung und den Skaleneffekten – den Vorteilen durch bessere Kostenstrukturen dank hohem Verkaufs-volumen – gibt es einen weiteren sehr elementaren Erfolgsfaktor der Branche: die Flexibilität. Nimmt man den Produktionswert eines Au-tos, wie es üblicherweise von einem Autobauer hergestellt wird, so entfallen etwa 75 Prozent dieses Wertes auf Zulieferteile. Für den Hersteller besteht das letzte Viertel gut zur Hälfte aus Arbeitskosten, zu etwa 40 Prozent aus Aufwendungen für die Produktionsanlagen und -roboter, wie etwa Zinsen und Abschreibungen, und der Rest aus weiteren Kosten für Energie, Gebäude et cetera. Steht jetzt etwa aufgrund rückläufiger Kundenaufträge das Produktionsband still, fallen dennoch Anlagekosten an. Wird Kurzarbeit eingeführt, fallen dennoch Arbeitskosten an. Eine nicht laufende – oder zu langsam laufende – Produktion erzeugt sofort Verluste beim Autobauer. Ist die Produktionskapazität eines Autobauers zu weniger als 85 Prozent ausgelastet, schreibt dieser Verluste. Eine möglichst hohe Auslastung der installierten Produktionskapazität kann für den wirtschaftlichen Erfolg deutlich wichtiger sein als Economies of Scale.

Porsche wurde unter seinem früheren Vorstandsvorsitzenden Wendelin Wiedeking zum Paradeunternehmen für seine Aktionäre und hinsichtlich seiner Profitabilität zum Vorbildunternehmen der gesamten Branche. Wiedeking schaffte es mit seinem Produktionssystem, permanent an der Kapazitätsgrenze zu produzieren. Die Idee war einfach und dennoch einzigartig. Porsche produzierte zu Zeiten von Wiedeking die Modelle 911 und Boxster, später kamen Cayenne und Panamera dazu. Die Produktionsanlagen im damals einzigen Werk – dem Stammwerk Zuffenhausen bei Stuttgart – wurden so ausgelegt, dass sowohl der Porsche 911 in den verschiedenen Varianten als auch der Porsche Boxster produziert werden konnten. Die Anlagen insgesamt waren für etwa 80 Prozent der erwarteten Nachfrage gebaut. Die »Überschuss«-Nachfrage wurde durch einen externen Produktionsdienstleister abgedeckt, die Firma Valmet in Finnland. Bei erhöhter Nachfrage machte Valmet Überstunden; wurde dagegen in Rezessionszeiten weniger verkauft, hatten die Finnen eben ein Problem. Die Produktion zu Hause in Stuttgart blieb stets gleich. So fungierte der Produktionsdienstleister als eine Art Versicherung gegenüber schwankender Nachfrage.

Auch BMW legt traditionell hohen Wert auf Flexibilität. Das Produktionssystem dort ist so konzipiert, dass bei unterschiedlichen Nachfragesituationen immer nahe an der installierten Kapazität gearbeitet werden kann. So ist jedes BMW-Werk einerseits Hauptwerk für ein Modell und gleichzeitig Ausgleichswerk für ein anderes BMW-Modell. Geht dann die Nachfrage etwa wegen eines Modellwechsels beim BMW 3er zurück, wird nur noch im 3er-Hauptwerk produziert und im Ausgleichswerk die BMW-3er-Produktion durch ein anderes Modell ersetzt. Steigt die Nachfrage wieder an, kann auch die Produktion im Ausgleichswerk schnell wieder angefahren werden. Zusätzlich hat man eine sehr hohe Arbeitsflexibilität in den Werken installiert. So war ein entscheidendes Kriterium für BMW bei seiner Entscheidung für den Produktionsstandort Leipzig das Entgegenkommen der Gewerkschaft, Arbeitszeitkonten mit einem Zeitrahmen von 80 bis 140 Prozent führen zu können. Besteht also hohe Nachfrage nach einem in Leipzig produzierten BMW-Modell, kann der Arbeitseinsatz der Beschäftigten zügig erhöht werden, ohne gleich Überstundenzuschläge bezahlen zu müssen. Zum Dritten nutzt BMW Produktionsdienstleister, wie etwa in den Niederlanden das Unternehmen Nedcar, das ebenfalls den BMW-Mini produziert, ähnlich wie früher Porsche mit Valmet eine atmende Struktur durch den Produktionsdienstleister sicherstellte. Auch bei BMW war das ein entscheidender Faktor für die Profitabilität des Unternehmens. Man muss also nicht der Größte sein, um erfolgreich zu sein. Wendigkeit oder Flexibilität ist deutlich wichtiger. Das hat übrigens auch die Insolvenz des damals größten Autobauers General Motors Anfang Juni 2009 gezeigt. Es war der größte Bankrott in der Geschichte der USA. GM musste 2009 nach Kapitel 11 des US-Insolvenzrechts Gläubigerschutz beantragen, ein Großteil der Schulden wurde erlassen, und das Unternehmen wurde als »New« GM unter Beteiligung der US-Regierung neu strukturiert.

Große können grandios scheitern, dazu gibt es jede Menge Beispiele. Toyota war als größter Autobauer im Jahre 2011 in eine Krise geschlittert und musste hohe Verluste erleiden, weil man nicht rechtzeitig bei Nachfragerückgängen »bremsen« konnte, zu einseitig auf Japan und die USA ausgerichtet war und riesige Rückrufaktionen das Unternehmen lähmten. Der frühere VW-Chef Winterkorn wollte durch Größe alle anderen in den Schatten stellen, was bekanntlich ebenfalls schiefging. Der ehemalige Daimler-Chef Jürgen Schrempp plante, durch eine »Hochzeit im Himmel« mit Chrysler sowie Zukäufen von Mitsubishi-Aktien mit Scale-Economies die Autowelt zu dominieren – und stürzte DaimlerChrysler in eine tiefe Krise. Die Davids sollte man in der Autowelt nicht unterschätzen. BMW, Ferrari, Porsche oder Jaguar Land Rover belegen das eindrucksvoll.

Zusammengefasst: Die Autoindustrie kann auch in der Zukunft trotz der sich anbahnenden Veränderungen mit gutem Wachstum rechnen. Die Märkte insbesondere in den Schwellenländern sind bei Weitem noch nicht gesättigt. Die Wettbewerber im Mobilitätsmarkt, allen voran die Bahn, sind schwach, inflexibel und haben sehr lange Innovationszyklen. Damit fahren diese Unternehmen mit ihren Produkten der Zeit hinterher.

Eine deutliche Stärke ist das hoch komplexe und feingliedrige Marktbearbeitungssystem, das die Branche über Jahrzehnte aufgebaut hat. Gespeist wird das System durch emotionale Produkte mit hoher Leistung – und kritischer Umweltbilanz. Darin zeigt sich zugleich ein erhebliches Risiko beim Übergang in eine neue Ära: Die Autobauer sind nach wie vor fast vollständig von ihren Verbrennungsmotoren abhängig.

Und schließlich sind die Autobauer sehr produktfokussiert. Produkt ist für die Branche gleichbedeutend mit »dem, was vier Räder hat«, dem Auto an sich. Doch in der Zukunft werden wir eine neue Definition des Produkts Auto erleben. Wer sich weiterhin nur auf vier Räder konzentriert, geht ein hohes Risiko ein. Unternehmen, die den Mobilitätsfokus im Auge haben, sind bereits ins Rennen gestartet. Im folgenden Kapitel wollen wir uns die Herausforderungen für die Branche näher anschauen.

2. RISIKEN IM HEUTIGEN GESCHÄFTSMODELL

Die letzten 50 Jahre waren trotz einiger Probleme bei einzelnen Unternehmen für die Autoindustrie eine erfolgreiche Zeit. Große Autokonzerne entstanden, wie Toyota, der VW-Konzern oder Hyundai-Kia. Die deutschen Premiumhersteller BMW und Mercedes und innovationsstarke Zulieferer wie Bosch, Continental, ZF-Friedrichshafen haben weltweite Spitzenpositionen erreicht. Davon profitiert Deutschland enorm. Doch eine Reihe konventioneller Hausaufgaben ist bislang noch nicht erledigt. Einige der kniffligen Herausforderungen lauten:

- Mobilität in Schwellenländern – wie kann der Bedarf in diesen wichtigen Zukunftsmärkten preisgünstig und nachhaltig gedeckt werden?
- Rückrufaktionen werden immer häufiger – und teurer. Wie kann diese Spirale gestoppt werden?
- Kostentreiber Nummer 1 ist der Autovertrieb mit seinen teuren Handelsstrukturen. Wie kann er neu ausgerichtet werden?
- In unserer Gesellschaft vollzieht sich ein Wertewandel; virtuelle Produkte werden zu Must-haves. Verliert das Auto seine Statussymbolposition, und wie reagieren Autobauer darauf?
- Der reale Schadstoffausstoß, wie er mit VW-»Dieselgate« in den Blickpunkt gerückt ist, muss sich für die Zukunft ändern. Was sind die Lösungen der Autoindustrie?

Die Dacia-Revolution

Die meisten Chefs der großen Autobauer erklärten ihn für verrückt, als der frühere Renaultchef Louis Schweitzer, ein Urenkel des »Urwalddoktors« Albert Schweitzer, Ende der Neunzigerjahre damit begann, die rumänische Automarke Dacia wiederzubeleben. Die Produktionsstätten von Dacia waren heruntergekommen, die Autos von lausiger Qualität, die Verkäufe brachen immer stärker weg. Es sah nicht gut aus für den staatlichen Autobauer. Bis Renault unter Schweitzer mit einer Mehrheitsbeteiligung von 51 Prozent, die in den folgenden fünf Jahren bis 2004 auf 99,3 Prozent ausgebaut wurde, bei den Rumänen einstieg. Schweitzer war als Ökonom davon überzeugt, dass sich die Wirtschaft der früheren vier Tigerstaaten Hongkong, Südkorea, Singapur und Taiwan, die sich in den Neunzigerjahren auf Talfahrt befand, in absehbarer Zeit wieder erholen und gemeinsam mit weiteren Teilen Asiens und Osteuropas neues Wirtschaftswachstum generieren werde. Gemäß unserem Wachstumsmodell aus dem ersten Kapitel bedeutet Wirtschaftswachstum, dass auch die Nachfrage nach Autos steigt. Gelingt es darüber hinaus, ein Billigauto zu bauen, kann die Autobranche besonders von einer Massenmotorisierung in Schwellenländern profitieren.

Louis Schweitzer war besessen von der Idee, diese Massenmotorisierung mit einem 5 000-Dollar-Auto zu beflügeln. Dacia und das erste Modell unter dem neuen Besitzer, der Dacia Logan, sollten dem damaligen Renaultchef als Blaupause dienen. Der Logan kam im Jahr 2004 für etwas mehr als 5 000 US-Dollar in Osteuropa in den Verkauf. Das Modell war keine Schönheit, aber Schweitzer wollte auch keinen Designpreis, sondern bestenfalls den Preis für erschwingliche Mobilität gewinnen. Und er schaffte es. Innerhalb von zehn Jahren stieg das jährliche Produktionsvolumen der sogenannten B0-Plattform, der technischen Basis der Dacia-Fahrzeuge, von 57 000 im Jahr 2004 auf 1,14 Millionen im Jahr 2014. Der Dacia-Modellreigen umfasst mittlerweile den Kleinwagen Sandero, den Kombi Logan LMC, den Hochdachkombi Dokker, die Großraumlimousine Lodgy und den SUV Duster. Das Dacia-Prinzip lautet, robuste und zuverlässige Autos immer circa 30 Prozent unter dem Preis des nächsten Wettbewerbers anzubieten. Trotz der Niedrigstpreise ist Dacia mit seinen Fahrzeugen, die in einigen Märkten auch unter der Marke Renault verkauft werden, wirtschaftlich sehr erfolgreich und schreibt gute Gewinne. Ohne Dacia hätte Renault während der Eurokrise sehr schlecht ausgesehen. Der Dacia Logan war zuerst für Schwellenländer angekündigt. Diese Beschränkung hatte sich aber rasch erledigt, nachdem deutsche Renaulthändler ihren Importeur dazu drängten, den Logan auch in Deutschland anzubieten. Ansonsten – so die Drohung – würden die Händler das Auto eigenständig aus Osteuropa importieren. Der Logan kam im Juni 2005 zum Einstiegspreis von 7 200 Euro nach Deutschland. Es war der Gegenentwurf zum üblichen »schneller, schöner, stärker« der Branche. Mittlerweile hat sich Dacia in Deutschland zur wertstabilsten Marke entwickelt. Nicht Porsche, Audi oder Mercedes sind Weltmeister im Verkaufen ohne Rabatte, sondern Dacia. Die Händlermarge liegt bei 5 Prozent – bewusst äußerst niedrig, so wie alles bei Dacia sehr konsequent auf die Low-Budget-Strategie ausgerichtet ist. Beim Kostenfresser Vertrieb wurde von Anfang an darauf geachtet, mit den absolut niedrigsten Kosten zu arbeiten. Das Dacia-Prinzip folgt einem klaren ökonomischen Ansatz und ist eben kein Ingenieurskonzept. Möglicherweise hat deshalb der VW-Konzern trotz vieler Experimente, wie etwa den gescheiterten Einstieg beim japanischen Kleinwagenhersteller Suzuki, bis heute keine Billigmarke á la Dacia unter seinem Dach.

An Dacias Hauptproduktionsstätten in Rumänien schlägt eine Arbeitsstunde heute einschließlich Lohnnebenkosten mit weniger als sechs Euro zu Buche – im Vergleich zu 52 Euro in Deutschland. Produktionsroboter sind dagegen in Rumänien genauso teuer wie in Frankreich oder in Deutschland. Daher bietet sich eine Produktion mit möglichst viel Arbeitseinsatz und wenig Automatisierung an. Zurück zu mehr Handarbeit, denn die ist preisgünstig, lautet denn auch Schweitzers Konzept für die Dacia-Fabrikarchitektur. Dies unterscheidet Dacia klar etwa von Škoda, wo in Tschechien nahezu der gleiche Grad an Automatisierung genutzt wird wie in den VW-Werken in Deutschland. Dieser Ansatz, auf allen Stufen der Wertschöpfungskette so weit es geht zu vereinfachen, macht den Erfolg des Billiganbieters Dacia aus. Auch die schier unüberschaubare Anzahl von Individualisierungsmöglichkeiten wie bei anderen Autoherstellern sucht man bei Dacia vergeblich. Eine solche Vielfalt benötigt eine hoch komplizierte Logistikstruktur, bei der etwa der blau lackierte Außenspiegel »just in sequence«, also sequenzgenau, an das Montageband angeliefert wird. Die Beherrschung der Komplexität ist teuer, erfordert entlang der gesamten Zuliefererkette hochpräzise Rechnerprogramme und Transportsysteme. Dacia folgt stattdessen der Grundidee von Henry Ford, dem Erfinder der modernen Fließbandproduktion. Seine Ansicht zur Individualisierung beim berühmten Ford Modell T, der »Tin Lizzy«, ist legendär: »Sie können jede Wagenfarbe wählen, solange es Schwarz ist.« Dennoch war das 1908 eingeführte Auto lange Zeit das meistverkaufte der Welt.

Es ist schon ein ausgeklügeltes System, mit den absolut niedrigsten Kosten der Branche zu arbeiten. Der Niedrigstkostenansatz geht über alle Stationen der Wertschöpfungskette, angefangen beim Materialhersteller wie etwa Stahl bis in den Vertrieb im Autohaus. Dacia ist die andere Welt der Autoindustrie. Eine Welt, die für Länder wie Indien extrem wichtig ist. In Indien liegt der Verkaufspreis der meisten Neuwagen unter einer Schwelle von umgerechnet 4 000 Euro. Renault bietet in Indien seit Ende 2015 unter dem eigenen Markennamen das SUV-Modell Kwid zum Einstiegspreis von 262 113 Rupien an, das sind weniger als 3 800 Euro. Der Kwid hat sich in nur wenigen Monaten zum Verkaufsrenner in Indien entwickelt. Für die Schwellenländer wird das »Budget Car«, wie das Billigauto auch genannt wird, zu einem wichtigen Treiber der wirtschaftlichen Entwicklung. Weltweit dürften bis zum Jahr 2020 mehr als 15 Millionen Neuwagen jährlich im Segment der Budget Cars verkauft werden. Damit ist dieses Marktsegment fast so groß wie der gesamte Automarkt der USA. Das Thema Billigauto ist allerdings nicht automatisch eine Erfolgsgarantie. Das hat das Beispiel des indischen Autobauers Tata gezeigt, der mit dem Tata Nano, einem Fahrzeug für weniger als 100 000 Rupien oder umgerechnet etwa 1 500 Euro, Furore machen wollte. Ratan Tata, der damalige Chef des Familienkonzerns Tata, wollte mit seinem Einfachsauto den Übergang zwischen dem Motorrad, das in Indien Massenverkehrsmittel ist und jährlich mehr als sieben Millionen Neufahrzeugverkäufe hat, und dem Auto neu definieren. Wenn man auch nur zwanzig Prozent aus diesem »Two-Wheeler-Markt«, so Tatas Überlegung, für das Auto gewinnt, bedeutet das allein für Indien ein jährliches Verkaufsvolumen von knapp 1,5 Millionen Fahrzeugen.

Doch schon bald nach dem Marktstart des Nano Ende 2009 wurde der Kleine zum teuren Flop für Tata: die Kunden fehlten. Das Ultra Low Cost Car war zu weit weg von den Wünschen der Kunden. Die fanden ein Auto zum Preis eines neuen E-Bikes zwar zunächst attraktiv, waren aber von der Umsetzung mehrheitlich enttäuscht. Fehlende Sicherheitsausstattung (keine Airbags, kein Platz für Kindersitze), ein kleiner Kofferraum, der nur vom Inneren des Fahrzeugs aus geöffnet werden kann, eine aufgrund von Form, Größe und Gewicht wenig sichere Straßenlage gerade auf unebenen schlechten Landstraßen, kaum Platz im Inneren für vier Erwachsene, geschweige denn mehr, billiger Plastik statt Stahl als Karosserie, Sitze, die sich eher zum Camping eignen als zum Autofahren, ein einziger Scheibenwischer, eine Instrumententafel mit Tacho in der Mitte zwischen Fahrer- und Beifahrersitz statt im Fahrerblickpunkt – die Liste der Kritikpunkte war länger als das Miniauto selbst. Zudem ein Design, das als wenig »sexy« empfunden wurde. Hinzu kamen auch noch negative Schlagzeilen, nachdem einige Nanos in Flammen aufgegangen waren; und schließlich stellte sich das eigentliche Verkaufsargument – der niedrige Preis – mehr als Fluch denn als Segen heraus: Die Käufer nahmen lieber im Preis gesenkte Konkurrenzmodelle oder griffen gleich zu Gebrauchtwagen, statt sich im Tata Nano blicken zu lassen. Mit dem »billigsten Auto der Welt« lassen sich die Nachbarn kaum beeindrucken.

Dennoch spielt das Billigauto eine sehr große Rolle, so auch beim Ausbau der Motorisierung in den ländlicheren Gebieten Chinas. Nicht zuletzt deshalb hob General Motors im Jahre 2012 eigens für China die Billigmarke Baojun aus der Taufe. Bereits drei Jahre später verkaufte Baojun 463 500 Neuwagen in China und expandiert weiter mit hohen Wachstumsraten.

Für die deutschen Autobauer, besonders den VW-Konzern, bleibt das Billigauto bislang eine große Herausforderung. Noch hat kein deutscher Autobauer ein tragfähiges Konzept für ein Budget Car. Doch der Spagat zwischen Billigautos auf der einen und dem Premiumgeschäft mit allen Innovationen auf der anderen Seite ist eine der drängendsten Aufgaben, die es für die großen Marken heute zu bewältigen gilt. Nicht in dem Segment anzutreten bedeutet, sich aus dem Rennen um den Rang als größter Autobauer zu verabschieden und sich damit langfristig den Zugang zu wichtigen Marktanteilen zu verbauen. Dabei gelten die Herausforderungen des Klimawandels, die digitale Vernetzung und die steigenden Ansprüche an die Sicherheit ganz genauso für das Budget Car. Das Budget Car darf keine Lösung werden, die mit umweltbelastenden Antrieben, mit wenig Sicherheit und Zero Connectivity im Markt ist. Wer diesen Weg wählt, endet wie der Tata Nano.

Achillesferse Rückrufe und Unternehmenskultur

Die Systemschwächen der Autobranche zeigen sich derzeit am stärksten in der steigenden Zahl der Rückrufaktionen. Für Autobauer wie General Motors, Toyota oder den Zulieferer Takata haben sich Rückrufe zum Alptraum entwickelt, die nicht nur kurzfristig hohe Kosten verursachen, sondern Unternehmen und Marke auf Jahre behindern und so wie bei Takata in eine gefährliche Schieflage bringen können. Die Branche braucht Konzepte, um die Langzeitqualität der Autos zu verbessern. Trotz vieler Qualitätsanstrengungen in den letzten zwanzig Jahren steigen die Zahlen von Rückrufaktionen und der in die Werkstätten beorderten Fahrzeuge kontinuierlich. Im Jahr 2015 ordnete das Kraftfahrtbundesamt in Flensburg 326 Rückrufaktionen wegen Sicherheitsmängeln an, bei denen 1,65 Millionen Fahrzeughalter angeschrieben wurden. Dies war ein erneuter Negativrekord.

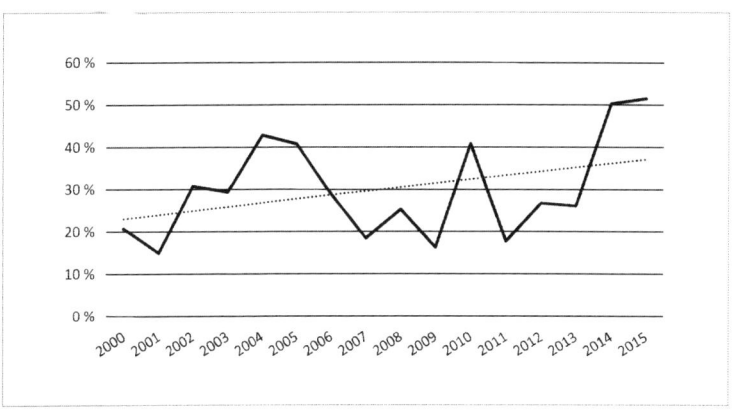

Abb. 4: Entwicklung der Rückrufquoten in Deutschland

In Abbildung 4 sieht man den Verlauf der Rückrufquoten für den deutschen Automarkt. Bezieht man die Rückrufe eines Jahres auf die Anzahl zugelassener Neuwagen, erhält man als Kennziffer die sogenannte Rückrufquote. Die Kennziffer erlaubt, die absolute Zahl der Rückrufe besser einzuschätzen. Im Jahr 2015 hatte die Rückrufquote in Deutschland einen Wert von 52 Prozent erreicht. In anderen Worten: Auf 100 Neuwagen kamen in Deutschland 52 Fahrzeuge, die wegen Sicherheitsmängeln in die Werkstätten mussten. Die Grafik zeigt auch die ansteigende Trendgerade. Gemessen an den Rückrufquoten hat sich die Qualität der Neufahrzeuge in den letzten 15 Jahren offensichtlich verschlechtert. Diese Entwicklung gilt nicht nur für Deutschland, sondern weltweit. So berichtete Mark Rosekind, Leiter der US-amerikanischen Straßensicherheitsbehörde NHTSA (National Highway Traffic Safety Administration), dass im Jahr 2015 in den USA die Autoindustrie ebenfalls mit einen neuen Negativrekord bei Rückrufen konfrontiert war. In fast 900 Rückrufaktionen mussten 51,3 Millionen Fahrzeuge in die Werkstätten geholt werden. Der Neuwagenabsatz lag im gleichen Jahr in den USA bei 17,5 Millionen verkauften Autos. Damit erreichte die Rückrufquote den neuen Rekordwert von 292 Prozent. Die Autobauer in den USA mussten also fast dreimal so viele Fahrzeuge zurückrufen, wie sie neue verkaufen konnten.

Keine schöne Bilanz, sind Rückrufe doch mit erheblichen wirtschaftlichen Belastungen für Unternehmen verbunden. In Ländern wie den USA addieren sich oft zu den reinen Reparaturkosten Schadensersatzforderungen und staatliche Strafzahlungen. Die reinen Reparaturkosten weisen große Schwankungen auf. Nimmt man etwa den Austausch eines Airbags, fallen dabei Materialkosten von etwa 65 Euro (berechnet als 40 Prozent vom normalen Ersatzteilpreis) an, etwa 75 Euro müssen für Arbeitszeit und Administration berechnet werden. Damit addieren sich die Kosten pro ausgetauschtem Airbag auf 140 Euro. Zum Vergleich: Ein Rückruf von Mercedes im Jahre 2004, bei dem 225 000 Fahrzeuge in Deutschland wegen eines Defektes einer Hydraulikeinheit in die Werkstätten beordert wurden, machte den Austausch dieser Einheit bei lediglich 450 Fahrzeugen notwendig. Damit lagen bei diesem großen Rückruf die Kosten pro Fahrzeug unter 20 Euro. Aber das ist eher die Ausnahme. Im Durchschnitt der letzten zehn Jahre ergeben sich nach unseren Berechnungen Rückrufkosten in der Größenordnung von 70 Euro pro Fahrzeug. Hochgerechnet auf die 51 Millionen Rückrufe in den USA im Jahre 2015 entstanden der Branche Kosten von schätzungsweise mehr als 3,8 Milliarden Euro. Doch nicht nur der erhebliche Kostenfaktor lässt die Branche ächzen. Die Auswirkungen auf den guten Ruf der Autobauer sind nicht minder belastend.

Audi hat dies bereits in den Achtzigerjahren schmerzhaft erleben müssen: Im Jahr 1978 stellten die Ingolstädter mit dem Audi 5000 ihr speziell auf den US-Markt angepasstes Flaggschiff vor. Das Auto wurde in den USA schnell zum Erfolgsmodell. Bald kamen jedoch Kundenbeschwerden über ein seltsames Phänomen auf: die ungewollte Beschleunigung. Berichten zufolge reagiere das Fahrzeug aus dem Stillstand bei getretener Bremse mit plötzlicher Beschleunigung. Dem Phänomen wurden nach Presseberichten eine Vielzahl von Unfällen mit Todesfolgen zugeschrieben. Auf Druck der Medien und der US-Straßensicherheitsbehörde NTHSA begann Audi damit, die Fahrzeuge zurückzurufen. Man wollte bauliche Veränderungen an den Pedalen vornehmen, da man bei Audi nach wie vor vermutete, dass Bedienungsfehler und kein technischer Defekt für die unbeabsichtigte Beschleunigung verantwortlich waren. Doch der erste Rückruf geriet zum Flop: das Phänomen konnte nicht abgestellt werden. Also wurde ein zweiter Versuch gestartet, der ebenfalls nicht die erwünschte Abhilfe schuf. Erst mit dem vierten Rückruf und dem Einbau eines sogenannten »Shift Lock«, einer Sperre, die es dem Fahrer unmöglich macht, den Automatikhebel von der Parkposition in D (Drive) oder R (Rückwärtsgang) zu stellen, ohne dass die Bremse getreten wird, gelang es Audi, die Probleme in den Griff zu bekommen. Doch die Reputation der Marke in den USA war für lange Zeit am Boden zerstört, der Absatz um nahezu sechzig Prozent eingebrochen, die Wiederverkaufswerte der Fahrzeuge in den Keller gesackt. Dieser autotechnische Super-GAU ist mitverantwortlich dafür, dass Audi in den USA auch heute noch seinen Wettbewerbern BMW oder Mercedes in puncto Absatzzahlen hinterherfährt.

Nicht minder traf es Toyota und die Japaner. In den Achtziger- und Neunzigerjahren war der japanische Autobauer Toyota so etwas wie der Qualitätspapst der Industrie. Mit dem Toyota-Produktionssystem hatten die Japaner nicht nur Kostenstrukturen durch »Just-in-time«-Logistik und den Wegfall von Zwischenlagern revolutioniert, sondern auch ein neues Verständnis für Qualität in die Produktionswelt eingeführt. Das Toyota-Prinzip lautet, immer zuerst die Ursache des Qualitätsproblems zu suchen und das Problem dort zu lösen, statt den Schaden im Nachhinein durch Reparaturmaßnahmen zu beseitigen. Bis dahin durchlief ein Auto üblicherweise die gesamte Produktionsstraße und die Mängel wurden anschließend repariert. Doch das ist teurer und meist schlechter, als das Problem beim ersten Auftreten zu lösen, selbst wenn dafür die gesamte Produktion zeitweise stillstehen muss. Deshalb wurde bei Toyota nach dem »Andonprinzip« jeder einzelne Bandarbeiter ermächtigt, die gesamte Produktion zu stoppen, sollte er ein Qualitätsproblem auf seiner Montagestufe erkennen.

Toyota stand für das Null-Fehler-Prinzip in der Autowelt. Die Null-Fehler-Philosophie war die Marketingstrategie und der Markenkern von Toyota. Das Unternehmen hatte sich bis Ende der Neunzigerjahre einen Ruf als Qualitätsweltmeister erarbeitet. Die Toyota-Fertigungsprinzipien und ihre eng getakteten Zulieferketten revolutionierten die Autowelt. In dem 1990 erschienenen Bestseller *The machine that changed the world* feierten die Wissenschaftler des renommierten Massachusetts Institute of Technology die Toyota-Prinzipien gar als zweite Revolution der Automobilindustrie, nach Henry Fords Fließbandfertigung. Für die Japaner war es ein Schockerlebnis, dass ausgerechnet Toyota in den Jahren 2009 und 2010 den bis dahin größten Rückruf in der Autogeschichte veranlassen musste. Alles hätte passieren dürfen, nur keine solch monumentale Erschütterung des innersten Werts von Toyota, der Qualität. Mehr als zwölf Millionen Toyotas mussten weltweit wegen klemmender Gaspedale in die Werkstätten beordert werden. Lange wurde bei Toyota versucht, das Problem herunterzuspielen und auf angeblich rutschende Fußmatten zurückzuführen, bis die mächtige US-Straßensicherheitsbehörde eingriff. Nachdem die NHTSA Toyota für den Tod von mehreren Autofahrern verantwortlich machte, musste sich Firmenchef Akio Toyoda persönlich im Februar 2010 in einer öffentlichen Anhörung vor dem US-Kongress rechtfertigen. (Die Debatte kann noch heute auf YouTube verfolgt werden.) In Folge musste Toyota in USA 66 Millionen Dollar Strafe an die US-Verkehrssicherheitsbehörde NHTSA bezahlen. Hinterbliebene von Unfallopfern verklagten den Autokonzern auf Wiedergutmachung, Autobesitzer verlangten eine Entschädigung für den Wertverlust ihrer Fahrzeuge. Das Image von Toyota als Hersteller besonders zuverlässiger Autos war schwer beschädigt, was nicht nur bei den Verkäufen zu spüren war. Als Konsequenz der Affäre kündigte Firmenchef Akio Toyoda an, das Qualitätsmanagement bei Toyota umzustrukturieren. Regionale Kompetenzzentren wurden eingerichtet, um schneller auf Probleme bei Fahrzeugen im Markt reagieren zu können. Die Qualitätsprozesse im Konzern wurden überprüft. Zu lange hatte Toyota Qualität nur bis zur Übergabe des Fahrzeugs an den Kunden definiert. Langzeitqualität, also Probleme, die sich zum Teil erst nach fünf oder zehn Jahren als Sicherheitsrisiken herausstellten, waren zu lange ignoriert worden, vielleicht auch, um im Kostenwettbewerb besser punkten zu können. Rückrufe von Toyota werden seitdem früher durchgeführt, selbst wenn damit negative Pressemeldungen verbunden sind. Und die Zahl der Rückrufe und deren Ausmaß steigen, seit konsequent die Strategie »Nichts wird mehr unter den Teppich gekehrt« umgesetzt wird.

Der Fall Toyota und die harte Haltung der US-Behörden haben nicht nur zu einem Kulturwandel in dem eher verschlossenen, hierarchisch strukturierten Konzern geführt, sondern das Bewusstsein aller Autobauer verändert. Das strenge Produkthaftungsrecht in den USA, die Unnachgiebigkeit der NHTSA, die hohen Strafzahlungen und juristischen Auseinandersetzungen haben dazu geführt, dass unsere Autos sicherer wurden. Nicht von ungefähr haben alle großen Rückrufaktionen ihren Ursprung in den USA. Das deutsche Kraftfahrtbundesamt in Flensburg, das bei uns nach dem Produktsicherheitsgesetz die Sicherheit von Autos überprüfen soll, ist hingegen eine wenig ernst zu nehmende Behörde. Der zahnlose Tiger Kraftfahrtbundesamt hat kaum eigene Kompetenz. Dies wurde auch beim größten Umweltbetrug des VW-Konzerns deutlich. Die millionenhafte Manipulation der Motorsteuersoftware beim Problemmotor EA 189, die den Konzern in die schwerste Krise seit seiner Gründung im Jahr 1937 gestürzt hat, wurde von US-Behörden aufgedeckt. VW hatte durch eine Motorsoftware vorgetäuscht, die gesetzliche Abgasbestimmung für Stickstoffemissionen in USA zu erfüllen. Die Mogelsoftware war auch in 2,4 Millionen VW-Dieselmotoren in Deutschland installiert. Erst nach Aufdeckung des Betrugs in den USA und weltweiter Presseberichterstattung bemerkte auch das Kraftfahrtbundesamt, dass hier wohl etwas nicht stimmte. Während der ganzen Affäre agierten die Beamten in Flensburg äußerst unglücklich und amateurhaft. Selbst beim Zeitplan zur Umsetzung der Rückrufe gab es mehr Konfusion statt verlässlicher Kommunikation. Statt Transparenz zu zeigen, verschanzte sich der Behördenleiter monatelang hinter seinem Schreibtisch und war weder für Journalisten noch die Öffentlichkeit zu sprechen. Mit Blick auf die künftigen Herausforderungen, vor denen die Autobranche steht, sind solch brave Behörden wenig hilfreich, sie gefährden eher noch die Zukunft. Denn wer Probleme hartnäckig aus dem Weg geht, legt die Ursachen für den nächsten GAU, der großen Schaden anrichtet und nur sehr schwer zu beheben ist.

Eine Lektion, die auch General Motors erst schmerzhaft lernen musste: Am 6. Februar 2014 rief GM in den USA 800 000 Fahrzeuge wegen fehlerhafter Zündschlösser zurück. Im Laufe der nächsten Monate folgten weitere Rückrufe, insgesamt mussten bis Ende des Jahres mehr als 30 Millionen Fahrzeuge in die Werkstatt. Mehr als 120 Menschen starben bei Unfällen, deren Ursachen die defekten Zündschlösser waren. Der US-Nachrichtensender CNN sprach vom »GM recall nightmare«, dem Rückrufalptraum des Konzerns. Mehr als zehn Jahre lang hatte GM das Problem vertuscht. Durch die fehlerhaften Zündschlösser konnte es während der Fahrt zu Motoraussetzern kommen. Sicherheitsrelevante Teile waren daher von der Stromzufuhr abgeschnitten, mit der Folge, dass etwa Airbags nicht auslösen konnten. Wie zuvor Akio Toyoda musste sich GM-Chefin Mary Barra im April 2014 den quälenden Fragen in einer öffentlichen Anhörung des US-Kongresses stellen. Die Amerikaner verstehen keinen Spaß, wenn es um Konsumentenschutz und Produkthaftung geht und bestrafen hart, im Gegensatz zum europäischen Rechtssystem. Im September 2015 konnte sich GM dann mit dem US-Justizministerium auf eine Aussetzung der Strafverfolgung, ein sogenanntes »Deferred Prosecution Agreement«, einigen. Das Ergebnis: 935 Millionen Dollar Strafzahlungen, bis zu 625 Millionen Dollar Kompensationszahlungen für die Opfer, mehr als 200 Millionen Dollar zur Mängelbeseitigung an den Autos, und 575 Millionen Dollar, um die Mehrzahl der juristischen Auseinandersetzungen im Zuge der Zündschlossaffäre zu begleichen. Umgerechnet hat das Zündschlossproblem den Autobauer pro zurückgerufenem Auto in den USA 900 Dollar gekostet. Das defekte Zündschloss im Produktionsprozess zu verbessern, hätte Kosten von weniger als einem US-Dollar pro Fahrzeug verursacht. Die Katastrophe war das Ergebnis eines »pattern of incompetence and neglect«, eines Musters von Inkompetenzen und Nachlässigkeiten, so nannte es die GM-Chefin vor Mitarbeitern des GM-Konzerns. Als Ergebnis des Zündschlossskandals änderte auch GM rigoros seine Qualitätsstrategie. »Apologies and accountability don't amount to much if you don't change your behavior«, so Mary Barra und versprach: »Wir haben uns geändert.«

Wie nötig eine solche Änderung für die gesamte Branche ist, zeigt auch der Airbagskandal des japanischen Zulieferers Takata. Das Unternehmen produzierte weltweit jeden fünften Airbag. Doch aufgrund eines Produktionsfehlers, der die Branche nun schon seit Jahren in Atem hält, können die Airbags unkontrolliert auslösen und bei der Explosion Metallteile im Fahrzeuginneren herumschleudern. Diese Geschosse können zu schrecklichen Verwundungen führen. Allein in USA wurden bis April 2016 mehr als zehn Menschen durch diesen Airbagfehler getötet. Bis April 2016 wurden mehr als 53 Millionen Fahrzeuge identifiziert, die mit gefährlichen Takata-Airbags weltweit auf den Straßen unterwegs sind. In den USA mussten bis April 2016 über 170 Fahrzeugmodelle der Jahre 2001 bis 2013 von insgesamt 21 verschiedenen Automarken, darunter auch Modelle von Audi, BMW, Mercedes und VW, zurückgerufen werden. Im Mai 2016 kündigte dann die US-Straßensicherheitsbehörde NHTSA an, dass weitere 35 bis 40 Millionen »inflators«, also Aufblaseinrichtungen von Takata-Airbags, in den US-Rückruf aufgenommen würden, sodass insgesamt bis Juni 2016 mehr als 69 Millionen Takata-Airbags allein in den USA ausgetauscht werden mussten. Nach einem Bericht der Nachrichtenagentur Bloomberg vom Juli 2016 könnte es notwendig werden, weltweit mehr als 100 Millionen defekte Takata-Airbags auszuwechseln. Allein in den USA betrifft der Takata-Rückruf 17 unterschiedliche Autobauer, und selbst Tesla ist mit mangelhaften Takata-Airbags infiziert. »This issue is urgent. The science clearly shows these inflators can become more dangerous over time«, kommentierte Mark Rosekind, Leiter der NTHSA, die neuerliche Hiobsbotschaft. Bis alle Takata-Airbags in den USA ausgetauscht sein werden, wird es bis Ende 2019 dauern. Je älter das Fahrzeug und je höher die Luftfeuchtigkeit der Region, in der das Fahrzeug fährt, umso größer ist das Risiko für eine ungewollte, gefährliche Explosion des Airbags. Daher konzentriert sich die Riesenrückrufaktion zunächst auf die älteren Fahrzeuge und die US-Staaten mit überwiegend oder teils tropenähnlichem Klima. Der Fall Takata ist der bislang größte und komplizierteste Rückruf in der Geschichte der Autoindustrie.

Zudem liegt die Airbag-Produktionskapazität von Takata bei knapp

20 Millionen Autos pro Jahr. Die ersten Takata-Rückrufe wurden im März 2013 gestartet, nach drei Jahren Rückrufchaos war gerade ein Viertel der Fahrzeuge repariert. Zusätzlich hatten die nachgebesserten Airbags ebenfalls Probleme bereitet, was zu der absurden Konstruktion des »Rückrufs vom Rückruf« führte. Ende Juni 2016 kündigte Shigehisa Takada, der Enkel des Firmengründers, seinen Rücktritt an. Die US-amerikanische Investmentbank Lazard wurde beauftragt, einen Käufer für das schwer angeschlagene japanische Familienunternehmen zu suchen.

Der Fall Takata legt die Risiken der weltweit vernetzten Autoindustrie offen. Wenige Zulieferer verantworten Bauteile, die in riesige Mengen von Neuwagen bei nahezu allen Autobauern eingesetzt werden. Hier zeigen sich die Grenzen des Economies-of-Scale-Denkens. Die Kontrollmechanismen der Autoindustrie haben im Fall Takata völlig versagt. Ohne die NHTSA wüssten wir möglicherweise bis heute nichts von den tödlichen Produktfehlern der Takata-Airbags. Und Takata hat noch etwas gezeigt: So wie es aussieht, wurde der Produktionsfehler über Jahrzehnte vertuscht. Eine Kultur des Duckmäusertums war sowohl bei Takata als auch bei den neuerlichen Treibstoffbetrügereien bei Mitsubishi und Suzuki nach Presseberichten einer der Gründe, warum die Unregelmäßigkeiten über lange Jahre nicht ans Tageslicht kamen. Die japanische Kultur der Unterordnung, des Hierarchiendenkens, scheint solche Dinge zu begünstigen. Unternehmenskultur, Offenheit und selbstbewusste Mitarbeiter sind die »Soft Facts«, die in der Mobilitätswelt von morgen noch entscheidender für den langfristigen Unternehmenserfolg sein werden.

Das naive Agieren wichtiger Stellen wie das deutsche Kraftfahrbundesamt und die wenig überzeugenden Brüsseler EU-Behörden zeigt, dass wir in Europa Systemänderungen brauchen. Notwendig sind Kontrollinstanzen, die Kompetenz und mehr Biss haben. Und wir müssen auch hierzulande die Diskussion um Produkthaftung führen. Die Sensibilität für »Legal« und »Compliance«, also Regeltreue, ist bei US-amerikanischen Unternehmen deutlich stärker ausgeprägt als in anderen Teilen der Welt. Die Befürchtung, dass allzu strenge Gesetze den Spielraum für Innovationen einengen und damit Unternehmen übervorsichtig und konservativ machen, ist falsch. Hunderte von Beispielunternehmen in den USA wie Apple, Facebook, Google, IBM, Intel, Microsoft, Tesla, Twitter und viele andere zeigen die Innovationsstärke des Landes trotz strengster Produkthaftungsgesetze. Allzu oft wird behauptet, der Kostendruck in der Autoindustrie sei die Ursache für Rückrufe und schlechte Qualität. Wer solch oberflächliche Behauptungen anstellt, kann offenbar mit Effizienzsteigerungen nicht umgehen. Ja, es gibt Kostendruck in der Autoindustrie. Aber den gibt es schon seit 130 Jahren, und es gibt ihn auch in anderen Branchen. Nicht der Kostendruck ist der Kern des Problems, sondern die Unternehmenskultur. Ein Konzern, der eher Duckmäuser erzeugt statt selbstbewusste Mitarbeiter, die bei Regelverstößen die Probleme ansprechen, steht auf tönernen Füßen. Wo Probleme »unter dem Teppich« bleiben, eine autoritäre, streng hierarchische Firmenkultur Befehl und Gehorsam verlangt, und ein Klima der Angst erzeugt wird, entsteht ein Nährboden für Fehlverhalten, auf dem Debakel wie der große Toyotarückruf 2009/2010 ebenso gedeihen wie der Zündschlossskandal bei General Motors, die Airbagtragödie des Zulieferers Takata oder eben jüngst der Umweltbetrug des VW-Konzerns. Eine autoritäre Kultur führt in die Irre und verbaut den Weg in die neue Autoindustrie. Wer aus dem Kampf um die Zukunft des Autos als Sieger hervorgehen will, braucht ein Betriebsklima, in dem Fehler und Probleme sanktionsfrei angesprochen werden können. Dass paritätische Mitbestimmung und eine überaus starke Gewerkschaft mitsamt ihrem Betriebsrat dabei keineswegs hilfreich sein müssen, zeigt die Causa VW.

Wie gefährlich eine Kultur der Verschlossenheit, des Wegschauens und Totschweigens, der unkritischen Unterordnung ist, machen auch Vorkommnisse in anderen japanischen Unternehmen mehr als deutlich. So arbeiteten Mitsubishi und Suzuki über Jahrzehnte mit falschen Verbrauchsabgaben für ihre Fahrzeuge. 25 Jahre lang frisierte Mitsubishi bei Kleinwagen die Angaben zum Treibstoffverbrauch. Die im April und Mai 2016 bekannt gewordenen Manipulationen stellten der japanischen Autoindustrie ein schlechtes Zeugnis aus. Der Autobauer Nissan-Renault, der von Mitsubishi gebaute Fahrzeuge mit im Programm hat, bemerkte schließlich die Manipulation. Es ist nicht der erste Skandal bei Mitsubishi. Bereits vor mehr als einem Jahrzehnt musste der Konzern zugeben, jahrzehntelang Defekte an Fahrzeugen systematisch vertuscht zu haben. Mitarbeiter von Mitsubishi beschrieben nach Presseberichten das Unternehmensklima als »ein System, in dem es den einfachen Mitarbeitern verboten war, mit Führungskräften aus anderen Abteilungen zu sprechen. Die Ingenieure hatten richtiggehend Angst davor, autoritären Vorgesetzten mögliche Fehler einzugestehen.« Falsche Verbrauchsangaben bei mehr als 2,1 Millionen Fahrzeugen musste auch Suzuki im Mai 2016 einräumen. Eine Reihe von Beispielen bestärkt die Vermutung, dass die japanische Kultur, das strenge hierarchische und autoritäre System, solche Verzerrungen begünstigt. Auch deshalb werden es japanische Unternehmen in der neuen Welt der Mobilität, in der selbstbewusste, kreative und kritische Mitarbeiter die Zukunftsprodukte entwickeln, schwer haben.

Bis heute sind praktisch keine Unfälle aufgrund defekter Autosicherheitssysteme bekannt, die von deutschen Behörden aufgedeckt wurden. Weil es solche Unfälle bei uns nicht gibt? Oder weil unsere Behörden schlicht blind sind? Klar ist, dass ohne die knallharten US-Behörden weder Toyota noch ein anderer Autohersteller die Sensibilität für die Fahrzeugsicherheit älterer Fahrzeuge geschärft hätte. Diese Sensibilität ist jedoch unerlässlich, wenn wir in die Zukunft denken. Spätestens wenn in einigen Jahren Autos autonom fahren können, muss auch für Fahrzeuge, die zehn und mehr Jahre auf der Straße unterwegs sind, das Prinzip der obersten Sicherheit gelten. Das bedeutet deutlich mehr als die Überprüfung der Reifenprofiltiefe mit TÜV-Siegel. Die großen Rückrufe machen nicht nur auf Defizite der Autobauer, sondern in Deutschland und Europa auf erhebliche Defizite im Konsumentenschutz und Rechtsverständnis aufmerksam. Dabei sind Rückrufe immer ein Blick in die Vergangenheit.

In China ist der aktuelle Fahrzeugbestand aufgrund des Marktwachstums in den letzten Jahren relativ jung. Wir werden aller Wahrscheinlichkeit nach in China in den nächsten zehn Jahren mit deutlich mehr Rückrufaktionen rechnen müssen. Entwarnung beim

Anstieg der Rückrufe in der Autoindustrie kann noch lange nicht gegeben werden. Unsere Unternehmen müssen an der Kultur ihrer Organisationen arbeiten, unser Verständnis für Produktverantwortung auch Jahre nach dem Produktverkauf muss verbessert werden, und schließlich müssen wir intensiv an der Neuausrichtung unserer Behörden arbeiten und die Diskussion um ein neues Produkthaftungsrecht führen.

Acht Ursachen für steigende Rückrufe

- Höhere Sensibilität der Autobauer nach den großen Rückrufen. Es wird schneller und mehr zurückgerufen.
- Hoher Kostendruck kombiniert mit einer Kultur der Unterordnung und Verschlossenheit. Toleranzen bei Material werden enger. Produkte werden frühzeitiger vermarktet. Kontrollsysteme funktionieren nicht.
- Steigende Autoverkäufe weltweit.
- Immer mehr Gleichteile und global agierende Zulieferer: Das Takata-Risiko.
- Komplexere Autos mit einer Vielzahl neuer Fahrassistenten und Elektronikbauteilen.
- Steigende Modellvielfalt mit mehr Karosserievarianten. Modularchitekturen mit immer mehr Schnittstellen.
- Langsame Feldbeobachtung. Rückmeldungen von Produktfehlern längere Zeit nach dem Verkauf dauern lange. Die Lawine muss früher eingefangen werden.
- Fehler in der Unternehmenskultur. Compliance-Regeln werden nicht gelebt.

Dauerbaustelle Automobilvertrieb

Es war angeblich John D. Rockefeller, der gesagt hat: »Wer Öl verkaufen will, muss Öllampen verschenken.« Zuweilen hat man den

Eindruck, die Autobauer testen eine Erweiterung dieser Theorie nach folgendem Muster: »Wer in der Zukunft Autos verkaufen will, muss jetzt welche verschenken.« Gerade in absatzschwachen, krisengeschüttelten Zeiten nehmen die Verkaufsanreizstrategien geradezu wahnwitzige Züge an. So pries etwa ein VW-Händler im November 2015, also gut einen Monat nach Bekanntwerden des großen Dieselskandals, in Anzeigen ein Leasinggeschäft für den VW up! an. Interessierte Gewerbetreibende sollten den Wolfsburger Kleinwagen neu für 29 Euro pro Monat ohne Anzahlung über einen Zeitraum von 24 Monaten mit einer Gesamtlaufleistung von 20 000 Kilometern leasen können. Der Neuwagen stand zu dieser Zeit mit 8 382 Euro zuzüglich Mehrwertsteuer in der Preisliste des Herstellers. Selbst wenn man den Kleinwagen zinslos abgeben und die Abschreibung linear wählen würde, bräuchte man 24 Jahre, um mit einer solchen Leasingrate das Fahrzeug zu bezahlen.

Können solche Verkaufsstrategien tatsächlich langfristig Erfolg haben? Können so nachhaltig Gewinne erwirtschaftet, der Markenwert gesteigert, die Kundenbindung erhöht werden? Im mikroökonomischen Standardmodell zur Erklärung des Nachfrageverhaltens der Verbraucher sind die Dinge einfach: Je niedriger der Preis, umso höher ist bei normalem Kundenverhalten die nachgefragte Menge eines Produkts. Liegt also eine schwierige Absatzlage vor, senkt man über Rabatte, Sondermodelle oder günstige Finanzierungen den Preis – und neue Käufer stellen die heile Welt wieder her. Leider funktioniert der Autovertrieb in gesättigten Märkten wie Deutschland, Westeuropa oder Nordamerika aber nicht nach diesem Muster. Gut zu beobachten war dies in den Jahren 2009 und 2010. Als Mittel gegen die Auswirkungen der weltweiten Wirtschaftskrise hatte sich die Bundesregierung entschlossen, jedem Käufer eines Neuwagens, der gleichzeitig sein altes Auto in die Schrottpresse gab, 2 500 Euro zu schenken. So prasselten also die Geldscheine auf Autohändler, Neuwagenkäufer und die Besitzer von Verschrottungsbetrieben nieder. Fünf Milliarden Euro Steuergeld kostete die Fete. Zwei Millionen Autos wurden verschrottet, die anderenorts vielleicht noch eine sinnvolle Nutzung hätten bringen können. Im Abwrackprämienjahr 2009 schossen die Verkäufe von Kleinwagen in Deutschland regelrecht in den Himmel, der Markt wurde mithilfe der Steuermilliarden praktisch leergekauft. Weil auch Tageszulassungen und Vorführwagen in den Genuss der Abwrackprämie kamen, konnten auch die großen Fahrzeugbestände der Autohäuser vor Ort zügig abverkauft werden.

Die Ernüchterung folgte – zwangsläufig – ein Jahr später. Die Neuwagenzulassungen brachen in Deutschland gegenüber dem Vorjahr um 890 000 Autos oder 23 Prozent ein. Zusätzlich stieg die Zahl der Eigenzulassungen im Jahr 2010 wieder um 125 000 Fahrzeuge an. Eigenzulassungen sind Neuwagen, die von den Autobauern und Händlern auf sich selbst zugelassen wurden und oft nach kurzer Zeit mit Rabatten von 25 Prozent und mehr entweder als Tageszulassungen, Vorführwagen oder junge Dienstwagen verkauft werden. Steuergeld wurde abgefackelt ohne irgendeine Mittelfrist- oder gar Langzeitwirkung. Alles, was durch solche und vergleichbare Aktionen in gesättigten Märkten erreicht wird, ist die zeitliche Verschiebung der Nachfrage nach Ersatzbedarf. Bei höheren Rabatten wird der Neuwagenkauf ein paar Monate vorgezogen, aber zusätzliche Autos kommen damit nicht in den Markt.

Rabatte in gesättigten Märkten haben nachweislich deutliche negative Effekte auf die Gewinne aller Autobauer. Trotzdem machen es alle und überbieten sich in einer Art Lemmingewettrennen mit ihren Preiszugeständnissen. Wie sich die Rabatte im deutschen Automarkt in den letzten fünf Jahren entwickelt haben, zeigt der sogenannte CAR-Rabatt-Index. Je höher der Wert, umso höher ist das Rabattniveau, das monatlich ermittelt wird. Der CAR-Rabatt-Index erfasst die Kundenvorteile durch Sonderaktionen, wie etwa Sondermodelle oder Sonderfinanzierungen der Autobauer, die direkten Händlerrabatte bei den 30 meistverkauften Neuwagen in Deutschland und die Eigenzulassungen der Autobauer und Autohändler. Damit spiegelt er das Rabatt- und Incentiveverhalten des deutschen Automarktes im Privatkundenbereich. Die Trendgerade zeigt: Die Rabatte im deutschen Automarkt sind im Zeitraum 2010 bis 2015 kontinuierlich angestiegen. Fast gleich geblieben sind die jährlichen Neuwagenzulassungen, die je nach Konjunktursituation bei um die 3,1 Millionen Fahrzeuge in Deutschland liegen. Die Vertriebssysteme haben also nicht mehr Neuwagen verkauft, sondern die gleiche Zahl an Neuverkäufen wie zuvor mit höheren Rabatten unter die Leute gebracht. Üblicherweise fordert man von einem teuren Vertriebssystem wie dem der Automobilbranche, dass es mit weniger Nachlässen auskommt. Mit hohen Rabatten kann jeder verkaufen. Dazu braucht es kein teures Autohaus und keinen Verkäufer. Der frühere Präsident des deutschen Kraftfahrzeuggewerbes Robert Rademacher verglich diese Praxis einmal sinngemäß so: »Ich kenne keinen Wirt, der jedes dritte Bier selbst trinkt und trotzdem noch Gewinne macht.« Im deutschen Automarkt wurden in den letzten Jahren jeweils über 30 Prozent an Eigenzulassungen getätigt, also Neuwagen von Autohändlern und Autobauern selbst »vertilgt«. Rademachers Vergleich ist keine Übertreibung, sondern basiert auf trauriger Realität. Diese Entwicklung sollte nachdenklich machen.

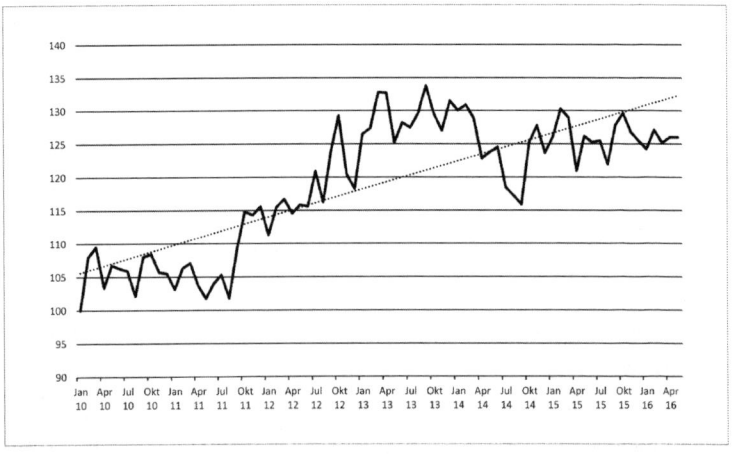

Abb. 5: CAR-Rabatt-Index für den deutschen Automarkt

Aufschlussreich ist ein weiteres Phänomen: Parallel zum steigenden Anteil an Eigenzulassungen steigt auch das Durchschnittsalter der Neuwagenkäufer. Abbildung 6 zeigt den Zusammenhang: Die Kurve gibt das Durchschnittsalter der Neuwagenkäufer in Deutschland an. Im Jahr 2015 hatte das Durchschnittsalter der Neuwagenkäufer mit 53,0 Jahren einen neuen »Altersrekord« erreicht. Gleichzeitig wurden 31 Prozent aller Neuwagen als Eigenzulassungen beim Kraftfahrtbundesamt in Flensburg registriert, also Fahrzeuge, die Autobauer oder Händler auf sich zugelassen hatten. Im Jahr 2008 betrug das Durchschnittsalter der Neuwagenkäufer 49,8 Jahre. Neuwagenkäufer »altern« damit erheblich schneller als die Gesamtbevölkerung. Noch augenfälliger wird dieser »Alterungsprozess« in einer noch längeren Zeitreihe. So betrug das Durchschnittsalter der Neuwagenkäufer in Deutschland 1995 gerade einmal 46,1 Jahre. In diesem Zeitraum lag die Eigenzulassungsquote deutlich unter den Werten der jüngsten Zeit. Die Erklärung für dieses Alterungsphänomen lautet allerdings nicht, dass junge Menschen nicht mehr Auto fahren beziehungsweise keine Autos mehr kaufen. Es erklärt sich vielmehr zum Großteil daraus, dass die jüngeren – und meist preissensibleren, da weniger solventen – Käufer systematisch auf Tageszulassungen, Vorführwagen und junge Dienstwagen umsteigen. Nur noch die ältere Kundschaft kauft die Originalneuwagen.

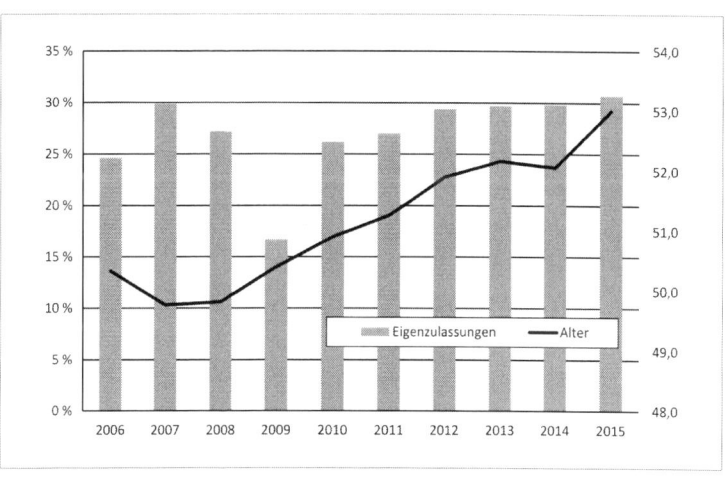

Abb. 6: Eigenzulassungen und Alter der Neuwagenkäufer

Ähnlich wie zu Beginn des 20. Jahrhunderts der russische Psychologe Iwan Pawlow seine Hunde konditionierte, bis sie beim Klang einer Glocke zu sabbern begannen, trainieren heute die Autohersteller ihre Kunden: Sie läuten die Rabattglocke und die überwiegend jüngere Kundschaft beißt an – vermeintlich. Denn tatsächlich wenden sich, wie unsere Daten zeigen, immer mehr junge Kunden vom Neuwagenmarkt ab. Wie lange soll dieses Spiel noch weitergespielt werden?

Für die Absatzschwierigkeiten im Umfeld der jungen Kundschaft wird als ein Faktor auch oft der Trend des Carsharings ins Feld geführt. Tatsächlich aber hat dies bislang nur einen geringen Einfluss. So waren nach Angaben des Bundesverbandes Carsharing zu Beginn des Jahres 2016 zwar 1,26 Millionen Menschen als Carsharing-Kunden registriert, aber der Bestand an Carsharing-Fahrzeugen lag gerade mal bei 16 100 Autos. Ein Carsharing-Kunde leiht demnach derzeit ein Fahrzeug an weniger als fünf Tagen im Jahr aus. Bei dieser Rechnung ist noch nicht einmal berücksichtigt, dass nicht alle Fahrzeuge permanent ausgeliehen sind, sondern öfter auch ohne Nutzung an der Station stehen. Mit weniger als fünf Tagen Auto pro Jahr kommt man nicht weit. Die Vermutung liegt nahe, dass sich unter den 1,26 Millionen Carsharing-Kunden eine große Anzahl Karteileichen befindet. Dabei gibt es in Deutschland 55 Millionen Führerscheinbesitzer; bislang sind also nur 2,3 Prozent aller Führerscheinbesitzer auch Carsharing-Kunden. Carsharing hat also noch deutlich Luft »nach oben« und erklärt sicher nicht die Alterung der Neuwagenkäufer. In Zukunft mag das anders sein, aber derzeit ist Carsharing noch eine Nische in Deutschland, wenn auch in Großstädten wie Berlin, Hamburg oder München die Verbreitung höher ist.

Die Autobauer leisten sich also teure Verkaufsanreizstrategien, deren Nutzen jedoch bei genauer Betrachtung mindestens fragwürdig scheint. Und das bei einem Vertriebssystem, das ohnehin schon komplex, kostenaufwendig und wenig innovativ ist. Es dominiert ein Vertriebskanal: das Autohaus. Das mutet fast schon wie eine Art Dinosaurier in der Welt der Apples, Googles und Teslas an.

Noch immer ist in den Köpfen der Autohersteller die Überzeugung fest verhaftet, dass der Wert ihrer Marke zu einem wesentlichen

Teil von ihrem äußeren Auftritt abhängt. Der Gedanke selbst ist zwar nicht falsch – die Umsetzung dagegen ist von vorgestern. Moderne teure Glaspaläste auf der grünen Wiese sind die Aushängeschilder der Premium- wie der Massenmarken. Ansprechende Architektur, persönliche Beratung durch den Verkäufer, Probefahrten und am besten noch ein Latte Macchiato aufs Haus, das macht die Käufer glücklich, so die Denke. Und wer glücklich ist, der schaut nicht so auf den Euro, feilscht also weniger rational, sondern kauft eher bauch-gesteuert-emotional. Mit dieser Denkweise werden Investitionen gerechtfertigt wie das neue Audi-Terminal der Autohausgruppe Hülpert in Dortmund. Dort wurde im Jahr 2016 auf 19 000 Quadratmetern ein neues Autohaus fertiggestellt. Die Gesamtinvestition belief sich auf 17 Millionen Euro. Unterstellt man, dass das Gebäude in 20 Jahren abgeschrieben sein wird, 30 Prozent der Investition auf den Neu-wagenverkauf entfallen und das eingesetzte Kapital mit einem Zins-satz von fünf Prozent von der Bank geliehen wird, fallen nur für den Neuwagenbereich nach unserer Rechnung monatliche Kosten für die Kaltmiete von knapp 37 000 Euro an.

17 Millionen Euro – wohlgemerkt, für einen einzigen Standort. Die Autobauer verkaufen ihre Neuwagen seit über 100 Jahren nach dem gleichen Muster. Dabei sollte es doch in Zeiten von Amazon, Apple oder Alibaba auch für die Autobranche intelligentere Vertriebssysteme geben. Bislang erschöpfen sich die Internetvertriebstechnologien der traditionellen Autobranche in der Programmierung einer Website, die mit einem Fahrzeugkonfigurator ausgestattet ist. Im Prinzip hat man damit den guten alten »Verkaufsprospekt« ins Internetzeit-alter gehievt. Intelligenter E-Commerce sieht allerdings anders aus, die Vertriebssysteme der Autobauer laufen weit der Zeit hinterher. Der Mut, den Vertrieb mit neuen Konzepten zukunftsfähig zu ma-chen, ist fast gar nicht verbreitet, einige wenige Experimente waren bislang kaum erfolgreich. Der Hauptgrund liegt darin, dass man die alten Prozesse einfach mit Internet »angereichert«, aber nicht neu gestaltet hat. Neu gestalten kann durchaus heißen, mit mehreren Vertriebskanälen zu arbeiten, so wie es etwa in der Versicherungs-branche gang und gäbe ist. Dazu muss man die einfache Erkenntnis

umsetzen, dass sich eben Autokunden unterscheiden. Wenn jemand seinen dritten VW Golf kauft, kennt er das Fahrzeug und ist mit der Marke vertraut. Ein Großteil der Funktionen und neuen Ausstattungen lässt sich sehr gut durch Internetapplikationen darstellen. Hat ein potenzieller Käufer die Möglichkeit, ein Neufahrzeug um 8 bis 10 Prozent günstiger zu bekommen, wenn er darauf verzichtet, das Fahrzeug vor Ort in Augenschein zu nehmen und die Motorisierung in einer Probefahrt zu testen, dann wird ein Teil der Käufer diese aller Wahrscheinlichkeit nach nutzen. So wie es in vielen anderen Bereichen des boomenden E-Commerce der Fall ist, gibt es auch in der Autobranche eine Kundengruppe, die ohne das Autohaus auskommen kann und würde. Hinzu kommt, dass ein immer größerer Teil der Fahrzeuge für zwei oder drei Jahre geleast werden. Dadurch ist das Risiko, »falsch« zu kaufen, nochmals gesenkt. Wer ein Fahrzeug nur für zwei Monate ausleihen will, kommt ja in der Regel auch nicht auf den Gedanken, damit vorher eine Probefahrt machen oder »gegen die Reifen kicken« zu wollen. Dass es eine große Kundengruppe gibt, die online kauft, sieht man etwa an den Internetvermittlern. Rund um die Uhr kann man Neuwagenaufträge ohne Verkäufer, ohne Gang ins Autohaus platzieren. Ausgeliefert werden diese bestellten Neuwagen dann über die normalen Markenhändler, oder die Kunden holen sie selbst ab – etwa in der VW-Autostadt in Wolfsburg. Die großen Internetvermittler wie meinauto.de, autohaus24.de oder price-optimizer.de vermitteln jährlich gut 50 000 Neuwagen mit niedrigeren Kosten und für den Kunden besseren Preisen.

Also wäre es doch für die Autohersteller eine vernünftige Strategie, ein Mehr-Kanal-Vertriebssystem einzuführen, bei dem man über das Internet preisgünstiger kauft als im Autohaus. Der Servicepunkt Beratung und Probefahrt, den auch jetzt schon viele Autohäuser ohne anschließenden Kaufabschluss leisten, könnte nach wie vor bestehen bleiben und sogar verbessert werden: Wer sich vor Ort beraten lässt, willigt zugleich ein, dass im Falle eines Kaufs per Internet eine bestimmte Gebühr für die Beratung auf den Kaufpreis aufgeschlagen wird. Eine andere Möglichkeit wäre, überregionale Erlebniszentren aufzubauen, die einem erlauben, Autos zu testen und zu begutachten. Apple ist mit seinen Apple-Stores einen ähnlichen Weg gegangen. Es wird online verkauft, aber wer offline in die Erlebniswelt eintauchen will, kann in den markenprägenden Apple-Store in einer Großstadt gehen. Gleichzeitig wäre es ein wichtiger Schritt, um aus dem »alten« Vertriebsmodell »auszubrechen«. Denn dieses Modell ist nicht nur überholt, es ist auch ineffektiv. Wo Hersteller Produktionen gnadenlos laufen lassen, ungeachtet der Auftragslage, weil die Bänder ausgelastet sein müssen, und dann in Konsequenz überzählige Fahrzeuge in die Autohäuser »abschieben«, wo sie hohe Kosten verursachen und oft als Tageszulassungen mit riesigen Preisnachlässen in den Markt gedrückt werden, da läuft etwas grundlegend schief. Wie es gehen könnte, zeigt ausgerechnet ein Branchenneuling: nämlich Tesla. Das Tesla-System rund um die Modellpalette der E-Autos ist wohldurchdacht, die Tesla-Stores werden vom Unternehmen selbst betrieben. In diesen Stores stehen maximal drei Ausstellungs- und Vorführwagen. Sie liegen nicht in Gewerbegebieten, sondern schaffen es in den Zentren der Großstädte, auf überschaubarem Platz die Emotion Tesla zu transportieren. Ein Großteil der Aufgaben wird ohnehin online erledigt. Dies gilt nicht nur für die Fahrzeugbestellung, sondern zum Teil auch bei Reparaturen. Software-Updates werden etwa wie beim PC übers Internet verschickt und müssen nicht in der Werkstatt vom kostenträchtigen Mechaniker eingespielt werden.

Im Gegensatz zu den Europäern sind Chinesen unendlich internetaffin und fast schon süchtig nach mobilen Internetanwendungen. Der Onlinehandelsriese Alibaba ist eines der Unternehmen, das die Chinesen immer stärker in die Welt des mobilen Internets führt. Alibaba hatte bei seinem Börsengang im September 2014 einen Börsenwert von rund 200 Milliarden Dollar, der von BMW zum gleichen Zeitpunkt bei 50 Milliarden Dollar. Und Alibaba hat ein sehr großes Interesse, weiter zu wachsen. Der Handel mit Autos liegt damit für Alibaba praktisch auf der Hand. Gemeinsam mit SAIC, der Shanghai Automotive Motor Corporation, hat Alibaba die Plattform für Online-Autokäufe Chexiang.com aus der Taufe gehoben. SAIC ist die größte chinesische Automobil-Holding und betreibt mit VW und General Motors bedeutende Kooperationsunternehmen (Joint Ventures). Ohne SAIC wären

Abb. 7 und 8: Zwei Welten, die unterschiedlicher nicht sein könnten: Tesla Store in Hamburg und traditionelles Autohaus.

VW und GM in China »halbe Riesen«. Insgesamt hat SAIC im Jahr 2015 in den Gemeinschaftsunternehmen 5,9 Millionen Autos gebaut. Und SAIC will wie Alibaba in den Online-Vertrieb von Autos einsteigen. Chexiang.com ist seit 2015 in China im Markt. Auf der ersten Stufe soll das sogenannte O2O-Geschäftsmodell (Online To Offline) umgesetzt werden. Damit werden wenige Händler in den Onlinevertrieb integriert, sozusagen als Dienstleistungsstationen, bei denen man sein Auto nach der Online-Bestellung abholen, die Rechnung für das Auto begleichen oder Ausstellungsfahrzeuge anschauen kann. Ein zweiter Fokus von Chexiang.com ist das Servicegeschäft. Man kauft Online-Werkstattleistungen oder bucht Mietwagen zu festen Preisen über die Plattform, die dann an Chexiang.com-Stationen ausgeführt werden. Sowohl für Alibaba als auch für SAIC ist Chexiang.com ein wichtiger Schritt in den Automobilvertrieb.

Das Risiko unserer Vertriebssysteme besteht nicht darin, dass der Wettbewerber A, etwa Mercedes oder Audi, dem Vertriebsnetz von Wettbewerber B, zum Beispiel BMW, die Kunden abjagt. Das Risiko besteht darin, dass ein sogenannter disruptiver Wandel das System vollständig aus seiner Bahn wirft. Bei so einem disruptiven Wandel verlieren teure Immobilienobjekte wie die Autohäuser in den Gewerbegebieten dramatisch an Wert, ähnlich wie es beim Platzen einer Immobilienblase passiert. Noch dramatischer wäre allerdings, dass die Hersteller dann auf die Vertriebshoheit eines anderen Anbieters angewiesen wären. Statt wie bislang ihre eigenen Vertriebskanäle zu kontrollieren und damit direkten oder indirekten Zugang zu ihren Kunden zu haben, würden sie die Käufer an einen oder mehrere dann marktbeherrschende Händler verlieren und würden zu einer Art Zulieferer degradiert. Alibaba und einige mehr hätten schon jetzt nicht nur die finanzielle Kraft dazu, sondern auch das Know-how. Während in Europa in Gewerbegebieten kostenträchtige Autohäuser Vertriebslandschaften prägen, kommt aus Ländern wie China der neue Vertrieb, und das ist deutlich mehr als der Konfigurator auf der Website des Autohauses. So hatte Alibaba neben der Plattform Chexiang.com im Juli 2015 mehr als 4000 Neuwagen zu Fixpreisen auf seiner eigenen Website im Angebot. Der überwiegende Teil, mehr als 3800 Neuwagen, stammte von chinesischen Autobauern. Die Chinesen werden in jüngster Zeit mit ihren Neuwagen im chinesischen Markt immer erfolgreicher. Es ist nicht mehr die lausige Qualität der ersten Chinesen, so wie sie auf der Frankfurter

IAA 2005 von den Herstellern Jiangling Motors mit dem Landwind, dem Kleinwagen der heutigen Volvo-Mutter Geely oder dem Zhongua von Brilliance, der auch als Mao-Mercedes verspottet wurde, in den Markt kamen. China hat im Turbotempo, mit der Unterstützung durch staatlich verordnete Gemeinschaftswerke (Joint Ventures) der westlichen Autobauer, gelernt, bessere Autos zu bauen. Und wir können sicher sein, dass die zweite Welle der Chinesen auch mit neuen Vertriebskonzepten nach Europa kommt. Damit würden die Chinesen den Autovertrieb revolutionieren und die klassischen Vertriebsnetze in eine gefährliche Schieflage bringen.

Das Dilemma mit dem Diesel

Er war der Stolz der deutschen Autoindustrie. Mit dem Dieselmotor wollten die deutschen Autobauer weltweit einen Technologievorsprung aufbauen. Doch spätestens mit Bekanntwerden der Volkswagen-Dieselbetrügereien ist der Diesel der deutschen Autoindustrie gnadenlos auf die Füße gefallen. Der Widerstand gegen Dieselabgase ist erheblich gewachsen, die Verbrennungsmotoren stehen unter verschärfter Beobachtung. Mit dem jahrelangen, vorsätzlichen Verstoß von VW gegen US-Umweltgesetze wurde der Diesel über Nacht zum Problemmotor. Ein Kollateralschaden liegt vor, der die ganze Branche schlecht dastehen lässt. Der Skandal hat offengelegt, dass der Diesel auch bei uns deutlich höhere Umweltbelastungen mit sich bringt, als in den Hochglanzverkaufsprospekten zu lesen ist. Thermofenster, also Temperaturbereiche, in denen die Dieselabgasreinigung durch unpräzise Gesetzesvorgaben heruntergefahren wird, sind zum Problem der Branche geworden.

Der vermeintliche Vorsprung des Diesels ruht auf zwei Säulen: Erstens dem starken Drehmoment des Motors oder umgangssprachlich dem kraftvollen Antrieb und zweitens der Sparsamkeit, die es ihm erlaubt, weniger vom Klimagas Kohlendioxid in die Atmosphäre zu blasen. Die vermeintliche Sparsamkeit ist dabei kein Naturgesetz, sondern eher ein Trick der Natur: Ein Liter Dieselkraftstoff hat einen höheren Energiegehalt als ein Liter Benzin. So ähnlich wie 100 Gramm Schokolade mehr Kalorien haben als 100 Gramm Apfel. Übrigens hat deshalb die EU-Kommission vor einigen Jahren vorgeschlagen, Kraftstoffe nach ihrem Energieinhalt und nicht nach ihrem Volumen, also etwa pro Liter, zu besteuern. Mit solch einem Konzept würden die Antriebstechniken steuerlich attraktiv gemacht, die wirklich am effektivsten mit Energie umgehen. Der vermeintlich niedrige Verbrauch des Diesels ist also keineswegs ein so klarer Vorteil, wie es uns die Tankanzeige oder der Spritpreis an der Tankstelle weismachen wollen.

Außerhalb von Europa hatte der Diesel-Pkw noch nie besonders viele Freunde. Unangenehme und lästige Gerüche im Abgas, lautes Motorengeräusch – früher gerne mit dem Ausdruck »nageln« belegt –, Rußbildung bei der Verbrennung, hohe Stickoxidwerte im Abgasstrom. Dies alles hat den Diesel-Pkw in der restlichen Welt wenig salonfähig gemacht. Nicht nur in den USA, wo nach dem VW-Diesel-Eklat die Technologie für immer »verbrannt« sein dürfte, sondern auch in den wichtigen Schwellenländer wie etwa Indien. So verfügte Indiens Supreme Court, die höchste Gerichtsinstanz mit Sitz in der Hauptstadt, Ende 2015 ein zeitliches Verbot für die Zulassung neuer Dieselautos in Neu-Delhi. Gleichzeitig stellten die obersten Richter klar: Entweder bleibt das Verbot auf Dauer bestehen oder alle Diesel mit mehr als zwei Liter Hubraum müssen eine einmalige »Umweltabgabe« in Höhe von 30 Prozent des Kaufpreises bezahlen. In Indien ist die Diesel-Party vorbei. Indien zeigt, wie schnell ein Absturz gehen kann. 2012 hatte der Diesel dort einen Marktanteil von 52 %. Mit der enormen Umweltverschmutzung in den Großstädten drehte der Wind. Der Diesel verlor seinen Steuervorteil und sein Marktanteil stürzte bis Mitte 2016 auf 26 % ab mit weiterer vorprogrammierter Talfahrt. Selbst in der Dieselnation Frankreich regt sich Widerstand. Um den Smog in der französischen Hauptstadt zu bekämpfen, kündigte die Bürgermeisterin von Paris, Anne Hidalgo, im Dezember 2014 einen drastischen Umweltplan an: Bis zum Jahr 2020 soll ein generelles Verkaufsverbot für Dieselautos eingeführt werden. Wichtige Verkehrsachsen – wie etwa die Champs Élysées oder die Rue de Rivoli entlang des Louvre – sollen künftig für schmutzige Dieselmotoren gesperrt werden.

Während in Deutschland der Marktanteil der Diesel-Pkw bei nahezu 50 Prozent liegt, in Westeuropa gesamt sogar über 50 Prozent aller neuen Pkw mit Dieselmotor ausgestattet sind, sieht die Lage in den drei größten Automärkten der Welt völlig anders aus: Nur 0,3 Prozent aller Pkw-Neuwagen kamen im Jahr 2015 in China als Diesel auf die Straße, weniger als drei Prozent in den USA und 2,4 Prozent in Japan. Dort ist vielmehr der Benzin-Elektro-Hybrid, den Toyota weit entwickelt hat, mit fast 25 Prozent Marktanteil bei den Neuwagen höchst erfolgreich. Amerika fährt zu mehr als 80 Prozent mit Benzin, zu 13 Prozent kommt Ethanol zum Einsatz, das übrigens gerade die Brasilianer besonders häufig nutzen, und auch die Chinesen lieben den Benzinantrieb und investieren zugleich immer stärker in das Elektroauto. So wie es aussieht, stecken die Europäer mit dem Diesel in einer Sackgasse. Nur 17 Prozent aller weltweit verkauften Autos werden in Westeuropa abgesetzt, mit fallender Tendenz. Für die europäischen Autobauer ist das ein ernstes Problem, denn mit dem Markt Europa allein wird es nicht gelingen, die hohen Kosten der Produkt- und Abgasentwicklung einzuspielen. Unter hohem Werbeaufwand versuchte die deutsche Autoindustrie in den letzten zehn Jahren mit einer Clean-Diesel-Kampagne im US-Markt, den Amerikanern den Diesel »schmackhaft« zu machen. Mit dem VW-Dieselskandal wurden diese Millionen an Investitionen auf einen Schlag vernichtet. Die Chance, dass der Dieselantrieb im zweitgrößten Automarkt der Welt USA nochmals Boden unter die Füße bekommt, ist gleich null. Zudem werden nicht nur die US-Amerikaner in Zukunft deutlich kritischer auf die tatsächlichen Abgase schauen statt den Laborwerten zu glauben, mit denen heute in Verkaufsprospekten gearbeitet wird, sondern auch in Deutschland und Europa wird dies dem Diesel das Leben schwer machen. Denn die Schadstoffemissionen von Dieselmotoren sehen ganz ohne Schummeln und bei Licht betrachtet nun mal nicht nett aus.

Dieselmotoren erzeugen beim Verbrennungsprozess deutlich mehr Stickstoffoxide (gerne abgekürzt als NO_x) als etwa Benzinmotoren, die in Verbindung mit Luft zu gesundheitlichen Belastungen führen können. So führen erhöhte Stickoxidbelastungen zu Reizungen der Augen und Atemwege, können Husten, Kopfschmerzen, Schwindel und Atembeschwerden auslösen und in hoher Konzentrationen sogar das Risiko für Herz- und Kreislauferkrankungen erhöhen. War es vor zehn Jahren der Feinstaub, der beim Diesel Probleme bereitete und in Deutschland zur Einführung von Partikelfiltern und Umweltplaketten führte, sind es heute Stickoxidemissionen. In mehr als 50 deutschen Ballungszentren und Großstädten liegen seit Jahren viel zu hohe Stickoxidbelastungen vor. Die Grenzwerte für Stickstoffdioxid in der Luft überschreiten erheblich die von der EU-Kommission festgelegten Grenzen. Hauptschuldige sind zweifelsfrei die zahlreichen Diesel-Pkw mit ihren Abgasen. Vor ein paar Monaten wurden aufgrund der deutlichen Überschreitungen in vielen Ballungsräumen Deutschlands die politischen Weichen für eine blaue Umweltplakette gestellt. Die blaue Umweltplakette erhält nur derjenige, dessen Diesel-Pkw die Emissionsanforderungen der sogenannten EURO 6 Norm erfüllt. EURO-6-Diesel sind erst seit dem Jahr 2015 großflächig im Markt. Alle, deren Diesel-Pkw dann mit EURO 5 und schlechter im Abgasverhalten eingestuft sind, können bei Überschreitung der Stickoxidwerte in Ballungsgebieten mit Fahrverboten in diesen Regionen belegt werden. Von den 15 Millionen Diesel-Pkw auf Deutschlands Straßen erfüllen derzeit nur 10 Prozent die Abgasnorm EURO 6, wären also nach heutigen Kriterien bei regionalen Fahrverboten nicht betroffen. Otto Normalverbraucher hat mit seinem durchschnittlichen Diesel den »schwarzen Peter«, wie schon zehn Jahren zuvor beim Feinstaub.

NO_x		Benzin	Diesel
Euro 4	Jan 06	0.08 g/km	0.25 g/km
Euro 5	Jan 11	0.06 g/km	0.18 g/km
Euro 6	Sep 15	0.06 g/km	0.08 g/km
California LEV II	2010	0.04 g/km (0.07 g/mi)	

Tab. 1: Stickoxidgrenzwerte für Pkw
Quelle: EU-Kommission, CARB, CAR Universität Duisburg-Essen

Tabelle 1 zeigt, wie hoch der maximale Stickoxidausstoß (NOx) unter den verschiedenen Euro-Norm-Klassen sowie gemäß dem strengeren Grenzwert in Kalifornien (USA) sein darf. Die Tabelle zeigt auch, dass es in den USA keine Ungleichbehandlung bei den Abgaswerten zwischen Benzin- und Diesel-Pkw gibt, in Europa aber schon. Selbst heute wird dem Diesel unter der neusten Vorschrift EURO 6 noch ein vermeintlicher kleiner Vorteil zugesprochen, in dem ihm ein höherer Stickoxidausstoß zugestanden wird. Doch dies wird dem Verbraucher und letztlich auch der Autoindustrie wie schon bei den Rußpartikeln und der damaligen Einführung der grünen Umweltplakette auf die Füße fallen. Unsere Behörden fangen jetzt an, bei den Emissionen nicht mehr die schönen Laborwerte zu messen, sondern das, was wirklich aus dem Auspuff kommt, wenn Otto Normalverbraucher fährt. Und das ist deutlich mehr und deutlich schlechter für den Diesel. Die Zeitschrift *auto, motor und sport* testete im Dezember 2015 die NO_x-Belastungen von modernen Diesel-Pkw unter verschiedenen Fahrsituationen wie Landstraße, Autobahn und Stadtverkehr. Ein aufwendiger Test mit erschreckenden Ergebnissen. Im Stadtverkehr überschritten beispielsweise Audi Q3 und Mercedes C 250 den erlaubten NO_x-Grenzwert um das Fünf- bis Sechsfache, BMW X5 und Volvo XC 90 immerhin noch um mehr als das Dreifache. Und dabei haben alle diese Fahrzeuge modernste Abgasreinigungsanlagen mit sogenanntem SCR-Katalysator und zum Teil zusätzlichem NOx-Speicherkat. Also die Luxusklasse in der Abgasreinigung und nicht die Sparbrötchenlösung, wie es bei VW in den USA der Fall war. Trotzdem sind alle modernen Fahrzeuge bei den schädlichen Stickoxid-Emissionen kläglich gescheitert. Die Autobauer werden in Zukunft zusätzliche Abgasreinigungssysteme benötigen, um auch nur die heutigen Abgasgrenzwerte zu erreichen. Abgassysteme für Serienautos müssen nochmals »nachentwickelt« werden. Das bedeutet für die Europäer in den nächsten zehn Jahren Investitionen in zweistelliger Milliardenhöhe. Und das alles für weniger als zehn Prozent der weltweit verkauften Autos? Wie will man das rechtfertigen?

Die Protektion des Diesels hat uns zahlreiche Probleme bereitet, durch vermeintliche Vorteile bei den Abgasgrenzwerten, dem mehr oder minder nachsichtigen Umgang mit ebendiesen Werten, aber auch durch Steuervergünstigungen. Die Bevorzugung von Dieselkraftstoff und Dieselantrieb hat in Deutschland und vielen europäischen Staaten eine lange Tradition. So wird neben der »Schonung« bei den Abgasen der Dieselkraftstoff auch – aus unerfindlichen Gründen – bei der Besteuerung bessergestellt. Auch dies gilt nicht in den USA, und übrigens auch nicht in der Schweiz und in Großbritannien. Dieselkraftstoff wird pro Liter in Deutschland mit 18 Cent weniger Steuer belegt als Benzin. Warum? Weil man vor 70 Jahren beim Aufbau der Bundesrepublik die Transportkosten für die Wirtschaft niedrig halten wollte, und Dieselmotoren kamen damals nur in Lastkraftwagen zum Einsatz. In den Siebzigerjahren kamen die ersten Pkw-Diesel auf den Markt. Da Dieselkraftstoff noch immer geringer besteuert wurde als Benzin, versuchte man, diese Ungleichheit durch eine zweite Steuer auszugleichen: Der Diesel bezahlt eine willkürlich festgelegt höhere Kfz-Steuer. Der Effekt ist auch hier wieder merkwürdig. Da die Kfz-Steuer ein Festbetrag ist, wird sie in Relation für denjenigen »niedrig«, der viele Kilometer fährt. Mit unserem Steuersystem geben wir damit einen weiteren willkürlichen Vielfahrerrabatt. So werden etwa die Fahrer von Dienstwagen, die deutlich mehr Kilometer pro Jahr fahren als der Durchschnittsbürger, beim Finanzamt bessergestellt. Die Geschichte zeigt, wie sehr unsere Politiker sich in ihrer seltsamen Dieselschützerei verheddert haben.

Noch unverständlicher wird die Sache, wenn man auch noch die Lkw-Maut mit ins Spiel bringt. Im Jahre 2005 wurde in Deutschland für schwere Lastkraftwagen auf Autobahnen eine Maut eingeführt, um das Wachstum im Lkw-Verkehr einzuschränken und Lkw stärker an den Straßenkosten zu beteiligen. Genau das Gegenteil dessen hatte man ursprünglich erreichen wollen, als die Steuererleichterung für Diesel eingeführt wurde. Statt nun aber die naheliegende Lösung zu wählen und Diesel einfach wieder stärker zu besteuern, griff man mit der Lkw-Maut lieber zu einer weitere Verkomplizierung. Es ist schon ein kurioses Kabinettstück. Treibstoff für Lkw ist immer noch billig und durch niedrigere Steuersätze subventioniert, aber weil der Transport auf der Straße eben nicht mehr billig sein soll, wird obendrauf via Maut gezahlt. Wir verstricken uns immer mehr in unseren Dieselschutznetzen. Fahrzeug- und Kraftstoffbesteuerung wird kaum mehr verständlich für den Autofahrer und verliert damit ihre wichtige Signalfunktion. Wie sieht jetzt das Ergebnis dieser seltsamen Protektion aus? Deutschland hat einen künstlichen, staatlich subventionierten Dieselboom erzeugt, der nur in Europa – nicht einmal einem Sechstel des Marktes – Anklang gefunden hat, der nicht nachhaltig ist und keine Zukunft hat. Aus dieser Sackgasse, in die wir unsere Industrie geschickt haben, wird sie nur schwer wieder herauskommen.

Das zeigt sich allein im Vergleich mit dem Hybridantrieb als Benzinalternative. Erfunden in Japan, hat er dort schon einen respektablen Marktanteil erobert. Er musste schließlich auch nicht, wie hierzulande, gegen einen staatlichen Dieselbonus ankämpfen. In Deutschland ist Elektromobilität dagegen bislang weitgehend »unsichtbar«, kaum mehr als eine schrullige Randerscheinung. Und auch die nach lähmend langen Diskussionen im Juni 2016 verabschiedete Prämie für Elektroautos von 4000 Euro wird dem nur wenig entgegensetzen können. Hätten die deutschen Politik mehr als nur Sonntagsreden beim Elektroauto gehalten, gäbe es nicht den künstlichen Steuervorteil für Dieselkraftstoff an der Tankstelle, hätte man Kontrollbehörden, die wie in den USA richtig kontrollieren und nicht nur blind Persilscheine verteilen, dann wären womöglich unsere Autobauer eher in Technologien á la Tesla eingestiegen.

Die deutsche Autoindustrie steht nicht zuletzt durch ihre Dieselgläubigkeit aktuell an einem höchst gefährlichen Punkt. Jahre wurden verschwendet an einen Antrieb, der selbst unter höchsten Investitionsaufwendungen nicht dauerhaft zukunftsfähig gemacht werden kann. Aufwendungen, die dringend für die anderen Baustellen – Entwicklung der Elektromobilität, des selbstfahrenden Autos, neuer Vertriebssysteme et cetera – benötigt werden. Zudem müssen die Kollateralschäden aus der Abgasaffäre finanziert werden. Das alles bedeutet höchstes Risiko für die Unternehmen und die rund 800000 Jobs in der deutschen Branche. Deshalb müssen wir schnell umsteuern. Nicht Plaketten weisen den Weg in die Zukunft, sondern eine Umkehr bei der Dieselprotektion. Je schneller unsere Politiker in Berlin

Mut fassen und die künstlichen Steuervorteile abbauen, je schneller wir uns von der Dieselsackgasse verabschieden und endlich die Herausforderungen der Branche zukunftsgerichtet anpacken, desto größer ist die Chance für unsere Autobauer, auch im Markt der Zukunft eine wichtige Rolle zu spielen.

Das vielfach vorgebrachte Argument, dann würde die Industrie in einer Übergangsphase die CO_2-Vorgaben nicht erfüllen können, stimmt übrigens nicht. Denn Erdgas steht fast zu Null-Investitionen als CO_2-schonende Alternative zur Verfügung.

3. ANTRIEBSINTELLIGENZ: AUTOS OHNE ABGASE

Moderner Schienenverkehr wird nahezu ausschließlich mit Elektrolokomotiven betrieben. Dampfloks gibt es höchstens als Museumsbahn und Dieselloks auf Nebenstrecken. U-Bahnen sind ohne elektrischen Antrieb nicht vorstellbar und sogar beim Fahrrad hat der Elektromotor eine neue Epoche eingeleitet. Das Massenauto der Gegenwart wird dagegen noch immer wie in den Tagen von Carl Benz und Nicolaus Otto von Verbrennungsmotoren angetrieben. Dabei kam der Anstoß zur ersten wirklich radikalen Veränderung unserer individuellen Mobilität, die ein Auto ohne jegliche Abgase bedeuten würde, bereits Ende der Achtzigerjahre aus den USA. Das sogenannte Zero Emission Vehicle (ZEV), also ein Auto ohne Emissionen, wurde von den Behörden und Gesetzgebern Kaliforniens aus der Taufe gehoben. Kalifornien ist der mit Abstand bevölkerungsreichste Bundesstaat der USA und mit den Paradeuniversitäten Berkeley und Stanford und dem Silicon Valley, der Heimat der Spitzenunternehmen des Internetzeitalters, einer der Vorzeigestaaten in Puncto Innovation und Visionskraft. Auch die Kalifornier lieben Autos, aber zu viel Liebe kann eben auch zu Problemen führen. Die mehr als 35 Millionen Einwohner des US-Bundesstaates besitzen zusammen über 25 Millionen Autos. Gleichzeitig sind die Autoabgase der größte Verursacher für die Luftverschmutzung in Kalifornien. In den Sechziger- und Siebzigerjahren lag Los Angeles, die mit mehr als 3,7 Millionen Einwohnern größte Stadt Kaliforniens, oft wochenlang unter einer gefährlichen Smoglocke.

So erkannten die Kalifornier schon früh die Notwendigkeit für Ge-

genmaßnahmen. Einer der wichtigsten Schritte war Ende der Sechzigerjahre die Gründung der staatlichen Behörde des California Air Resources Board, auch CARB abgekürzt. Unter der Ägide des CARB wurden wichtige Umweltgesetze in Kalifornien auf den Weg gebracht und CARB steht auch für einen wichtigen Teil unserer modernen und abgasärmeren Autos. Bereits 1966 legte das CARB die ersten Abgasstandards der USA fest. 1970 wurden durch das CARB Höchstwerte für den Ausstoß von Kohlenwasserstoffen und Stickoxiden gesetzlich vorgeschrieben. Beide Verbindungen trugen wesentlich dazu bei, dass sich die gefährlichen Smoglagen über Städten wie Los Angeles bilden konnten. Auf Druck des CARB wurde der Drei-Wege-Katalysator für Ottomotoren entwickelt und lange vor Europa gesetzlich für Neuwagen in USA vorgeschrieben. 1993 wurden Richtlinien zur Reinigung von Dieselabgasen per Gesetz vorgegeben. Seit dieser Zeit gelten in Kalifornien für Diesel-Pkw die strengsten Abgasnormen der Welt. Und bereits im Jahr 1990 wurden durch das CARB Gesetze auf den Weg gebracht, um das Zero Emission Vehicle, also das Auto ohne Abgase zu realisieren. Bis zum Jahre 2003 sollten laut diesem Gesetz zehn Prozent der in Kalifornien verkauften Neuwagen emissionsfrei fahren. Empfindliche Strafzahlungen drohten den Herstellern, die diese Auflage nicht erfüllen sollten. Autobauer wie General Motors (GM) investierten deshalb bereits in den Neunzigerjahren in die Entwicklung von Brennstoffzellenfahrzeugen. Zwar wurden die strengen ZEV-Vorgaben im Laufe der Zeit aufgeweicht, aber dennoch hatten die Kalifornier es als Erste weltweit geschafft, die Autoindustrie dazu zu zwingen, in Autos ohne Abgase zu investieren. Keine Frage, die Behörde genießt nicht gerade die größte Sympathie unter Automanagern.

Kalifornien ist als Schrittmacher für den Umweltschutz nicht nur Vorreiter in den USA, die Gesetze und Umweltmaßnahmen im US-Staat sind Blaupausen für Umweltpolitiker in aller Welt. Dass hier der Weg des emissionsfreien Autos begann, ist nicht zuletzt Mary D. Nichols zu verdanken, deren Kampf gegen Luft- und Umweltverschmutzung schon lange vor ihrer ersten Amtszeit als CARB-Chefin von 1979 bis 1983 begann. Die mittlerweile 70-jährige Nichols ist eine Frau mit Ecken und Kanten und sie kämpft leidenschaftlich schon ihr gesamtes Berufsleben lang für die Verbesserung der Umwelt und Luftqualität. Die *Los Angeles Times* bescheinigte ihr im April 2016, ihr Standing sei vergleichbar mit dem eines »Rockstars, der für hohe Luftqualität und saubere Umwelt kämpft«. Carol Browner, die frühere umweltpolitische Beraterin von US-Präsident Barack Obama, sprach von Mary Nichols im Zusammenhang mit dem Klimawandel als »leading person«. Die durch Kohlendioxidemissionen erzeugte Erderwärmung, so Browner, sei die größte Herausforderung unserer Generation, und Mary Nichols die Person, die den besten Weg zur Lösung des Problems finden werde.

Der Anfang vom Ende des Verbrennungsmotors

Im Jahr 2015 trat Mary Nichols erneut mit einer aufsehenerregenden Forderung an die Öffentlichkeit: Ab dem Jahr 2030 sollten in Kalifornien keine Neuwagen mehr mit Verbrennungsmotoren zugelassen werden, kündigte sie an. Die Autobauer sollten in der Zukunft mit Elektroautos die Mobilität nach vorne bringen. Die Ankündigung saß. Mittlerweile haben sich viele Politiker, so auch der deutsche Politiker Dieter Janecek, eine Art Anti-Kretschmann bei den Grünen, Nichols' Forderung zu eigen gemacht. Janecek will Neuwagen mit Benzin- und Dieselmotoren bereits ab dem Jahr 2025 verbieten. Das ist zwar wenig realistisch, aber die Handschrift von Mary Nichols ist deutlich erkennbar.

In Norwegen arbeitet die Regierung an einem Gesetz, das durch hohe Steuern Autos mit Verbrennungsmotor so gut wie unverkäuflich machen soll. Schon seit einigen Jahren sind Elektroautos in Norwegen von der Mehrwertsteuer befreit, die dort 25 Prozent beträgt. Dies und weitere Privilegien sorgten wie gewünscht für einen Boom der abgasfreien Fahrzeuge – und das in einem Land, das einen Großteil seines Staatshaushalts aus Erdöleinnahmen finanziert. Auch in den Niederlanden wird darüber nachgedacht, per Gesetz den Verkauf von Neuwagen mit Verbrennungsmotor noch vor dem Jahr 2030 zu verbieten.

Nicht das Aufzehren der Rohölreserven oder die Erschöpfung der fossilen Energielagerstätten, wie in den Siebziger- und Achtzigerjahren des letzten Jahrhunderts immer wieder behauptet, läutet den Abschied vom Benzin- und Dieselauto ein, sondern die Notwendigkeit zur Erhaltung der Lebensbedingungen auf der Erde, der Kampf mutiger Politiker gegen die Klimaerwärmung. Kalifornien steht für zehn Prozent der in den USA verkauften Neuwagen und der Bundesstaat hat tatsächlich die Macht, mit Fahrverboten, Zulassungsbeschränkungen und hohen Strafzahlungen das von Mary Nichols verkündete Ziel umzusetzen. In Kalifornien liegt das Silicon Valley, einer der wichtigsten Softwarestandorte der Welt mit den Firmenzentralen von Adobe, Apple, eBay, Facebook, Google, Nvidia, Tesla und anderen bedeutenden Unternehmen. Kalifornien prägt das moderne Amerika wie kein anderer Bundesstaat. Ein Verbot von Neuwagen mit Verbrennungsmotoren hätte Signalcharakter auch außerhalb der USA.

Schon heute sorgt China, der Dreh- und Angelpunkt des Automobilgeschäfts mit Elektroautos, für Furore. Ohne China läuft in der Autoindustrie in Zukunft nichts. Und die Chinesen sind in puncto Emissionen dabei, radikal umzusteuern. Wie Los Angeles in den Achtziger- und Neunzigerjahren leiden die Riesenstädte Chinas unter schlechter Luft und Smog. In den Metropolen Peking, Guangzhou, Guiyang, Hangzhou, Shenzhen, Shanghai und Tianjin gibt es auch deshalb seit 2014 Obergrenzen für die Zulassung von Neuwagen. Nameplates, also Nummernschilder für Neuwagen, werden in Städten wie Peking bis zu einer bestimmten Obergrenze verteilt, verkauft oder in Auktionen erstanden. Im Handel mit diesen Nameplates werden Preise bis zu 10 000 Dollar pro Stück bezahlt. Fahrzeuge machen nach Regierungsangaben rund 31 Prozent der Feinstaubverschmutzung in Peking aus. Die Metropole, so die chinesische Behörden, sei ganz vorne dabei im »Krieg gegen die Verschmutzung«, den die Zentralregierung im Jahr 2014 ausgerufen hatte, nachdem immer mehr gesundheitsschädigender Smog Chinas industrielles Wachstum in ein buchstäblich trübes Licht rückte.

Peking oder Shanghai setzen deutlich stärkere Signale im Kampf gegen die Luftverschmutzung als manche deutsche Großstadt. Weder in Peking noch in Shanghai sind die knatternden und übel riechenden Mopeds und Motorroller mit Zweitaktmotor unterwegs. Lautlos und ohne Auspuffgestank fahren in beiden Metropolen Mopeds und Roller ausschließlich elektrisch – und das seit ein paar Jahren. Über Nacht hatte man in Peking die Zweitakter verbannt und verboten – eine Wohltat gegenüber unseren Großstädten.

Die Welt um uns ist fortschrittlicher, als wir denken und unsere Politiker offenbar vermuten. Während man in Deutschland auch acht Jahre nach der Ankündigung der Bundeskanzlerin, Deutschland zum Leitmarkt für Elektromobilität ausbauen zu wollen, nicht einmal 25 000 richtige Elektroautos auf der Straße hat, wurden in China allein im Jahr 2015 331 000 neue New Energy Vehicles (NEV) verkauft. Und die Steigerungsraten sind enorm. China und seine Metropolen gewähren beim Kauf Förderungen bis zu 10 000 Euro und investieren massiv in ein Netz von Stromladestationen. Aus China, aus Kalifornien und aus kleineren Ländern wie Norwegen oder den Niederlanden kommt der Druck zum Wandel; Politiker und wichtige Behörden im Ausland fordern das emissionsfreie Autofahren. Und in der Autonation Deutschland geschieht – praktisch nichts. Im internationalen Vergleich ist Deutschland hier das traurige Schlusslicht. Die seit Jahren anhaltenden Kanzlerreden, Berliner Regierungsdebatten und die sogenannten »Gipfel« und nationalen Plattformen für Elektromobilität muten da wie ein Kasperletheater an.

Der VW-Skandal um manipulierte Stickstoffoxid-Emissionswerte bei Dieselautos in den USA hat weltweit für Empörung und Aufsehen gesorgt. VW-Dieselgate hat das Vertrauen in den Dieselantrieb und die Abgasreinigungssysteme nachhaltig erschüttert. Die urdeutschen Autobauer Audi, BMW, Mercedes, VW und sogar Porsche haben nun ein immenses Problem: Bislang hatten bis zu 80 Prozent ihrer verkauften Fahrzeuge einen Dieselantrieb. Deren vermeintlich niedrige Kohlendioxidabgase wurden durch deutlich zu hohe Stickoxidbelastungen »erkauft«. Möglich wurde dies durch die erwähnten Thermofenster, die zum vermeintlichen Schutz von Motoren die zeitweise Abschaltung der Reinigungssysteme erlauben. Dreist wurden sie von Motorentechnikern und Autobauern ausgedehnt und die Abgassysteme so programmiert, dass diese bei kühlerem Wetter Stickoxide unvollständig gereinigt auspusten.

Anfang 2016 hatte das Bundesverkehrsministerium in Berlin als Reaktion auf den VW-Dieselskandal Abgasmessungen bei 53 Fahrzeugmodellen verschiedenster Autohersteller veranlasst. Die Ergebnisse waren schockierend. Salopp formuliert verfehlte die eine Hälfte der getesteten Fahrzeuge die Werte »erklärbar«, hatte also zumindest eine Ausrede für ihre Manipulation, die andere Hälfte schummelte »nicht erklärbar«. Sogar Bundeskanzlerin Angela Merkel, sonst der Branche sehr verbunden, ging auf Distanz. Am Rande eines Treffens mit dem japanischen Ministerpräsidenten Shinzo Abe Anfang Mai 2016 auf Schloss Meseberg bemerkte sie spitz: »Ich glaube, dass es gerade, was die Stickoxidwerte anbelangt, in der Europäischen Union als Folge der jetzigen Situation zu Präzisierungen der Rechtssetzung kommen wird.« Der Umstieg in eine alternative, emissionsfreie Autozukunft wird durch den Dieselskandal deutlich beschleunigt werden.

Wie schon erwähnt, liegen in Deutschland in rund 50 Ballungsräumen deutlich zu hohe Stickoxidbelastungen vor. Bis dato gelingt es der Bundesregierung, alle Brüsseler Ermahnungen, gegen die hohen Stickstoffdioxidbelastungen in deutschen Großstädten aktiv zu werden, auszusitzen. Eine wirkliche Änderung dieser Haltung ist trotz Dieselskandal nicht in Sicht. Ganz so, als hinge für Deutschland der Fortschritt am Diesel. Ein gefährlicher Irrtum, denn das genaue Gegenteil ist der Fall, und Dieselgate nur der letzte und augenfälligste Beweis.

Es gibt eine ganze Reihe von Beispielen, die zeigen, dass strengere Umweltauflagen unsere Städte und ihre wirtschaftliche Attraktivität nicht aus der Spur bringen, wie Industrieverbände und IG Metallvertreter so gerne behaupten. Beispiel London: Seit dem Jahr 2003 gibt es dort eine Citymaut. Und die Ergebnisse können sich sehen lassen: 15 Prozent weniger Feinstaub, 13 Prozent weniger Stickoxidbelastung, und Londons Wirtschaft blüht stärker denn je. Elektroautos fahren in London mit der Null-Maut, weil sie eben mit Nullemissionen unterwegs sind. Der im Mai 2016 neu gewählte Londoner Bürgermeister Sadiq Khan plant darüber hinaus mit einer sogenannten »T-Charge« weitere Verschärfungen der Abgasvorschriften für Autos. Wer mit einem Stinker, definiert als ein Fahrzeug, das schlechter als nach Euro 4 Norm vorgesehen, die Abgase reinigt, in die Innenstadt von London fährt, soll ab 2017 zusätzlich zur Citymaut von 11,50 Pfund pro Tag noch 10 Pfund T-Charge bezahlen. Für LKW und Busse soll die T-Charge 100 Pfund pro Tag betragen. Zusätzlich forciert Khan die EInführung der »Ultra-Low Emission Zone«, also quasi einer Null-Emissions-Zone für London ab dem Jahr 2019.

In Amsterdam sind Parkplätze für Elektroautos kostenlos, während konventionelle Autos in der Innenstadt sehr hohe Parkgebühren berappen müssen. Auch Amsterdam »blüht«, die Luft für Benziner und Diesel wird dünner.

Härtere Verbrauchsvorschriften: Europa wacht (ein bisschen) auf

Trotzdem geht es in Europa auf dem Weg zum Elektroauto noch immer vor allem in Trippelschritten voran. Im Jahre 2007 beschloss die EU-Kommission, bis zum Jahr 2015 den Verbrauch und damit den Kohlendioxidausstoß der in der EU verkauften Neuwagen im Durchschnitt auf 130 Gramm CO_2 pro Kilometer zu beschränken. (Ursprünglich sollten es sogar 120 Gramm werden, aber die deutsche Bundeskanzlerin blockierte das in Brüssel auf Drängen ihres Parteifreundes, VDA-Präsident Matthias Wissmann.) Das entspricht beim Diesel einem durchschnittlichen Kraftstoffverbrauch von 4,71 Litern pro 100 Kilometer, beim Benziner sind es 5,36 Liter. Zuvor hatte die EU-Kommission die Autobauer jahrelang gedrängt, den Treibstoffverbrauch ihrer Fahrzeuge zu senken. Um das Jahr 2000 verbrauchten die in der EU verkauften Neuwagen im Schnitt mehr als sieben Liter Benzin auf 100 Kilometer oder umgerechnet mehr als 170 Gramm CO_2 pro Kilometer. Immer wieder hatten die Hersteller beteuert, sie wollten das Problem in einer »freiwilligen Vereinbarung« lösen und bis zum Jahre 2008 den durchschnittlichen CO_2-Ausstoß auf 140 Gramm senken. Doch es tat sich so gut wie nichts, bis die Kommission endlich einschritt. Wer nun das Ziel von 130 Gramm nicht erreicht, soll empfindliche Strafzahlungen leisten.

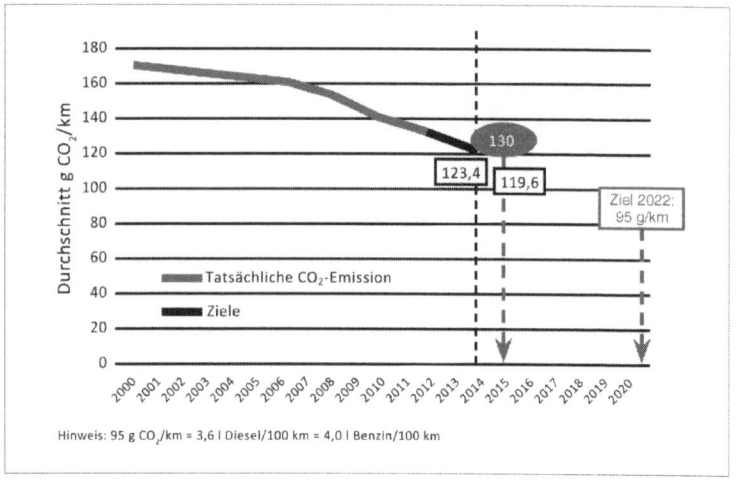

Abb. 9: CO_2–Emissionen pro Neuwagen in der EU

Riesig war das Geschrei damals, als diese Forderung beschlossen wurde. Die Autoverbände prognostizierten einen großen Aderlass und malten den Verlust Tausender Arbeitsplätze in der deutschen Automobilindustrie an die Wand. Der damalige Bundesumweltminister Sigmar Gabriel sprach im ZDF gar von einem »Autokrieg gegen Deutschland«. Und heute? Haben die Hersteller mit ihren aktuellen Modellen die Vorgabe der EU-Kommission nicht nur deutlich unterschritten, selbst der von der Bundeskanzlerin auf Druck der Branche gekippte Zielwert von 120 Gramm CO_2 beim Durchschnittsneuwagen ist heute Realität. Die Kreativität der Ingenieure erlaubte es, Spritspartechnik zum Exportschlager der deutschen Autoindustrie zu machen.

Neuerungen wie die Start-Stopp-Technik, der Einsatz von Dreizylindern statt der herkömmlichen Vierzylinder mit kleineren hochaufgeladenen Motoren bei größerer Leistung, leichtere Materialien und Werkstoffen, verbesserter Luftwiderstand und vieles mehr machte dies sogar möglich, ohne die Kosten nach oben zu treiben. Ein kleines Technologiewunder war zu bestaunen. Die gesetzlichen Auflagen haben eine wahre Innovationswelle ausgelöst und die deutschen Autobauer und Zulieferer im Grunde zu den großen Gewinnern der ungeliebten Regulierung gemacht. Eigentlich müsste die Kanzlerin dem früheren EU-Umweltkommissar Stavros Dimas einen Orden für große Verdienste um unser Vaterland verleihen. Wie viele andere Beispiele zeigt dies, dass strenge Umweltauflagen keineswegs Industrien schädigen, sondern oft das Gegenteil bewirken.

Für die Zukunft kommen allerdings zwei neue deutliche Verschärfungen dazu. Erstens ein neuer Messzyklus für Treibstoffverbrauch. Der alte Messzyklus – auch NEFZ (Neuer Europäischer Fahrzyklus) genannt – wird schon lange sehr kontrovers diskutiert. Danach wird der Treibstoffverbrauch unter idealisierten Laborbedingungen gemessen. Und das bedeutet: Keine Klimaanlage, keine Heizung, keine anderen elektrischen Verbraucher wie etwa Licht oder Scheibenwischer, dick aufgeblasene Reifen, eine Höchstgeschwindigkeit von 130 Stundenkilometern, ideale Außentemperatur von 21 Grad und vieles mehr. Kein Wunder, wenn unter solchen Umständen Bilderbuchwerte gemessen werden statt einem realistischen Alltagsverbrauch. Dieser liegt meist mehr als 20 Prozent über den märchenhaften Laborwerten. In Zukunft wird sich das ändern. Nach jahrelangem Druck und nicht zuletzt durch die Erfahrungen aus der VW-Abgasaffäre kommt ein neues Messverfahren zum Einsatz, der sogenannte WLTP (Worldwide Harmonized Light Vehicles Test Procedure). In Deutschland ist die Einführung des WLTP für September 2017 geplant. Damit wird es also deutlich schwerer für Verbrennungsmotoren, die Vorgaben einzuhalten. Dies zeigt auch ein Großtest des französischen Autobauers Peugeot-Citroën. Als einziger Autobauer hatten die Franzosen den Treibstoffverbrauch ihrer 30 meistverkauften Modelle durch unabhängige Testinstitute unter echten Fahrbedingungen ermitteln lassen und im Juli 2016 auf ihrer Website breit publiziert. Respekt vor so viel Offenheit und Transparenz. Nicht mehr im Labor, sondern auf Landstraßen, im Stadtverkehr und auf der Autobahn waren die Fahrzeuge mit eingeschalteter Klimaanlage, Gepäck, Mitfahrern, in Staus und auf Steigungen unterwegs. Das Ergebnis ist ernüchternd. Im Durchschnitt verbrauchten die Fahrzeuge 45 % mehr Treibstoff als unter den idealisierten Testbedingungen des NEFZ, den die EU-Kommission zur Messung vorgegeben hatte. Auch dies zeigt, dass unsere politischen Institutionen handwerklich »besser« bei ihren gesetzlichen Anordnungen werden müssen und zum zweiten wir uns mit dem Elektroauto beeilen müssen, wenn wir die formulierten Klimaziele ernst nehmen wollen.

Zweitens werden die Grenzwerte verschärft. Ab dem Jahr 2022 dürfen Neuwagen in der EU im Schnitt lediglich 95 Gramm CO_2 pro Kilometer ausstoßen. Beim Diesel entspricht das einem Verbrauch von 3,6 Litern auf 100 Kilometern, vier Liter sind es beim Benziner. Für die Hersteller heißt das: Für eine Oberklasselimousine mit acht Litern Benzinverbrauch müssen im Gegenzug zwei Kleinwagen mit jeweils zwei Litern Benzinverbrauch verkauft werden, um über die gesamte Modellpalette den Schnitt zu erreichen.

Auch unsere Mobilität wandelt sich, endlich, langsam aber sicher. Das abgasfreie Auto gewinnt an Kontur. Der Einstieg in den Ausstieg des Verbrennungsmotors ist auch nach den EU-Vorgaben nicht mehr auszuhebeln. Wichtig ist, dass die Autobauer rechtzeitig, sprich heute, umsteuern. Derzeit betreiben Politik und Autoindustrie leider noch zu oft eine Verzögerungstaktik. So schmetterte die Bundeskanzlerin auch bei den zukünftig geplanten Grenzwerten die ursprünglichen Vorgaben der EU-Kommission ab und sorgte dafür, dass die Einführung faktisch zwei Jahre nach hinten verschoben wurde. Doch der Startschuss für den Paradigmenwechsel ist längst gefallen, selbst wenn ihn in Deutschland so mancher noch immer nicht gehört haben will. Die Nebenwirkungen der Verbrennungsmotoren machen einen Neuanfang zwingend. Die aktuelle Technik bietet uns dafür drei Möglichkeiten. Erstens das Brennstoffzellenauto, zum Zweiten die sogenannte Plug-in-Hybrid-Technik und drittens das batterieelektrische Fahrzeug á la Tesla.

Das Brennstoffzellenauto: Zu teuer, um gut zu sein

In der Theorie ist das Brennstoffzellenauto der ideale Weg in die Zukunft. Aber eben nur dort. Dabei hat die Brennstoffzelle schon fast 200 Jahre Geschichte vorzuweisen. Im Jahr 1838 entdeckte der deutsch-schweizerische Chemiker und Physiker Christian Friedrich Schönbein das Prinzip der Brennstoffzelle. Bereits um 1870 war ein erster Brennstoffzellenhype ausgebrochen, der sogar die Fantasie des Romanschriftstellers Jules Verne anregte. »Wasser ist die Kohle der Zukunft«, orakelte der Visionär damals. Für mobile Anwendungen wie in Autos gestaltet sich das Prinzip aber kompliziert. In der Vergangenheit wurden Brennstoffzellenfahrzeuge zwar immer wieder angekündigt und als Testfahrzeuge eingesetzt, aber die Serienproduktion konnte lange nicht realisiert werden.

Der frühere Daimler-Chef Jürgen Schrempp liebte die großen Auftritte. Mit der Ansage »expect the extraordinary« hatte Schrempp im Januar 1998 die Fusion von Daimler und Chrysler als »Hochzeit im Himmel« gepriesen. Dieser Ausflug in den Himmel hätte Daimler fast in den Ruin getrieben. Nur zwei Jahr später stand die zweite große Nummer von Jürgen Schrempp auf dem Programm. Gemeinsam mit dem früheren Bundeskanzler Gerhard Schröder zauberte Schrempp im November 2000 in Berlin das erste »Null-Liter-Auto« der Welt aus dem Hut. Es sollte eine Art Perpetuum mobile der Autoindustrie werden und bereits 2004 in Serienproduktion gehen. Aus der Idee wurden ein paar hundert Prototyp-Fahrzeuge, aber die richtige Serie kam bis heute nicht zustande.

Das Auto basierte auf dem damaligen Mercedes A-Klasse-Modell, ausgestattet mit der Brennstoffzellentechnik. Die funktioniert so, dass das Fahrzeug den Strom für seinen elektrischen Antrieb selbst produziert. Die Brennstoffzelle wandelt Wasserstoff aus dem Tank mit Sauerstoff aus der Luft in Wasser um und produziert dabei Strom. Statt Abgasen tropft Wasser aus dem Auspuff. Das klingt wunderbar, simpel, sauber. Praktisch gibt es allerdings ein paar Probleme.

Erstens ist die Technik teuer, weil Wasserstoff ein sehr flüchtiges

Gas ist und Tanksysteme und Kraftstoffleitungen im Auto aufwendig zu konstruieren sind. Ähnliches gilt für die sogenannten Brennstoffzellenstacks, die zur Stromgewinnung im Auto benötigt werden, sowie für die zusätzlichen Stromspeicher. Brennstoffzellen geben immer einen gleichmäßigen Strom ab. Da aber der Energiebedarf des Fahrzeugs schwankt –beim Beschleunigen wird beispielsweise mehr Energie benötigt –, braucht es eine leistungsfähige Batterie. Das alles macht Brennstoffzellenautos deutlich teurer in der Produktion als die heutigen batteriegetriebenen Elektroautos.

Zum Zweiten fehlt in allen Ländern der Erde die Tankinfrastruktur. Und das Aufstellen von Wasserstofftankstellen ist ebenfalls extrem teuer. Die Tanksysteme erfordern ein Vielfaches von dem, was der Bau von Schnellladesäulen oder konventionellen Tankstellen kostet.

Der dritte Schwachpunkt ist der Wasserstoff selbst. Das Kilogramm wird heute für etwas mehr als neun Euro verkauft, das reicht für eine Fahrt von gut 100 Kilometern. Da schlagen konventionelle Kraftstoffe, wenn man die Steuer weglässt, mit weniger als einem Drittel der Kosten zu Buche. Außerdem wird Wasserstoff heute aus Rohöl oder Erdgas produziert, nicht gerade die erwünschte grüne Alternative. In der Zukunft ließe sich Wasserstoff zwar aus Strom produzieren, aber auch hier wären erhebliche Infrastrukturkosten für den Aufbau einer solchen Wasserstoffproduktion zu leisten. Und schließlich drängt sich dann auch die Frage auf, warum man Wasserstoff aus Strom produzieren sollte, um im Auto aus diesem Wasserstoff wieder Strom herzustellen. Zumal bei jeder Energieumwandlung nicht unerheblich Energie verloren geht. Der einzige Vorteil bei der ganzen Sache ist der schnelle Tankvorgang, der etwa vergleichbar ist mit der Betankung eines modernen Erdgasfahrzeugs.

Die Überlegungen zeigen: Theoretisch ist das Brennstoffzellenfahrzeug interessant, doch als Großserienprodukt eher ein Thema für Science-Fiction-Romane. Wer sollte ein Netz an extrem teuren Wasserstofftankstellen errichten, wenn es keine Autos gibt? Wer sollte eine Wasserstoffproduktion aufbauen, wenn es keine Wasserstofftankstellen gibt? Wer sollte ein Wasserstoffauto kaufen, wenn es keinen Wasserstoff gibt? Jeder Punkt in diesem Teufelskreis ist nur unter sehr hohen Kosten zu ändern, und das macht diese Technik derzeit nicht wettbewerbsfähig.

Deswegen werden auch die jüngsten Versuche von Toyota in diesem Segment aller Voraussicht nach scheitern. Der japanische Autobauer stellte 2015 mit dem Modell Mirai sein Brennstoffzellenauto vor. Wie mit dem Hybridsystem, das Toyota bereits seit über 15 Jahren in großer Zahl weltweit verkauft, planen die Japaner mit dem Brennstoffzellenauto die Zukunft der abgasfreien Mobilität einzuleiten. Nach eigenen Worten bietet Toyota mit dem Modell Mirai »das erste Großserienfahrzeug mit Brennstoffzelle« an. Wie diese Großserie aussieht, zeigen die Zulassungszahlen. Im US-amerikanischen Automarkt wurden in der ersten Jahreshälfte 2016 pro Monat nicht einmal 40 Brennstoffzellen-Mirais zugelassen, dabei werden dort im Durchschnitt pro Monat knapp 1,5 Millionen Neuwagen verkauft. Die Toyota-Ankündigung von der »Großserie« ist also vorsichtig ausgedrückt »interpretationsfähig«. In Deutschland sucht man das Großserienfahrzeug auch Mitte 2016 in der Zulassungsstatistik vergeblich. Selbst ein Verkaufspreis ist auf der Toyota-Deutschland-Website für dieses Modell nicht zu finden. Damit dürfte der Mirai das erste Großserienfahrzeug der Welt sein, das in Märkten wie Deutschland zwar in bunten Werbeanzeigen gezeigt wird, aber noch nicht einmal einen Verkaufspreis hat. In den USA steht das Fahrzeug immerhin mit 57500 Dollar in der Preisliste. Für ein Auto der Golf-Kategorie. Schwer vorstellbar, dass ein Käufer für ein Fahrzeug dieser Größe einen solchen Preis bezahlt. Selbst wenn es Toyota schaffen würde, den Preis des Fahrzeuges um satte 50 Prozent zu senken, was technologisch in den nächsten 20 Jahren kaum möglich sein dürfte, wäre der Preis noch immer viel zu hoch für einen Kompaktwagen, für den es so gut wie keine Betankungsmöglichkeiten gibt. Das Brennstoffzellenauto wird noch auf lange Sicht ein Traum bleiben. Andere Technologien für abgasfreie Autos sind schneller, mit deutlich niedrigeren Kosten und einfacherem Infrastrukturaufbau umsetzbar.

Der Irrweg der Plug-in-Hybriden

Der »Kompromiss« zwischen dem batterie-elektrischen Auto und konventionellen Benziner- und Dieselantrieben war als eine Art Übergangstechnologie gedacht. Da Batterien für große Reichweiten teuer sind und Ladezeiten oft länger dauern, lag die Idee nahe, einen konventionellen Antrieb mit dem Elektroantrieb zu kombinieren. Das als »Brückentechnologie« propagierte Konzept sollte »das Beste aus beiden Welten« verbinden. Wie so oft bei Kompromissen wurde jedoch bestenfalls Mittelmaß daraus.

Schauen wir uns diesen Kompromiss im Folgenden etwas genauer an. Statt auf einen technisch und strukturell wirklich radikalen Neuanfang wie beim Brennstoffzellenfahrzeug setzt der Plug-in-Hybrid auf eine graduelle Implementierung des Elektroantriebs. Stück für Stück würde die elektrische Reichweite des Autos mit immer größeren Batterien verlängert, bis man schließlich irgendwann beim reinen Elektroauto ankäme. Dies würde verhindern, dass die heutige Technologie über Nacht obsolet wird, und eine Art weicher Übergang in die neue Zeit wäre möglich. Der Vorteil für die konventionellen Hersteller liegt auf der Hand. Der Motor in unserem heutigen Auto einschließlich Abgasanlage, Kraftstoffversorgung, Motormanagement sowie die entsprechend notwendigen Getriebe machen mehr als dreißig Prozent des Produktionswerts des Autos aus. Weil der Verbrennungsmotor eine so »wertschaffende« Komponente ist, haben alle Autobauer eigene Motorenwerke, in denen sie meist mehrere tausend Mitarbeiter beschäftigen. Bei einem disruptiven Technologiewechsel wären genau diese großen Motorenwerke ein Problem: Nahezu über Nacht würde ein Großteil des Firmenvermögens praktisch wertlos.

Auch moderne Elektromotoren sind technisch relativ simpel aufgebaut und somit deutlich billiger und einfacher herzustellen als Verbrennungsmotoren. Die alten Produktionsanlagen wären überflüssig und müssten ersetzt werden, für die Batteriefertigung wiederum fehlt den Autobauern bislang die Erfahrung. Ein bedeutender Teil ihrer Wertschöpfung wäre also zunächst verloren. Kein Wunder, dass eine Lösung, die sozusagen das Beste aus beiden Welten vereint, für die Hersteller so attraktiv war. Also setzten nahezu alle auf die Karte der sogenannten Plug-in-Hybride und investierten in den letzten zwei Jahrzehnten Milliardenbeträge in deren Entwicklung. Eine der wenigen Ausnahme ist Renault-Nissan, dessen Firmenchef Carlos Ghosn von Anfang an den Weg der reinen batterie-elektrischen Fahrzeuge einschlug, bislang jedoch mit seinen Modellen die geplanten Verkäufe nicht realisieren konnte.

Plug-in-Hybride sind Autos mit »zwei Herzen«, einem Verbrennungsmotor und einem Elektromotor. Die Fahrzeuge, die meist 30 bis 50 Kilometer rein elektrisch fahren können, sind im Schnitt 10 000 bis 15 000 Euro teurer als konventionelle Antriebe. Sie brauchen schließlich zwei Antriebe und zwei Energiespeicher, den üblichen Kraftstofftank und eine Batterie. Die folgende Tabelle 2 gibt einen Überblick über die im Jahre 2016 in Deutschland angebotenen Plug-in-Modelle.

Dazu kommt ein deutlich höheres Gewicht, weil Batterien plus Kraftstofftank und Elektro- sowie Verbrennungsmotor »mitgeschleppt« werden müssen. Höheres Gewicht impliziert einen höheren Energieverbrauch und ist daher ökologisch sicher nicht die beste Alternative. Dritter Nachteil der Plug-in-Hybride ist die geringe elektrische Reichweite. Die heutigen Plug-in-Hybride besitzen eine elektrische Reichweite zwischen 30 und 50 Kilometern, wie die Tabelle zeigt. Das sind 50 elektrische Kilometer, die mit großen Nachteilen erkauft werden: Der Fahrer eines Oberklassemodells von Audi, BMW, Mercedes oder Porsche wird wohl kaum wegen 30 oder 50 elektrischen Kilometern mit einem unhandlichen Ladekabel durch die Gegend laufen.

Mit Plug-in-Hybriden sind daher kaum Kohlendioxideinsparungen realisierbar. Zwar werden auf dem Papier niedrige Normverbräuche ausgewiesen, aber die basieren eher auf Rechentricks statt auf echten Einsparungen. Gerade bei Oberklassefahrzeugen muss man außerdem annehmen, dass die Antriebsenergie zum allergrößten Teil aus dem Verbrennungsmotor stammen wird statt aus der Steckdose. Der Ausstoß wird vielmehr »schöngerechnet«, indem bei der Ermittlung des Kraftstoffverbrauchs – etwa beim sogenannten NEFZ-Test – nur kurze Strecken simuliert werden und das Fahrzeug immer mit voller Batterie an den Start geht. Die Steckdosenhybride verringern also nicht den CO_2-Ausstoß, verursachen deutlich höhere Kosten und erfordern aufwendiges Hantieren mit dem wenig komfortablen Ladekabel (bei einem immer noch äußerst mager ausgebauten Netz von Ladestationen) wegen ein paar elektrischen Kilometern. Warum genau sollten Autofahrer so ein Fahrzeug kaufen wollen?

Modell	elektrische Reichweite
Audi A3 Sportback e-tron	50 km
Audi Q7 e-tron	56 km
BMW 225xe Active Tourer	40 km
BMW 330e	40 km
BMW 740 eDrive	40 km
BMW i8	37 km
BMW X5 xDrive40e	31 km
BMW X5 xDrive40e:	40 km
Mercedes C 350 e	31 km
Mercedes GLE 500 e 4MATIC	30 km
Mercedes S 500 Plug-in-Hybrid	33 km
Mitsubishi Outlander PHEV	52 km
Porsche Cayenne S Hybrid	36 km
Porsche Panamera S E-Hybrid	36 km
Toyota Prius Plug-in	25 km
Volvo V60 Plug-in-Hybrid	50 km
Volvo XC90 Plug-in-Hybrid	40 km
VW Golf GTE	50 km
VW Passat GTE	50 km

Tab. 2: Plug-in-Hybride in Deutschland (2016)
Quelle: EU-Kommission, CARB, CAR Universität Duisburg–Essen

Da wundert es nicht mehr, dass Plug-in-Hybride schnell zu Ladenhütern bei den Autobauern und Händlern wurden. Milliarden wurden in die Entwicklung investiert, weil sich die Hersteller eben nicht getraut hatten, eine echte Durchbruchinnovation auf den Markt zu bringen. Das ist, als hätte Apple sein iPhone so entwickelt, dass der Ein- und Ausschaltbefehl über Touchscreen-Technik, aber das Wählen einer Telefonnummer mit den traditionellen Knöpfen funktioniert. Kein Mensch hätte so ein Konstrukt gekauft – warum auch?

Obwohl es ein großes Modellangebot an Plug-in-Hybriden in Deutschland gibt, wurden im Jahr 2015 weniger als 12 500 Neuzulassungen von Plug-in-Hybriden registriert. Im Durchschnitt werden von einem Plug-in-Hybrid-Modell gerade einmal 730 Stück im Jahr zugelassen. Rechnet man jetzt auch noch die Eigenzulassungen der Händler und Hersteller heraus, die über 40 Prozent betragen, und nimmt nur die »echten« Verkäufe, dann wurden im Jahr 2015 pro Modell weniger als 450 Plug-in-Hybride in Deutschland abgesetzt. Nur zum Vergleich: Im selben Zeitraum wurden in Deutschland 209 464 neue VW Golf zugelassen, 95 586 VW Passat, 67 607 Mercedes C-Klasse und 8 271 neue Porsche 911. Plug-in-Hybride sind ganz offensichtlich Lichtjahre von den Wünschen der Kunden entfernt.

Trugschluss arithmetisches Mittel

Elektroautos, die den Strom in einfachen Blei-Säure-oder Nickel-Cadmium-Batterien speichern, gab es in der Vergangenheit öfter. So wurde etwa in Frankreich im Jahr 1994 ein gemeinschaftlicher Großversuch des französischen Stromversorgers Electricité de France (EDF), des französischen Autobauers Peugeot-Citroën und der Stadt La Rochelle vorgestellt. Im Rahmen des Projekts wurden 50 auf Elektroantrieb umgebaute Kleinwagen des Typs Peugeot 106 und Citroën AX im Stadtgebiet eingesetzt. EDF hatte sogar eigens spezielle Servicestationen eingerichtet, bei denen mit einer Art Notaufladung in einer Minute für zwei Kilometer Strom getankt werden konnte. Das Ergebnis war, wie bei anderen Bemühungen zuvor, wenig erfolgversprechend und die Aktivitäten wurden nach ein paar Jahren wieder eingestellt. Das Gleiche traf auf die kleine Serienproduktion der Modelle des Peugeot 106 Électric ab 1996 zu. Und auch die früheren Bemühungen, den Transporter Peugeot J5 in einer Elektroversion im Markt zu etablieren, gingen schief. Die Kundennachteile – schwere, Platz fressende Batterien, lange Ladezeiten und kleine Reichweiten – hatten die Elektroautos floppen lassen. Die damalige Batterietechnik war schlichtweg ungeeignet.

Mit der stärkeren Verbreitung von Lithium-Ionen-Batterien in Unterhaltungselektronik und Haushaltsgeräten erhielt das Elektroauto seine zweite Chance. Um das Jahr 2010 kam eine erste Welle der mit modernen Lithium-Ionen-Batterien ausgestatteten Elektroautos in den Markt. Lithium-Ionen-Batterien waren zwar als Energiespeicher in Mobiltelefonen, Laptops und anderen elektrischen Geräten weit verbreitet, aber dennoch mit hohen Kosten verbunden. Hinzu kam, dass die Autohersteller strengere Qualitäts- und Sicherheitsanforderungen an Lithium-Ionen-Batterien stellten und gemeinsam mit den Batterielieferanten an fahrzeugspezifischen Lösungen bastelten. Das dauerte nicht nur länger, sondern war auch – natürlich – mit höheren Kosten verbunden. Tesla-Gründer Elon Musk ging hier wie stets den unkonventionellen Weg und funktionierte für seine Elektroautos einfach Laptopbatterien um, während die traditionellen Vertreter der Branche noch mit den Kosten haderten und um die Frage kreisten, wie hoch der Energieinhalt und damit die Größe der Lithium-Ionen-Batterie sein sollte.

BMW startete schließlich 2008 einen Großversuch mit 500 Elektro-Mini-Modellen. Die Fahrzeuge waren umgebaute BMW-Minis, die allerdings aufgrund der großen Batteriepacks nur noch als Zweisitzer zu fahren waren. Die hintere Sitzreihe war mit Batterien belegt. »Die Idee dieses Projektes ist, nicht nur ein Auto zu machen. Es geht darum, den technischen Fortschritt darzustellen. Zwischen 2010 und 2015 wollen wir dann ein E-Auto in Serie anbieten. Unter welcher Marke, steht zurzeit noch nicht fest«, sagte der damalige BMW-Strategievorstand Friedrich Eichiner bei der Vorstellung der Testflotte im November 2008. Ein Großteil der Fahrzeuge konnte in den USA von Privatpersonen gegen eine Leasingrate von 850 Dollar im Monat genutzt werden. Neben technischen Daten wollte BMW mehr über die

Kundenakzeptanz von Elektroautos lernen. Das Ergebnis der Untersuchungen ist in Abbildung 10 zusammengefasst. Im Durchschnitt beträgt die tägliche Fahrstrecke eines Pkw in Deutschland 40 Kilometer. Mehr als 90 Prozent aller täglichen Fahrten betragen weniger als 100 Kilometer, und selten werden Autos genutzt, um Strecken von mehr als 120 Kilometer zu fahren.

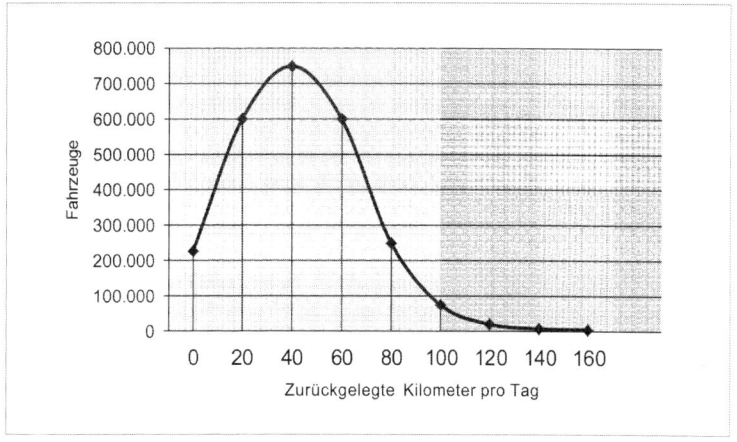

Abb. 10: BMW Mini-E: Tägliche Pkw-Fahrtstrecken in Deutschland

Diese Großversuchsergebnisse wurden oft von BMW-Vorständen in öffentlichen Vorträgen präsentiert. Als Erkenntnis wurde abgeleitet, dass es wohl ausreicht, ein Elektroauto mit 120 Kilometern Reichweite anzubieten. Dies würde ein tragbares Verhältnis zwischen hohen Batteriekosten und notwendigen Reichweiten der Fahrzeuge für Kunden ermöglichen. Doch damit war der »Trugschluss des arithmetischen Mittels« geboren als Entwicklungsvorgabe für die BMW-i3-Modelle und viele andere Elektroautos von Mitsubishi, Nissan, Renault oder Smart. Die Autos wurden nach der Maxime des arithmetischen Mittels konstruiert. Doch umfassende Kundenerfahrungen aus anderen Branchen zeigen immer wieder, dass sich Marktforschung eben nicht am arithmetischen Mittel, also dem Durchschnitt der Kundenanforderungen, orientieren sollte, sondern auch die anderen statischen Maße – und damit die Extremwerte – mit berücksichtigen muss. Elon Musk hat das mit seinem Modell Tesla S umgesetzt. Die Marktforschung der Autoingenieure brachte die falschen Erkenntnisse und führte damit zum zweiten Flop: Zwar verfügte man jetzt über moderne Batterietechnik, aber schlecht interpretierte Kundenwünsche ließen das Elektroauto erneut scheitern.

Fairerweise muss man allerdings sagen, dass es nicht ausschließlich die falschen Schlüsse bezüglich der Kundenbedürfnisse waren. Auch Hindernisse wie mangelhafte Ladeinfrastruktur, die niedrigen Kraftstoffpreise für Benzin und Diesel, lange Ladezeiten ohne Schnellademöglichkeiten trugen dazu bei, dass auch die zweite Welle der Elektromobilität den konventionellen Autobauern nicht den erhofften Erfolg brachte. In Deutschland wurden zuletzt weniger als 0,2 Prozent aller Neuwagen als Elektroautos verkauft. Die Autobauer hatten wie bei den Plug-In-Hybriden zwar hohe Geldsummen investiert, aber eben mit Fehlern. Den Weg in die Zukunft zeigte ein anfangs wenig ernst genommener Neuling auf: Elon Musk mit seinem Tesla-Prinzip.

Das Tesla-Prinzip setzt sich durch

Alles deutet derzeit darauf hin, dass unser Auto ohne Abgas das batterie-elektrische Auto werden wird. Eindrucksvoll zeigt dies der junge amerikanische Autobauer Tesla. Das Tesla-Prinzip ist einfach und überzeugend: Keine Kompromisse durch sogenannte Plug-in-Hybride, 500 Kilometer elektrische Reichweite, Schnellladezeiten von 20 Minuten und ein (eigenes) Schnelladesystem, das Autofahrern etwa quer durch Europa ein schnelles Stromnetz sichert. Tesla ist mit diesem Konzept in weniger als drei Jahren zur ernst zu nehmenden Automarke geworden. Wie groß der Hype um Tesla und seine Elektroautos ist, zeigte im April 2016 die Vorstellung des Tesla Model 3. Das Fahrzeug soll Ende 2017 in USA für 35 000 US-Dollar auf den

Markt kommen. Innerhalb von nur zwei Wochen konnte Tesla nach eigenen Angaben 400 000 Aufträge für das Auto sammeln.

Tesla zeigt: Der Durchbruch zur Elektromobilität ist möglich, wenn das Konzept stimmt – sprich das Elektroauto die Kunden begeistert. Das belegen die Verkaufszahlen von Tesla. Von seinem Model S verkaufte Tesla im Jahr 2015 weltweit 50 000 Fahrzeuge. Der Einstiegspreis des Fahrzeugs in Deutschland liegt bei 83 000 Euro. Das ist vergleichbar mit Porsche Panamera, Audi A8 und der BMW-7er-Reihe. Im Jahr 2015 verkaufte Porsche weltweit 17 200 Limousinen des Typs Panamera, Audi 27 100 Audi A8 und BMW erreichte mit der 7er-Baureihe einen Absatz von 36 400 Fahrzeugen. Der Vergleich erlaubt, die Verkäufe des Tesla Model S einzuordnen. Trotz völlig neuer Technologie, trotz neuer Marke, trotz weniger Vertriebsstützpunkten und trotz auch immer wieder auftretender Produktionsschwierigkeiten hat Tesla sein Oberklassemodell wesentlich besser verkauft als die drei Wettbewerber ihre konventionellen Modelle. Selbst vom Porsche-Klassiker, der 911-Baureihe mit all ihren Varianten, wurden 2015 weltweit mit 31 400 Fahrzeugen deutlich weniger abgesetzt als vom Tesla Model S. Tesla hat damit den Beweis geliefert, dass mit dem batterie-elektrischen Auto der Marktdurchbruch, die radikale Veränderung möglich ist.

Wie das batterie-elektrische Auto den Durchbruch schafft

1. Alltagstauglichkeit mit 500 Kilometern elektrischer Reichweite
2. Schnellladesystem für unterwegs und Lademöglichkeiten am Arbeitsplatz und zu Hause
3. Einfache Stromabrechnungssysteme
4. Wettbewerbsfähiger Preis
5. Emotionales Design – kein »Müsli-Auto«
6. Abschaffung der Steuersubvention für Diesel-Kraftstoff
7. Strenge Abgas-Grenzwerte für Benziner und Diesel (CO_2 und NO_x)
8. Carsharing-Systeme zum Austesten

Es braucht das richtige Konzept, um das batterie-elektrische Auto zum Erfolg werden zu lassen. Dieses Konzept fußt auf acht Pfeilern, wie die Infobox zeigt. Erstens: die praxistaugliche Reichweite. Mit Ausnahme von Tesla hatten alle bisherigen Elektroautos ungenügende Reichweiten, die im Alltagsbetrieb zum Teil Distanzen von 100 Kilometern deutlich unterschritten. Tesla hat gezeigt, dass es möglich ist, mit Standard-Lithium-Ionen-Batterien ein alltagstaugliches Elektroauto zu bauen. Mittlerweile arbeiten alle Autobauer an der Erhöhung der Reichweiten ihrer Fahrzeuge. Die dritte Welle der Elektromobilität ist ins Rollen gekommen. So hatte Opel für das Jahr 2017 den Marktstart seines Modells Ampera-e angekündigt, mit einer Reichweite von bis zu 350 Kilometern. Audi plant, seinen Audi SUV e-tron mit mehr als 500 Kilometern elektrischer Reichweite bis 2018 zu den Händlern zu bringen, und Mercedes, Porsche und BMW starten danach mit ihren Elektroautos mit 500 Kilometern Reichweite. Das Angebot geht endlich in die richtige Richtung.

Zweitens braucht es eine Ladeinfrastruktur, die unterwegs schnelles Laden ermöglicht. Genau das hat Tesla als junges Unternehmen eigenständig aufgebaut. Wenn man mit seinem Elektroauto von Düsseldorf nach Paris oder von München nach Mailand fahren will, was freilich nicht oft der Fall sein dürfte, muss ein europaweites Schnellladesystem zur Verfügung stehen. Genau das funktioniert nicht. Jedes Land in Europa plant, wenn überhaupt, für sich. Bevor zahlreiche unterschiedliche nationale Netze etabliert werden, wäre es viel sinnvoller, wenn sich die Autobauer und Energiekonzerne selbst um diese Strukturen kümmern und investieren würden. In der Schweiz spricht etwa der größte Schweizer Energiekonzern, die Alpiq, mit deutschen Autobauern, um ein Schnellladenetz aufzubauen. Schnell soll dabei heißen, dass etwa Strom für 300 Kilometer in weniger als zehn Minuten geladen werden könnte. Die Supercharger von Tesla sind aktuell mit einer Stromladeleistung von 135 Kilowatt ausgestattet. Hier denkt man schon an bis zu 300 Kilowatt Ladeleistungen. Damit wären Ladevorgänge mehr als doppelt so schnell möglich wie bei den Tesla-Superchargern.

Ein solches europaweites Schnellladenetz plus einfache Ladestation an der eigenen Wohnung und am Arbeitsplatz sind die Voraussetzung, um mit dem Elektroauto genauso komfortabel unterwegs zu sein wie mit einem Diesel- oder Benzinauto. Im Gegensatz zum konventionellen Verbrennungsfahrzeug ist unser Elektroauto ohne Abgase unterwegs. Das manchmal vorgebrachte Argument, Braunkohlestrom sei schwarz statt grün, geht am Problem vorbei. Wir sind mitten in der Umgestaltung unseres Energiesystems, und je mehr und schneller der Stromverbrauch bei grünem Strom steigt, umso schneller schaffen wir den Ausstieg aus Braunkohle, Steinkohle oder Gas bei der Stromerzeugung. Heute fahren alle, die mit Elektroautos unterwegs sind, mit grünem Strom, der bei jedem Stadtwerk in Deutschland kaufbar ist. Als historisch, wenn auch nur für einen kurzen Moment, wurde von deutschen Grünen-Politikern der Pfingstsonntag 2016 eingestuft: Erstmals wurde ganz Deutschland über die Mittagszeit für einige Minuten komplett mit Ökostrom versorgt.

Die dritte Voraussetzung für den Durchbruch des Elektroautos sind einfache Stromabrechnungssysteme. Bisher waren die Lade- und Abrechnungssysteme eher durch Wildwuchs statt durch Systematik gekennzeichnet. Das ändert sich aber zügig, etwa mit der sogenannten Charging App, die der Autozulieferer Bosch anbietet. Bosch hatte mit seiner App bereits im Mai 2016 mehr als 3 700 öffentliche Ladepunkte in Deutschland vernetzt. App-Nutzer können einfach und bargeldlos an den angezeigten Ladestationen laden, ohne im Vorfeld technische und vertragliche Fragen selbst klären zu müssen. Für die Nutzung der Charging Apps und die Bezahlung des Stroms reichen ein PayPal-Konto und eine einmalige Registrierung. Im Hintergrund der App steht eine leistungsfähige Softwareplattform, welche die unterschiedlichen Stromanbieter, Ladesäulenbetreiber, Autobauer und Autofahrer in Echtzeit miteinander vernetzt. Ein Beispiel für das oft zitierte Internet der Dinge.

Die Punkte 4, 5, 6 und 7 müssen im Zusammenhang betrachtet werden. Das Elektroauto leistet insbesondere in den Städten durch sein abgasloses und leises Fahren einen sehr positiven Beitrag zur Verbesserung der Lebensbedingungen. Damit darf es nicht von heutigen Subventionssystemen, wie etwa der Dieselbesteuerung, ausgehebelt werden. Es braucht die Unterstützung, sei es durch strenge Standards für Verbrennungsfahrzeuge, die die gesellschaftlichen Nachteile und Kosten der Benzin- und Dieselfahrzeugen berücksichtigen, oder durch Anschubfinanzierungen. Wenn dies nicht in einem vernünftigen Verhältnis gemacht wird, setzt sich das Elektroauto in Deutschland nicht durch. Die im Juni 2016 in Deutschland in die Umsetzung gegangene staatliche Elektroautoprämie von 4000 Euro wird einen Impuls geben, der allerdings überschaubar bleiben dürfte. So endet etwa die Prämienberechtigung bei einem Listenpreis von 60 000 Euro und lässt damit ausgerechnet das erfolgreichste Elektroauto Tesla außen vor. Zum Zweiten fehlt die Ladeinfrastruktur, die es ermöglicht, komfortabel mit dem Elektroauto auch längere Strecken unterwegs zu sein. Und zum Dritten bleibt das Angebot an Fahrzeugen mit größerer elektrischer Reichweite überschaubar. Im Weltverbund, etwa im Vergleich zu China oder den Niederlanden, Norwegen oder Frankreich, läuft Deutschland hinterher. Um dem Industriestandort Deutschland mit seinen rund 800 000 Arbeitsplätzen in der Automobilindustrie eine bessere Zukunftsperspektive zu bieten, braucht es mehr Engagement der Politik.

Um bei den Autofahrern schnell Vertrauen in die neue Technik zu schaffen, sind Möglichkeiten zur unverbindlichen Nutzung von Elektroautos von hoher Bedeutung – die letzte wichtige Säule. Gemeinsam mit meiner Universität, einem mittelständischen Car-Sharer, einer Wohnungsbaugesellschaft und dem Verkehrsverbund Rhein-Ruhr (VRR) haben wir mit Unterstützung des Bundesverkehrsministeriums im Jahre 2012 eine solche Plattform unter dem Namen RUHRAUTOe ins Leben gerufen. RUHRAUTOe ist ein Carsharing-System mit derzeit mehr als 40 Elektroautos, die stundenweise für kleines Geld (ab 3,25 Euro pro Stunde) in allen wichtigen Städten des Ruhrgebiets an zentralen Stationen ausgeliehen werden können. Mehr als 2 300 Kunden nutzten bis Mai 2016 diese Fahrzeuge und fuhren damit seit dem Start mehr als 700 000 Kilometer. Dabei stehen den Carsharing-Nutzern nahezu alle gängigen Fahrzeugtypen zum Test zur Verfügung. Um die neue Technik nicht nur Fahrern von Oberklasselimousinen zeigen zu können, braucht es solche Carsharing-Modelle. Ohne Verkaufsdruck, der sonst üblicherweise im Autohaus bei Probefahrten aufgebaut wird, kann sich jeder ein eigenes Urteil zum Elektroauto bilden. Unsere Erfahrung mit RUHR-AUTOe zeigt, dass es sich lohnt, das Modell Elektroauto mit Carsharing-Systemen zu forcieren.

Es wurden einige Fehler auf dem Weg zum Auto ohne Abgase gemacht. Wir befinden uns heute mitten in der dritten Welle der Elektromobilität. Der junge Unternehmen und Innovator Elon Musk hat mit seiner Automarke Tesla gezeigt, dass die radikale Erneuerung unserer individuellen Mobilität möglich und machbar ist. Der Durchbruch wird nicht mit Verzichtautos, wie etwa dem Mitsubishi Kleinstwagen i-MiEV, möglich, sondern mit emotionalen und komfortablen Auto, so wir sie seit Langem kennen. Nicht die oft zitierte Fächerstrategie, bei der alles probiert und zu hohen Kosten »erfunden« wird, macht für die Autobauer beim Null-Emissions-Auto den Erfolg aus, sondern fokussierte Produkte mit hohem Kundennutzen. Das batterie-elektrische Auto ist nicht nur umweltverträglicher unterwegs, sondern Elektromotoren bieten zusätzlich die bessere Energieeffizienz. Während bei Verbrennungsmotoren hohe Energieverluste durch Reibung und Hitze auftreten und im Idealfall nicht mehr als 40 Prozent der eingesetzten Energie in Bewegung umgesetzt werden, lässt sich bei Elektromotoren die eingesetzte Energie fast vollständig in Bewegungsenergie umsetzen. (Die Berechnung dieses Wirkungsgrads bei der Umwandlung von Wärmeenergie in mechanische Energie – auch Carnot-Wirkungsgrad oder Carnot-Faktor genannt – geht übrigens auf den Physiker Sadi Carnot (1872) zurück.) Zusätzlich sind Elektromotoren deutlich wartungsärmer und damit kostengünstiger in der Unterhaltung. Die Wartungskosten eines Elektroautos liegen gut ein Drittel unter den Wartungskosten eines Fahrzeugs mit Verbrennungsmotor, weil diese größeren Belastungen ausgesetzt und damit verschleißanfälliger sind. Die Knackpunkte Batterietechnik und Batteriekosten konnten durch höhere Energiedichten bei Lithium-Ionen-Akkus bereits verbessert werden. Große Zukunftspotenziale liegen in neuen Anodenmaterialien, die etwa Kohlenstoff durch das leichtere Silizium ersetzen. Erfolgsversprechende Ergebnisse wurden dazu in der Nanomaterialien-Forschungsgruppe meines Kollegen Christof Schulz an der Universität Duisburg-Essen erzielt. Bereits im Kilogrammmaßstab produzieren die Wissenschaftler Anodenmaterial für Lithium-Ionen-Batterien auf Silizium-Basis, mit dem sich der Energieinhalt der chemischen Stromspeicher um das 2,5-Fache steigern lassen wird. Die radikale Veränderung der Autoindustrie durch das Elektroauto wird kommen.

4. AUTOINTELLIGENZ: DAS SELBSTFAHRENDE AUTO

Wir steigen morgens ins Fahrzeug ein, starten den Wagen. Trinken einen Kaffee, öffnen die Zeitung oder checken unsere E-Mails, während das Auto selbsttätig seinen Weg findet: Was in der Luftfahrt oder bei U-Bahnen schon Alltag ist, klingt beim Auto noch immer revolutionär: Das Roboterauto, das per Autopilot gesteuert wird. Dabei sind wir dieser zweiten radikalen Veränderung in der Automobilwelt schon ganz nahe. Schon heute können wir Autos mittels künstlicher Intelligenz bewegen. Warum sollte es auch nicht möglich sein, wo doch schon längst Weltraumraketen, Mond- oder Marsflüge und sämtliche Satelliten im All sicher und präzise durch künstliche Intelligenz – und nicht von Menschen – gesteuert werden. Kein menschlicher Pilot kann heute in Standardsituationen, etwa auf Langstreckenflügen, einen Autopiloten in puncto Präzision und Fehlerfreiheit schlagen. Der Computer ist nie unaufmerksam, braucht keine Ruhepause, reagiert immer in Nanosekunden. Eines der modernsten Kampfflugzeuge ist der 2003 eingeführte Eurofighter Typhoon. Das Mehrzweckkampfflugzeug wird in der deutschen Luftwaffe sowie unter anderem in England, Italien, Österreich und Spanien eingesetzt. Der Typhoon kann mit einer Höchstgeschwindigkeit von Mach 2 fliegen, also der doppelten Schallgeschwindigkeit mit bis zu 2 400 Stundenkilometern. Extreme Flugmanöver mit diesem Kampfflugzeug können schlicht nicht von einem Menschen gesteuert werden. Dazu sind unsere Wahrnehmung und unsere Reaktionszeit einfach zu langsam. Der Typhoon wird bei extremen Flugmanövern ausschließlich von Flugkontrollcomputern, im sogenannten Fly-by-Wire, gelenkt. So viel zu künstlicher Intelligenz.

Seit dem Jahr 2012 läuft der fahrplanmäßige Betrieb der Nürnberger U-Bahnen U2 und U3 auf rund 20 Streckenkilometern und an 21 Bahnhöfen vollautomatisch, sprich fahrerlos. Bereits seit 1987 fährt die Docklands Light Railway, eine Hochbahn, auf einem Netz von 34 Kilometern im Großraum London fahrerlos. Und auch auf der meistgenutzten Metrolinie 1 in Paris sind seit 2012 fahrerlose Züge im Einsatz. Mit den vollautomatischen Zügen lässt sich der Zugtakt in der Pariser Métro von 105 Sekunden auf 85 Sekunden verkürzen. Es können also mehr Menschen transportiert werden, die Stromkosten sinken um bis zu 30 Prozent und die Pünktlichkeit steigt, rechnet der Siemens-Konzern für sein vollautomatisches U-Bahnsystem »Trainguard MR« vor, das weltweit bei mehr als 14 U-Bahnbetreibern im Einsatz ist.

Das selbstfahrende Auto ist im Vergleich zur Luftfahrt oder Schiene also keineswegs Science-Fiction, sondern eher ein Spätstarter. Seit Langem legen wir beim Fliegen oder bei U-Bahnen unsere Sicherheit und unser Leben in die Hände von Software und schnellen Rechnern. Die Frage, ob ein Computer über unser Leben entscheiden darf, haben wir, wenn wir ehrlich sind, schon millionenfach mit Ja entschieden.

Radikale Veränderer gegen die Helden der Hardware

Wie beim Auto ohne Abgase ist beim selbstfahrenden Auto die Technik der Auslöser des disruptiven Wandels. Sensoren und Kameras, die uns die Wirklichkeit erfassen lassen, Algorithmen oder Rechenprogramme, die auf briefmarkengroßen Chips oder Halbleitern laufen, und die Internettechnologie sind die wesentlichen technischen Bausteine, aus denen die künstliche Intelligenz unserer Autos besteht. Kein Hexenwerk, sondern von Menschen programmierte Rechenalgorithmen und Sensoren. Früher waren ausgefeilte Motorentechnik, Mechanik und überlegene Fahrwerke der Stolz der Autobauer. Wird das Fahren jedoch vom Computer übernommen, müssen die

Hersteller neue Wege finden, um ihren Kunden das ganz spezielle Fahrgefühl, die besondere Emotion zu vermitteln, die für ihre Marke so wichtig sind. So wie heute schon kein Mensch mehr eine qualmende Dampflok als technische Meisterleistung bewundert, sondern allenfalls aus Sentimentalität, so können bald auch schnurrende Achtzylindermotoren oder Rennsportfahrwerke als herausragende Merkmale der Vergangenheit angehören. Zukünftig ist es nicht mehr die Beschleunigung von Null auf Hundert oder die PS-Zahl, die technische Leistungsdaten in Emotion übersetzen, sondern die Eleganz und Präzision, mit der ein Fahrzeug vollautomatisch aus der Garage vorfährt, die temperamentvolle Fahrt auf kurvigen Strecken, bei denen das Auto quasi »um die Kurve schaut« und so Dynamik mit Sicherheit kombiniert.

Das Roboterauto ermöglicht eine Art »Sesam öffne Dich«-Effekt: Bewundernswerte digitale Leistungen lassen in unseren Köpfen neue Bilder entstehen. Die Freude an künstlicher Intelligenz, an smarten Fahrerlebnissen und schlauer Dynamik bilden die Basis für Abenteuer und Emotionen von morgen. Eine neue Art von Ästhetik und Technikgenuss – eher verwandt mit einer Smartphoneoberfläche oder Gadgetfunktionen als mit analogen Wertobjekten, wie etwa einem goldverzierten Füllfederhalter. Das selbstfahrende Auto ist mehr als intelligente Technik. Es verändert unser Denken, unsere Gesellschaft, unsere Werte. Für die bislang eher konservative und langsame Autobranche braut sich ein kräftiger Sturm zusammen, der eine radikale Veränderung auslösen wird.

Aus zwei unterschiedlichen Richtungen kommen die Impulse. Auf der einen Seite stehen radikale Veränderer wie Apple, Amazon, Alibaba, Google, Uber oder der chinesische Internetkonzern Baidu. Es sind Softwarekonzerne und Internetriesen, deren Kompetenz in digitalen Mustern und künstlicher Intelligenz liegt, die bisher keinerlei Erfahrung mit Fahrzeugentwicklung, Karosseriebau und mechanischen Komponenten hatten, wie sie in Fahrwerken zu finden sind. Neulinge, die äußerst ernst genommen werden müssen, weil sie den Etablierten der Branche die Kunden wegschnappen könnten. So wie einst die Motorschiffswerften den Segelschiffbauern die Kunden abnahmen, so wie es schon unzählige Male in der Geschichte der Industrialisierung in sämtlichen Branchen geschah.

Dabei geht es hier nicht nur um die Vernetzung der Teile und Komponenten des Autos von morgen. Mit der Elektromobilität, die sich zeitgleich entwickelt, werden große Wertschöpfungsumfänge wie etwa Verbrennungsmotoren oder diffizil arbeitende Automatikgetriebe sowie die hohen Investitionen in die Fertigung dieser Teile und Komponenten entwertet. Darin liegt eine ganz reale Gefahr für das Kapital der konventionellen Autobauer. Und für ihr Vertriebsnetz, die Autohäuser, gilt das ebenso. Ein Großteil der Finanzierung der Autohäuser wird durch die angeschlossenen Werkstätten getragen. Rollen in Zukunft Elektroautos statt Benzin- und Diesel-Pkw in die Werkstatt, dann dürften bis zu ein Drittel der Werkstattleistungen und Umsätze wegbrechen.

Auf der anderen Seite stehen freilich immer noch die großen Erfahrungen der klassischen Autohersteller in Mechanik, Karosseriebau und Materialverarbeitung – die Hardware, könnte man sagen. Diese »Hardware Auto« war früher der einzigartige Wettbewerbsvorteil von Alfa Romeo, Bentley, BMW, Mercedes, Porsche oder Ferrari. Demgemäß versuchen die großen Markenhersteller auch jetzt, ihren ehemaligen Wettbewerbsvorteil einzusetzen, um die anstehenden Herausforderungen zu meistern. Nicht die radikale Veränderung steht hier im Zentrum, vielmehr versucht man mit inkrementellen Veränderungen, dem Weg der tausend Schritte, die Zukunft zu gestalten. Welcher der beiden Ansätze den Wettkampf gewinnt – die radikale Neuerfindung der Newcomer oder die graduelle Neuentwicklung der alten Garde –, ist heute nicht eindeutig zu sagen. Es wird viel davon abhängen, wie schnell sich die Nutzer der individuellen Mobilität, die Autofahrer, mit der neuen Welt anfreunden und wie zügig die inkrementellen Schritte gemacht werden. Sicher ist nur, dass derjenige, der zu lange im alten Modell verharrt, zu den Verlierern gehören wird, so wie Nokia seine Zukunft verwirkt hatte, als Apple das iPhone auf den Markt brachte.

Die Kundenwerte der künstlichen Intelligenz

Abb. 11: Die neue Welt des Innenraums: Konzeptstudie des Mercedes-Forschungsfahrzeugs F 015

Wird der Autofahrer wirklich in der schönen neuen Welt das Steuer dem Computer überlassen? Oder möchte er doch lieber weiterhin das Lenkrad fest in der Hand halten? Und wenn er die Veränderung will, wie schnell stellt er sich darauf ein und fragt die neuen Dienstleistungen nach? Genau diese Fragen entscheiden darüber, wer als Sieger aus dem Wettkampf um das autonome Fahren hervorgehen wird. Nur das, was Kundenwerte erzeugt, wofür der Kunde bereit ist, Geld hinzublättern, setzt sich durch. Die großen Fortschritte beim Roboterauto liegen in vier Bereichen.

Erstens: Künstliche Intelligenz ermöglicht das deutlich sicherere Auto. Der Mensch ist beim Autofahren das größte Sicherheitsrisiko. Der Computer fährt »vernünftig«, rational, aufmerksam – im Prinzip ohne Fehler. Nur durch das autonome Fahren kann die Vision Zero mit null Verkehrstoten in Zukunft überhaupt realisiert werden.

Der zweite große Fortschritt beim selbstfahrenden Auto liegt in der Zeit, die den Menschen durch die neue Technologie geschenkt werden kann. In der Vergangenheit waren es Haushaltsgeräte wie etwa Waschmaschinen, Spülmaschinen oder Mikrowellenherde, durch die lästige Hausarbeit leichter und schneller wurde. Andere Technologien, die Zeit schenken, sind etwa Flugreisen, dank denen wir ferne Ziele schneller oder überhaupt erreichen; E-Mails, die die gute alte Briefpost nahezu überflüssig und Schriftverkehr erheblich schneller gemacht haben; Onlinebanking, das uns Bankgeschäfte schnell und zeitsparend erledigen lässt; die Windows-Officesysteme und ähnliche Software, die mit Tabellensystemen und Präsentationstechniken die Zeitbudgets aus der Ära der Rechenschieber und Overheadprojektoren um gefühlte Lichtjahre unterbieten. Auch das automatisierte Fahren ist eine solche »Zeitschenk-Technologie«. Wir müssen nicht mehr pausenlos auf den Verkehr achten und krampfhaft das Lenkrad in der Hand halten. Nach 130 Jahren Automobil können wir dank automatisiertem Fahren die Zeit im Auto sinnvoll nutzen. Bisher sind unsere Autos um den Fahrersitz herum entwickelt. Der Fahrer ist der Held, er dirigiert den dicken Motor, lebt Beschleunigung aus, braucht das Sportfahrwerk. Die Insassen sind reine Statisten. Dieses Bild verschiebt sich nun: Spaß und Emotion finden zukünftig im Inneren des Fahrzeugs statt. Das macht die sogenannte Connectivity, die Vernetzung des Autos mit Internet und webbasierten Dienstleistungen, so spannend. Mit dem Kundenwert Zeitgewinn kommt dem Innenraum unserer Fahrzeuge eine hohe Bedeutung bei. Das Interior, wie es die Autobauer nennen, wird zum Differenzierungsmerkmal für die Premiumklasse. Interior Design, also die Gestaltung des Innenraums von Fahrzeugen, stand dem sogenannten Exterior Design, der äußeren Karosserieformgebung, bisher wenig gleichberechtigt gegenüber. Mit dem Design eines Autos verbinden wir in der Regel das Karosseriestyling, also das Exterior Design, allenfalls noch die Gestaltung des Armaturenbretts und die Anordnung der Anzeigen, Knöpfe und Schalter. Das wird sich mit dem Roboterauto ändern. Den Luxus Zeitgewinn haben und genießen ist die Leitlinie für das neue Premium. So wie sich jetzt schon beim Langstreckenflug etwa die First Class bei Etihad Airways von einem Flug mit Lufthansa in der Economy Class unterscheidet, wird das in Zukunft auch für das Auto gelten. Etihad und Lufthansa setzen die gleichen Flugzeuge ein und legen die gleiche Strecke in der gleichen Zeit zurück. Doch die Art, wie der Kunde reist und seine Zeit genießt, macht den Unterschied. Schon heute experimentieren Autobauer und Interiorlieferanten mit völlig neuen Materialien, die gleichzeitig wie große Touchscreens als Display für App-Anwendungen, Videos und TV genutzt werden können. Premium, das wird in Zukunft nicht mehr stehen für große Motorisierung oder sportliches Fahrwerk, sondern für die vielfältigen Möglichkeiten, Reisezeit intelligent und anspruchsvoll zu nutzen. Das ist eine Revolution, nicht nur für Sportwagenbauer. Lieferanten von Interiors, wie der französische Zulieferer Faurecia oder der chinesische Interiorlieferant Yangfeng, prägen zukünftig die neuen Werte unserer Autos mit.

Der dritte Kundenwert des Roboterautos ist die Freude an der Ästhetik der digitalen Intelligenz. Apple hat mit iPhone, iPad oder MacBook gezeigt, wie man für künstliche Intelligenz eine Formensprache finden kann, die Ästhetik, Hochwertigkeit, Klarheit und Präzision zum Ausdruck bringt. Menschen denken nicht abstrakt, sondern in Bildern. Emotionen werden durch Assoziationen mit Bildern im Kopf ausgelöst. Deshalb ist das Design, die Formensprache, so wichtig. Und deshalb sind wir bereit, dafür Geld auszugeben. Beim Erfolg von Automarken spielt Design eine herausragende Rolle. Die erfolgreiche Neuausrichtung von Mercedes unter seinem Vorstandsvorsitzenden Dieter Zetsche hat viel mit der neuen Designsprache des Konzerns zu tun, die Chefdesigner Gorden Wagener geprägt hat. »Sinnliche Klarheit als Ausdruck modernen Luxus. Ziel ist es, klare Formen und glatte Flächen zu erzeugen, die Hightech inszenieren und zugleich eine emotionale Metaebene haben«, so wird Wagener auf der Mercedes-Webseite zitiert. Wesentliches Gestaltungselement aller Mercedes-Modelle ist die sogenannte »Dropping Line«, eine an der Fahrzeugseite zunächst ansteigende Linie der Karosserie, die zum Ende hin abfällt, so Spannung erzeugt und die Skulptur abschließt. Mit einer solchen Formensprache müssen die klassischen Autohersteller auch beim automatisierten Fahren punkten. Reine Software-konzerne haben oft weniger Gespür für Formgebung – ein möglicher Grund, warum das Google-Auto gegenwärtig aussieht, als sei es aus der Playmobil-Kinderspielecke entliehen worden.

Der vierte große Kundenwert des Roboterautos ergibt sich aus der Tatsache, dass durch das automatisierte Fahren deutlich weniger Menschen bei Verkehrsunfällen verletzt oder getötet werden, die Un-fallzahlen und damit auch die Versicherungs- und Reparaturkosten deutlich sinken. Denn für den Verbraucher stellt sich die Frage: Brau-che ich selbst überhaupt noch eine Kfz-Versicherung, wenn es auto-nomes Fahren gibt, ich quasi nur noch der Fahrgast bin? Schließlich ist der Computer der Fahrer, bei Unfällen durch Fahrfehler, die nach-weislich vom Computer verursacht wurden, müsste also der Herstel-ler haften, so wie es heute schon bei Produktfehlern und Rückrufen der Fall ist. Dazu braucht es zwar noch einen gesetzlichen Rahmen, aber der wird kommen.

Mit dem Roboterauto haben wir die Chance, uns der Vision »Null Verkehrstote« anzunähern. In Deutschland geben Kraftfahrzeug-versicherungen jährlich mehr als 25 Milliarden Euro zur Schadens-regulierung von Unfällen aus. Bei knapp 55 Millionen Kraftfahrzeu-gen auf Deutschlands Straßen sind umgerechnet pro Fahrzeug mehr als 450 Euro an Versicherungsprämien notwendig, um die Schäden durch Kraftfahrzeugunfälle zu regulieren. Wenn wir völlig unfallfrei fahren würden, könnten wir allein in Deutschland pro Monat theo-retisch mehr als 35 Euro pro Fahrzeug einsparen, ohne die Quali-tät unserer Mobilität in irgendeiner Form zu beeinträchtigen. In den USA werden übrigens pro Jahr mehr als 280 Milliarden US-Dollar durch Verkehrsunfallschäden »zerstört«. Bei diesen Zahlen sind die Leistungen für Gesundheitsschäden bei Unfällen noch gar nicht be-rücksichtigt. Das Roboterauto kann also in erheblichem Maße den Wohlstand unserer Gesellschaft steigern. Die Kosten für die Technik des automatisierten Fahrens bleiben trotzdem überschaubar und ste-hen in keinem Verhältnis zu den erzielten Einsparungen. Das lässt sich etwa gut am Beispiel der Neuauflage des Modells Ford Focus aus dem Jahr 2011 illustrieren:

Ford hatte damals seinen Focus mit mehr als 20 neuen Fahrassistenten vorgestellt. Unter anderem umfasste die Ausstattung einen Parkassistenten, die automatische Schildererkennung, den Müdigkeitswarner, den Spurhalteassistent, die adaptive Cruise Control (das ist die automatische Anpassung der Geschwindigkeit an vorausfahrende Fahrzeuge), die Tote-Winkel-Erkennung, den Notbremsassistenten, die Rückfahrkamera und vieles mehr. Ein Kompaktwagen der 20 000-Euro-Preisklasse bot also bereits im Jahr 2011 wegweisende Sicherheits- und Komfortsysteme, die Elemente des automatisierten Fahrens beinhalten. Ford sprach damals von der »Demokratisierung intelligenter Technik«. Die Befürchtung, dass automatisiertes Fahren unbezahlbar werden könnte, bestätigt sich nicht – das Gegenteil ist der Fall.

Vision Zero und das Problem »Mensch«

Ist es möglich, unsere Autos und Straßen so zu konstruieren, dass es keine Verkehrstoten und Schwerverletzten mehr im Straßenverkehr gibt? Diese Frage treibt nicht nur Politiker, Ingenieure und Autobauer um, sondern auch Softwarekonzerne. Wenn wir es schaffen würden, wäre das ein großer Sprung für die Menschheit. Nach den Berechnungen der Weltgesundheitsorganisation (WHO) aus dem Jahr 2013 kommen derzeit weltweit jedes Jahr 1,25 Millionen Menschen bei Unfällen im Straßenverkehr ums Leben. Die Größe dieses Friedhofs mag man sich nicht vorstellen. Die Zahl der weltweiten Verkehrstoten hat sich in den letzten sieben Jahren kaum verändert. Allein in China starben 2013 mehr als 260 000 Menschen im Straßenverkehr, 208 000 waren es in Indien, 47 000 in Brasilien, 38 000 in Indonesien und 36 000 in Nigeria. Diese fünf Länder bilden die Spitze einer Art »schwarzen« Rangliste. Die Daten weisen darauf hin, dass Sicherheit im Straßenverkehr mit dem Wohlstand eines Landes korrespondiert. Je ärmer, umso mehr Tote im Straßenverkehr, lautet einer der traurigen Zusammenhänge. Westeuropa schneidet da zwar besser ab, aber dennoch stagniert in Deutschland die Zahl der im Straßenverkehr getöteten Menschen. Insgesamt wurden 2013 in Westeuropa 18 091 Verkehrstote gezählt. Mit anderen Worten, pro 100 000 Einwohner sterben jährlich knapp fünf Menschen im Straßenverkehr. Schlusslicht bei dieser Zählung ist Griechenland mit neun Verkehrstoten pro 100 000 Einwohner. Deutschland bewegt sich im Mittelfeld mit 4,3 Verkehrstoten auf 100 000 Einwohner und Schweden erzielt mit 2,8 Toten pro 100 000 Einwohner die wenigsten Verkehrsopfer.

	Tote im Straßenverkehr	Tote pro 100 000 Einwohner
Belgien	724	6,7
Dänemark	191	3,5
Deutschland	3 339	4,3
England	1770	2,9
Finnland	258	4,8
Frankreich	3 268	5,1
Griechenland	865	9,1
Irland	188	4,1
Italien	3 385	6,1
Luxemburg	45	8,7
Niederlande	570	3,4
Norwegen	187	3,8
Österreich	455	5,4
Portugal	637	7,8
Schweden	260	2,8
Schweiz	269	3,3
Spanien	1 680	3,7
West Europa	18 091	4,6

Tab. 3: Traurige Bilanz – Verkehrstote des Jahres 2013
Quelle: WHO, Global Status Report on Road Safety 2015

Was machen die Schweden besser? Zunächst waren im Jahre 2013 auch dort noch immer 260 Tote zu beklagen. Allerdings wurde schon vor Jahren der Verringerung von Straßenverkehrsunfällen in Schweden hohe politische Priorität eingeräumt. Angestoßen wurde die Diskussion von dem schwedischen Verkehrsforscher Claes Tingvall. Tingvall war klar, dass der Mensch immer der Unsicherheitsfaktor sein würde, denn Menschen neigen eben dazu, Fehler zu machen oder auch schon mal verantwortungslos zu handeln. Deswegen war seiner Ansicht nach der Staat gefordert, um die nötigen Schritte – seien es gesetzlicher Art oder auch Infrastrukturmaßnahmen – einzuleiten. Seine Forderung lautete ebenso simpel wie radikal: Das Verkehrssystem so zu organisieren, dass niemand getötet oder auch nur schwer verletzt wird. 1997 wurde vom Schwedischen Reichstag die »Vision Zero« als verkehrspolitisches Programm zur Grundlage der Verkehrssicherheitsarbeit erklärt. Schweden war damit das erste Land, in dem die Vision Zero politisches Ziel wurde. Im Oktober 2011 nahm die EU eine Art Absichtserklärung zur Vision Zero in das EU-Weißbuch zum Verkehr 2050 auf, die allerdings deutlich schwächer formuliert war als bei den Schweden. Die Erfolge der Skandinavier, die sich in der Verkehrssicherheitsstatistik unmittelbar widerspiegeln, beruhen nachweislich darauf, dass der politische Wille zu ebendieser Veränderung im Land vorhanden war. Solange dieser auf EU-Ebene fehlt, werden wir in der Realisierung der Vision Zero nicht wirklich weiterkommen.

In Deutschland ist es seit 1970 gelungen, die Höchstzahl von 21 332 Verkehrstoten systematisch zu verringern, auf zuletzt 3 475. Seit einiger Zeit jedoch stockt der Prozess. Trotz immer mehr und ausgefeilterer Sicherheitstechnik in unseren Fahrzeugen sind die Opferzahlen gleichbleibend bis sogar leicht steigend. Hauptgrund dafür ist – der Mensch.

Bei mehr als 60 Prozent der Unfälle mit Personenschäden in Deutschland liegt nach den polizeilichen Unfallberichten ein Fehlverhalten der Fahrzeugführer vor. Zu hohe Geschwindigkeit, zu geringer Abstand, Nichtbeachtung der Vorfahrtsregeln, falsches Abbiegen, aber auch Nachlässigkeiten wie Fahren ohne Helm oder

Sicherheitsgurt, unter Drogen- und Alkoholeinfluss sowie Ablenkungen und Unaufmerksamkeit sind die Hauptursachen für Autounfälle. 40 Prozent der Autofahrer telefonieren ohne Freisprecheinrichtung und jeder Fünfte schreibt am Steuer SMS, wie eine Studie der Allianz-Unfallforschung ergab.

Menschliches Fehlverhalten im Straßenverkehr ist das mit Abstand größte Sicherheitsrisiko, Unaufmerksamkeit, Ungeduld, ungebremste Emotionen die Hauptgründe für die vielen Verkehrstoten. Dieses »Problem Mensch« können wir jetzt und in Zukunft mithilfe des Computers lösen.

Verkehrstote:	Personenschäden:
60 % auf Landstraßen	70 % innerorts
29 % innerorts	24 % auf Landstraßen
11 % auf Autobahnen	6 % Autobahn

Tab. 4: Unfallstatistik Deutschland
Quelle: Statistisches Bundesamt 2016

Eine Analyse der Unfallstatistik in Deutschland zeigt, dass sich der größte Teil der Unfälle mit Personenschäden, nämlich knapp 70 Prozent, im Stadtverkehr ereignet, sprich in Gemeinden oder Städten. Etwa ein Viertel der Unfälle mit Personenschäden entfallen auf Landstraßen, der Rest auf Autobahnen. Zugleich gibt es außerorts, nämlich vor allem auf Landstraßen, die meisten Verkehrstoten. Da dort mit deutlich höherer Geschwindigkeit gefahren wird als innerhalb der Ortschaft, ist das nicht weiter verwunderlich: Je geringer die Aufprallgeschwindigkeit bei einem Crash, desto geringer ist die Lebensgefahr für alle Unfallbeteiligten. Besonders bei Fußgängern und Radfahrern steigt das Risiko, bei einem Aufprall tödlich verletzt zu werden, mit steigender Geschwindigkeit exponentiell an. So zeigen Unfallanalysen, dass das Risiko für eine tödliche Verletzung für erwachsene Fußgänger beim Zusammenprall mit einem Auto bei unter 20 Prozent liegt, wenn das Fahrzeug langsamer als 50 Stundenkilometer fährt. Ist das Fahrzeug dagegen schneller als 80 Stundenkilometer, endet der Zusammenstoß für den Fußgänger zu über 60 Prozent tödlich. Dabei kommt es wesentlich auf das Zusammenspiel zwischen Aufprallschutzeinrichtungen an Fahrzeugen, der Verkehrsinfrastruktur und den erlaubten Geschwindigkeiten an. Es sind also gleichermaßen der Gesetzgeber (mit Regeln, Geschwindigkeitsbegrenzungen und baulichen Maßnahmen) wie die Hersteller gefragt, wenn man dem Ziel »Keine Schwerverletzten und Verkehrstote mehr« endlich nahekommen will.

Im Stadtverkehr können vollautomatische Autos so wie das Google-Auto zum Einsatz kommen, die mit Geschwindigkeiten von maximal 50 Stundenkilometern unterwegs sind. Diese Fahrzeuge könnten im Stadtverkehr theoretisch schon heute sämtliche nötigen Fahrmanöver durchführen – und das ohne das »Risiko« eines ungeduldigen, gestressten Menschen am Steuer. Automatisierte Autos fahren sicher, selbst wenn der Insasse abgelenkt ist, Alkohol getrunken hat oder übermüdet ist. Sie starten erst, wenn alle Passagiere ihre Sicherheitsgurte angelegt haben, fahren stets vorausschauend, haben auch andere Verkehrsteilnehmer wie Fußgänger und Radfahrer »im Blick« und können in Sekundenbruchteilen reagieren. Nach unseren Schätzungen könnten mit einem solch automatisierten Stadtverkehr bis zu 70 Prozent der Verkehrsunfälle mit Personenschäden vermieden werden. Dies ist natürlich eine theoretische Berechnung, aber sie illustriert den gesellschaftlichen Wert, den wir schaffen könnten, wenn wir automatisiertes Fahren in geschlossenen Ortschaften einführen.

Von passiver Sicherheit zur künstlichen Intelligenz

Auch außerhalb geschlossener Ortschaften, wo Menschenleben aufgrund der höheren Geschwindigkeiten viel stärker gefährdet sind als im Stadtverkehr, können automatisierte Fahrsysteme viel zur Unfallvermeidung beitragen. Sie tun es bereits heute.

Der Weg zur Verbesserung der Fahrzeugsicherheit verlief in den letzten 40 Jahren in drei großen Etappen. Den Ausgangspunkt bildeten die sogenannten passiven Sicherheitssysteme. Die Wirkung dieser Systeme zielt auf eine Art Panzereffekt, der die Fahrzeuginsassen bei einem Zusammenstoß vor Verletzungen schützen soll. Passive Sicherheitssysteme wie der Sicherheitsgurt, der im Jahre 1974 in Deutschland zur Pflichtausstattung bei Neuwagen wurde, Airbags, die etwa bei Mercedes ab dem Jahr 1990 zum Einsatz kamen, Seitenverstärkungen im Türbereich oder Knautschzonen haben die Verletzungsrisiken deutlich gemindert. Hauptaugenmerk lag bei diesen Maßnahmen allerdings immer auf den Nutzern des jeweiligen Fahrzeugs und weniger auf den anderen Unfallbeteiligten, wie etwa Radfahrern oder Fußgängern.

Nach den Fortschritten beim passiven Insassenschutz rückte die aktive Sicherheitstechnik stärker in den Brennpunkt. Die Idee bestand jetzt nicht mehr darin, Fahrer und Passagiere »einzupanzern«, sondern dem Hindernis auszuweichen. Das Auto fing an, intelligent zu werden. Sensoren und Steuergeräte meldeten und berechneten jetzt Fahrzustände und sogenannte Aktuatoren korrigierten. Dies war eine völlig neue Methode zur Verbesserung der Sicherheit, die durch Elektronikanwendungen und Software möglich wurde. Schon in den Sechzigerjahren arbeiteten Entwickler an einem »mitdenkenden« Bremssystem. Die Idee war, das Blockieren der Bremsen zu vermeiden und so das Auto abzubremsen und gleichzeitig lenkbar zu lassen. Statt buchstäblich mit einem dicken Panzer gegen die Mauer zu krachen, soll das Fahrzeug der Mauer ausweichen können. Das Antiblockiersystem war geboren und wurde schon bald zur Serienausstattung. Inzwischen hat das elektronische Stabilitätsprogramm ESP das ABS praktisch überflügelt, gehört es doch seit knapp zehn Jahren in Deutschland zum Standard bei Neuwagen. ESP ist mehr als ein Assistent. ESP-Sensoren geben in Sekundenbruchteilen Signale an einen Mikrocomputer, der fortwährend die Lenkung und die Reaktionen des Fahrzeugs überwacht. Weichen diese voneinander ab – etwa wenn das Fahrzeug auf rutschigem Untergrund auszubrechen droht –, greift das System blitzschnell ein, bremst einzelne Räder ab und hält so das Fahrzeug auf Kurs. Der Fahrer hat keine Möglichkeit, diese Reaktion zu beeinflussen oder zu verhindern (außer durch Abschalten des Systems natürlich). Das ESP überstimmt den Fahrer – natürlich zum Besseren. Hier ist im eigentlichen Sinne des Wortes der Computer ESP Herr über das Fahrzeug in bestimmten Situationen und nicht mehr der Fahrer. Diese Feinheit ist mehr als eine Wortspielerei. Nach dem sogenannten Wiener Übereinkommen über den Straßenverkehr (Wiener Konvention) aus dem Jahre 1968 gilt, dass der Fahrer immer auch Herr über das Fahrzeug ist. Damit sollte neben weltweit gültigen Verkehrsregeln sichergestellt werden, dass die Verantwortung für das Verhalten eines Fahrzeugs jederzeit beim Fahrer liegt und dieser stets die Kontrolle über sein Fahrzeug haben muss. Sämtliche Länder der Erde haben – bis auf wenige Ausnahmen, wie etwa die USA – die Wiener Konvention unterzeichnet. Das Prinzip lautete: Der Mensch steht über der Maschine. Doch schon das ESP hat dieses Prinzip unterwandert.

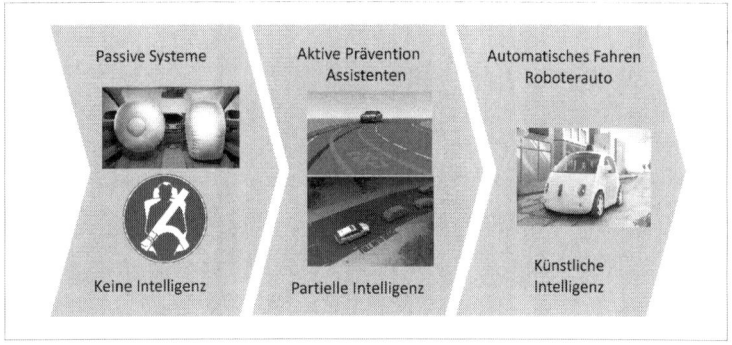

Abb. 12: Entwicklungsstufen der Fahrzeugsicherheit

In der Folge wurden immer mehr Assistenten entwickelt, um menschliche Fahrfehler auszubügeln. Analysen hatten offengelegt, dass viele Autofahrer in brenzligen Situationen vor Schreck viel zu spät, mit zu wenig Druck oder gar nicht auf die Bremse treten. Der Bremsassistent war geboren. Er erkennt die Dringlichkeit eines Bremsvorgangs anhand der Ruckartigkeit, mit der der Fahrer auf die Bremse tritt und aktiviert blitzschnell eine Vollbremsung. Die logische Erweiterung folgte bald: der Notbremsassistent. Die schrecklichen Bilder von Lkw-Unfällen, bei denen Lkw ungebremst in einen Stau rasen, werden mit dem flächendeckenden Einsatz von Notbremsassistenten der Vergangenheit angehören. Sie sind heute in knapp zehn Prozent aller Neuwagen in Deutschland im Einsatz, ähnlich wie Müdigkeitserkennungssysteme, Spurhalteassistenten, Spurwechselassistenten oder die geringer vertretenen Verkehrszeichenerkennungssysteme.

Mit seinen vielfältigen Sensoren wie etwa Rückfahrkameras, Lichtsensoren, Regensensoren sowie seiner Rechnerleistung wird unser Auto zusehends »intelligenter«. Dabei sind die bisherigen Assistenten fast ausnahmslos geschlossene Systeme, die nicht über Internettechnologien mit anderen Rechnern im Austausch stehen. Schwarmintelligenz oder Netzeffekte zur Intelligenzsteigerung werden bisher noch kaum genutzt. Es deutet sich aber bereits auf dieser Stufe an, welchen Stellenwert Systeme der künstlichen Intelligenz künftig haben werden, die auch Daten von anderen Verkehrsteilnehmern empfangen und verarbeiten. Schrittweise wird unser Auto lernen, eigenständig zu fahren.

Immer mehr moderne Assistenzsysteme gewährleisten Rundumschutz für Fahrzeuginsassen und andere Verkehrsteilnehmer. Grundlage dafür bilden Kameras und intelligente Algorithmen. Die vergleichsweise günstige Optik hinter der Windschutzscheibe kann bewegte Objekte erfassen. Minilinsen erfassen alles, was bis zu 120 Metern vor dem Fahrzeug liegt. Hochleistungsmicrocontroller oder Rechnerchips durchforsten die Bilderflut nach Verkehrszeichen, Fahrbahnmarkierungen oder Hindernissen. Selbst nachts liefern Kameras verwertbare Informationen. Werden andere Verkehrsteilnehmer erkannt, passen sich die Scheinwerferkegel automatisch an, um Blendungen auszuschalten. Dort wo physikalische Grenzen vorliegen, etwa im Nebel durch kleinste Wassertröpfchen, versucht man mit anderen Schall- oder Radarsensoren verwertbare Bilder zu generieren. Das Auto nimmt heute schon sein Umfeld in vielen Situationen besser wahr als der Mensch. Der Computer rechnet schneller, reagiert schneller und ist dem Otto Normalfahrer in zahlreichen Situationen überlegen. In Millisekunden kann ein Notbremsassistent eine automatische Notbremsung einleiten. Das ist schneller, als jeder Mensch reagieren kann. Selbst aufmerksame Fahrer brauchen länger als eine Sekunde, um eine brenzlige Situation zu erkennen und zu bremsen. Der Autofahrer ist aber eben nicht immer hoch aufmerksam. Telefonate, die Landschaft bewundern, Klimaanlage oder Navigationsziele einstellen sind nur einige mögliche Ablenkungen. Eine CD einzulegen braucht rund fünf Sekunden. Nach Berechnungen der Allianz steigt in dieser Zeit das Unfallrisiko um mehr als das Zweifache. Assistenzsysteme arbeiten pausenlos in gleichbleibender Geschwindigkeit.

Durch die Verknüpfung von Sensoren und Systemen gewinnt das Auto ein besseres Verständnis von seiner Umwelt. Radarsysteme können sehr genau die Geschwindigkeit einer vor uns fahrenden Wagenkolonne messen. Mit Bilderkennungssensoren – sprich Kameras – lassen sich Konturen von Menschen bei nahezu allen Lichtverhältnissen erkennen. Durch Datenverknüpfung können die erfassten Objekte aus unterschiedlichen Systemen miteinander abgeglichen werden, so dass im Nanosekundenbereich ein Gesamtbild entsteht, das dem des Menschen deutlich voraus ist. Der Weg zur Lösung des größten Sicherheitsproblems – des Menschen – ist vorgezeichnet.

Wie nahe die konventionellen Autohersteller heute schon dem selbstfahrenden Auto sind, zeigte Daimler im August 2013. Die 100 Kilometer lange Strecke von Mannheim nach Pforzheim wurde damals mit dem Forschungsfahrzeug S 500 Intelligent Drive vollautomatisch bewältigt. Am Steuer der aufgerüsteten Mercedes S-Klasse saß zwar ein Ingenieur, aber nur als eine Art Sicherheitskontrolleur. Die S-Klasse meisterte die Testfahrt völlig eigenständig durch Städte, auf Landstraßen und Autobahnen. Auf der IAA in Frankfurt im September 2013 stellte Daimler-Chef Dieter Zetsche Videos dieser beeindruckenden Testfahrt vor. Natürlich blieben die Stuttgarter nicht allein mit ihren Weiterentwicklungen.

Anfang 2016 fuhr ein Audi A7 zum Auftakt der Elektronikmesse werbewirksam von San Francisco ins rund 900 Kilometer entfernte Las Vegas. Journalisten durften sich hinters Lenkrad setzen und den Roboter-A7 unter Kamerabegleitung erleben. Zur internationalen Nutzfahrzeugausstellung in Hannover im September 2014 stellte Daimler seinen sogenannten Mercedes-Benz Future Truck 2025 vor. Der Lkw kann völlig autonom auf Autobahnen fahren. Mercedes will mit dieser Entwicklung die Sicherheit auf Autobahnen deutlich erhöhen, mit weniger Kraftstoff auskommen und Lkw-Fahrer entlasten. Auffahrt und Abfahrt von der Autobahn erfolgt in der Zukunft durch den Fahrer, die Autobahnfahrt selbst führt der Autopilot durch. Was bei Passagierflugzeugen schon seit mehreren Dekaden im Einsatz ist, kann bald auf die Straße kommen. Bisher waren das alles zwar nur Einzelübungen. Aber was einzeln geht, lässt sich auch industrialisieren. Zunächst für Autobahnen, denn dort ist die »Längsdynamik«, wie das die Ingenieure nennen, gut beherrschbar – es gibt keine Kreuzungen und in der Regel springen auch keine Kinder über die Straße. Der Einsatz im gesamten Straßenverkehr ist dann nur noch eine Frage der Zeit.

Seit mehr als 40 Jahren bewegen sich Automobil- und Zulieferindustrie systematisch hin zum autonomen Fahren. Radikale Veränderungen – quasi über Nacht – passen weniger zur Branche. Dazu sind die Risiken für die Autobauer und Zulieferer zu groß. Autobauer brauchen die Stabilität ihrer Systeme, nicht zuletzt um der teuren Rückruffälle zu entgehen. Auch aus diesem Grunde kann die Strategie der kleinen Schritte sinnvoll sein. Allerdings dürfen die Schritte nicht zu winzig und langsam sein. Wer etwa als Automobilzulieferunternehmen bei der Hardware – also bei Blechteilen, Achsteilen, Getrieben oder Motorenkomponenten – stehen bleibt, setzt sich dem großen Risiko aus, durch die fehlende Vernetzung und Digitalisierung seiner Komponenten überflüssig zu werden. Auch deshalb hat einer der größten deutschen Autozulieferer, die ZF Friedrichshafen AG, für 12,4 Milliarden Dollar im Mai 2015 das US-Unternehmen TRW Automotive übernommen. Mehr als 90 Prozent seines Umsatzes hatte ZF Friedrichshafen vor der Übernahme durch Produktion und Vertrieb von mechanischen Produkten wie Getriebe oder Achsteile erzielt. Mit der Übernahme will sich das Traditionsunternehmen ZF auf die Digitalisierung seiner mechanischen Komponenten und die Elektromobilität ausrichten. ZF Friedrichshafen ist eines der Beispiele, die zeigen, dass Technologiewandel, so wie wir ihn heute in der Autoindustrie erleben, nicht nur eine Herausforderung für die Entwicklungsabteilung eines Unternehmens ist, sondern die Unternehmen selbst radikal transformiert. Die neue ZF Friedrichshafen AG beschäftigt seit der TRW-Übernahme weltweit mehr als 138 000 Menschen.

Die alte Branche, die eher das Managementprinzip des früheren VW-Vorstandsvorsitzenden Ferdinand Piëch spiegelt, wird abgelöst. In einer von Software getriebenen Welt lassen sich die autokratischen und autoritären Unternehmenskulturen der Vergangenheit nicht umsetzen. Die Regeln der Silicon-Valley-Konzerne basieren weniger auf starren Konventionen, sondern haben ihre Wurzeln in der Freizügigkeit und den Entfaltungsmöglichkeiten von Mitarbeitern. Es ist eher universitärer Stil statt starre Anordnungen von höherer Stelle. Krawatten, Maßanzüge und Manschettenknöpfe als äußere Statussymbole existieren dort so gut wie nicht. Der Aufbruch zum autonomen Fahren wird so auch zum Kulturwandel für Unternehmen.

Da fiel es nicht nur mir persönlich auf, als zum größten jährlichen Ereignis meiner Universität, dem CAR-Symposium, einem Kongress mit mehr als 1 200 Teilnehmern, im Jahr 2016 Daimler-Chef Dieter Zetsche ohne Krawatte, mit Jeans, sportlichem Schuhwerk und Sakko auf die Bühne trat. Daimler will den Aufbruch in die neue Zeit mit einer neuen Kultur, mit einem neuen Organisationsverständnis umsetzen. Das war auch die Botschaft des Kongressoutfits von Zetsche, mutig und Zeichen setzend. Der kulturelle Unterschied zu den Technologiekonzernen des Silicon Valley wird kleiner. Inkrementelle Veränderung ist nicht nur eine Angelegenheit der Entwicklungsabteilung, sondern es braucht das neue Denken, und das geht nur mit einer neuen Kultur.

Radikale Veränderung: Das Google-Auto

Die schrittweise Weiterentwicklung und kontinuierliche Verbesserung des Autos, wie sie die konventionellen Autobauer betreiben, erlauben es, den Weg in die Zukunft »sanfter« zu gestalten. Der Autofahrer bleibt am Steuer, hat aber immer mehr Helferlein und kann – sofern es die Rechtslage erlaubt – dem Computer das Steuer überlassen. Bildlich gesprochen kann der Fahrer auf Autopilot schalten. Der Fahrer bleibt in diesem System immer die letzte Entscheidungsinstanz und kann notfalls die Technik »überstimmen«. Das Lenkrad bleibt erhalten. Die bekannten Emotionen rund ums Auto können weiter gepflegt werden.

Doch die vollendete Vision Zero ist so nicht erreichbar. Wir können uns annähern, aber solange der Mensch das Steuer in der Hand hält und die Systeme überstimmen kann, wird es Fahrfehler geben, wenn auch weniger. Den radikalen Schritt will Google mit seinem Google-Auto machen. Im Jahr 2009 begann das Unternehmen, sich intensiver mit dem autonomen Fahren zu beschäftigen. Die Hilfe kam, wie so oft bei Google, von außen in der Person von Sebastian Thrun, einem deutschen Informatiker und Professor für künstliche Intelligenz an der renommierten Stanford University. Thrun hatte weit vor seiner Zeit bei Google mit selbstfahrenden Autos experimentiert und mit einem aufgerüsteten VW Touareg eine wichtige Wettfahrt für autonomes Fahren in USA gewonnen. Diese Wettfahrt, DARPA Grand Challenge genannt, wurde von der Technikabteilung des US-Verteidigungsministeriums gefördert und in den Jahren 2004, 2005 und 2007 durchgeführt. Ziel war es, in einem Gelände in der Wüste über eine Distanz von mehr als 200 Kilometern ein Auto nur von einem Computer zum Ziel steuern zu lassen. Sieger wurde derjenige, der am schnellsten mit seinem Roboterauto das Ziel erreichte. Thrun gewann das Rennen im Jahr 2005 mit seinem Stanford-University-Team mit weniger als sieben Stunden Fahrzeit.

Bei Google arbeitete Thrun nun also am selbstfahrenden Auto – aber nicht in der Art wie bei den traditionellen Herstellern. Wie

Google sich das Auto von morgen vorstellt, darin gibt das Video »A First Drive« einen Einblick: Ein Auto ganz ohne Lenkrad, ohne Brems- und Gaspedal, bewegt sich völlig automatisch. Einfach einsteigen und sich fahren lassen, das ist die Idee. Der Fahrersitz mit dem Lenkrad, die für die Premiumhersteller so unendlich wichtige »Macht- und Schaltzentrale«, wurde einfach weggelassen. Das ist nichts weniger als eine Revolution. Ging doch von jeher vom Lenkrad, dem »Machtinstrument« des Fahrers, die emotionale Verbindung zum Fahrzeug aus. Der Fahrer ist der Held, der Herr der Pferdestärken, Herrscher über Hochleistungsmotor, sportliches Getriebe und dynamisches Fahrwerk. Google hat mit seinem Auto den Autofahrer dieser »Herrschaftssymbole« beraubt. Und damit zugleich ganz neue Möglichkeiten geschaffen. Denn ohne Fahrer braucht es keinen Führerschein mehr, es braucht nur noch Fahrgäste. Das heißt, jeder kann – allein und selbstständig – mit dem Google-Auto fahren, auch körperlich beeinträchtigte Menschen. Das eröffnet etwa für Sehbehinderte oder alte Menschen ganz neue Mobilitätsperspektiven.

Abb. 13: Das Auto aus der Spielzeugkiste: Google-Car

Wie bei allen Revolutionen kommt mit der Umsetzung nach der Euphorie der ersten Präsentation die Bewährung im Praxistest. Auf der einen Seite stehen rechtliche Fragen und Probleme. Wir brauchen Gesetze, die es Roboterautos erlauben, sich im öffentlichen Straßenverkehr autonom zu bewegen. Die wichtige US-Straßensicherheitsbehörde NHTSA hat Google dazu bereits eine im Prinzip positive Antwort gegeben. »If it's safe«, antwortete die NHTSA auf die Frage, ob denn das Roboterauto öffentliche Straßen benutzen dürfe. Wenn also die Sicherheit nachgewiesen werden kann, darf das Google-Auto schon heute auf US-amerikanischen Straßen fahren. Außerhalb den USA gibt es jedoch noch große rechtliche Probleme. An nächster Stelle steht die Frage, wer für Unfälle haftet, die etwa durch technische Fehler auftreten. Das Google-Auto hat keinen Fahrer, der die Verantwortung trägt, also müsste theoretisch Google haften. Auch das ist bisher nicht geklärt. Des Weiteren steht der moralische Aspekt im Raum: Wollen wir Robotern unter Umständen hilflos ausgesetzt sein und sie womöglich über Menschenleben entscheiden lassen? Schon die griechische Tragödientradition kannte das Dilemma einer Situation, in der es kein Richtig gibt, wo jede Entscheidung ein Menschenleben kostet, das eigene oder ein anderes. Müssen wir uns in Zukunft mit solchen Szenarien beschäftigen? Rechts ein Radfahrer, links ein Fußgänger, vor einem selbst die Wand – wie sollte ein Roboter da entscheiden und, dürfen wir eine solche Entscheidung überhaupt einer Maschine überlassen? Schließlich muss sich auch noch zeigen, ob die Kunden das Google-Auto auch wirklich kaufen werden. Gegen einen Mercedes, BMW oder Porsche wirkt das Autochen mit seiner Playmobiloptik eher wie Spielzeug als wie ein ernstzunehmender Konkurrent. In einer Reihe mit Kleinstwagen wie Smart, Fiat 500, Toyota iQ oder dem elektrischen Renault Twizy sieht das schon anders aus.

Für uns als Gesellschaft ist unabhängig von Fragen der Gesetze, der Moral und der Kaufentscheidung noch ein weiterer Punkt wichtig: Wie wird unser Wirtschaftssystem mit dieser Revolution umgehen? Wie wird sich die ganze Branche verändern und welche Auswirkungen wird dies auf Arbeitsplätze haben? Wenn Software- und

Dienstleistungsunternehmen á la Uber das Autogeschäft dominieren, teure Emotionen durch preisgünstige Playmobil-Lösungen ersetzt werden, Führerschein, Fahrertrainings, Versicherungen am Ende gar nicht mehr gebraucht werden? Und wollen wir eigentlich weitere Daten an ein Unternehmen geben, das schon jetzt als Datenkrake verschrien ist? Das Geschäftsmodell von Google besteht darin, an den Klicks der Softwarenutzungen zu verdienen, diese Software durch alle möglichen Datenvernetzungen zu perfektionieren, um noch höhere Profite erzielen zu können. Google gibt vieles, wie die Nutzung seiner Suchmaschine, vermeintlich kostenlos ab. Dennoch zahlen wir dem Datenmonopolisten einen sehr hohen Preis dafür. Wer etwas verkaufen will, kommt an Google nicht vorbei, und das lässt man sich von den Unternehmen sehr gut bezahlen. Die hohen Werbeeinnahmen machen bei Google einen Großteil der Gewinne aus. Und diese Werbungskosten bezahlen letztlich die Käufer der Produkte. Ein teuflisches Monopolmodell. Wollen wir das mit dem Google-Auto noch so weitertreiben? Selbst wenn die Technik also in naher Zukunft serienmäßig funktionieren sollte, bleiben doch noch jede Menge offener Fragen.

Fährt bald nur noch der Computer?

Wer wird also den Verkehr in der Zukunft dominieren? Noch ist nichts entschieden. Auch wenn die Strategie der kleinen Schritte nach außen wenig spektakulär wirkt, ist sie in ihrer langfristigen Wirkung nicht zu unterschätzen. Autokonzerne wie BMW, Daimler und VW haben wenig Interesse, das Feld des autonomen Fahrens Softwarekonzernen zu überlassen und zum bloßen Zulieferer für Hardware degradiert zu werden. Auch deshalb investieren wichtige Autobauer in die Technik des Roboterautos. Dabei ist man für neue Geschäftsfelder offen. Das hat die gemeinsame Übernahme des Kartendienstes HERE durch Audi, BMW und Daimler im Jahr 2015 gezeigt. HERE macht hoch präzise, digitale Straßenkarten. Dies ist neben der Technik für autonomes Fahren im Auto und den Vernetzungen mit anderen Verkehrsteilnehmern eine Grundvoraussetzung für das Roboterauto. Der Roboter muss exakt wissen, wo er sich gerade befindet. Das ist deutlich mehr als unsere digitalen Straßenkarten in den handelsüblichen Navigationsgeräten. Je mehr Detailinformationen erfasst werden können, umso besser ist die digitale Karte, die nicht statisch, sondern dynamisch arbeitet und etwa Verkehrszustände wie Staus oder Unfälle permanent erfasst. Wir Menschen wären mit der Fülle an Daten und Informationen überfordert, wir sehen den Wald vor lauter Bäumen nicht. Beim Computer ist das völlig anders: Je mehr Bäume, umso detailreicher zeichnet sich das Bild des Waldes ab. Deshalb sind die Karten für das selbstfahrende Auto serverbasiert, werden also permanent geladen, gelöscht und aktualisiert. Der Computer im Auto holt sich aus der Cloud immer gerade die Information der umliegenden Region. Navigation via Datencloud ist ein tragender Bestandteil des selbstfahrenden Autos. Die HERE-Übernahme zeigt, dass die konventionellen Autobauer sich mit Macht in die neue Welt bewegen – sozusagen schnelle kleine Schritte machen.

Genauso wenig wie die inkrementelle Veränderung nicht unterschätzt werden darf, dürfen die Umsetzungsfragen der Revolution des lenkradlosen Autos verharmlost werden. Gesetzesänderungen sind oft mühevoll und äußerst zeitraubend. Seit 2009 arbeitet Google schon an seinem Auto, doch selbst nach sieben Jahren ist außer einem netten Video wenig Handfestes und Serientaugliches zu sehen. Bei geringeren Geschwindigkeiten sind die Roboterautos gut beherrschbar. Bei Geschwindigkeiten, wie wir sie auf Landstraßen oder Autobahnen haben, steht der Beweis noch aus. Es wird deutlich komplexer und damit steigen die Risiken. Möglich, dass wir im Jahr 2025 eine Art Parallelwelt sehen werden: Roboterautos in den Städten, die jeden, der will, führerlos und autonom von A nach B bringen, und automatisiertes Fahren auf Landstraßen und Autobahnen in Fahrzeugen mit Lenkrad, Bremspedal und einem Fahrer, der bei Bedarf eingreifen kann. Nicht zuletzt wird das zukünftige Bild unserer individuellen Mobilität von der dritten großen Veränderungswelle abhängen: der Sharing Economy.

5. SCHWARMINTELLIGENZ: AUTOS NUTZEN STATT BESITZEN

Die Autobauer stehen am Scheideweg. Mehr als 100 Jahre lang lebten sie in einer Welt, in der die Kunden ihre Produkte besitzen wollten. Man kauft ein Auto, um es einige Jahre lang zu nutzen, und verkauft es dann meist, um sich ein besseres, neueres, größeres zu leisten. Doch wie sieht diese Nutzung in der Realität aus? Die meisten Autos werden vielleicht 30 Minuten am Tag wirklich bewegt, den Rest der Zeit stehen sie auf fremden oder eigenen Parkplätzen. Zu den Spritkosten kommen für die Halter Steuern, Versicherung, Wartung und weitere Kosten. Ein sehr teurer Spaß, den wir uns leisten, nur um jederzeit bequem von A nach B zu kommen.

Seit der Erfindung des Smartphones können wir die Produktivität unserer Autos enorm steigern und trotzdem den gleichen Komfort zu deutlich niedrigeren Kosten realisieren. Wir sind in der Welt der Sharing Economy angekommen, die besonders in urbanen Räumen die Autohersteller in ein neues Geschäftsmodell drängt. Der Wert des Autos für unsere Gesellschaft steigt durch die Möglichkeiten der Sharing Economy, denn jetzt können von einer kostenintensiven Investition in ein Auto deutlich mehr Menschen profitieren als früher. Bisher war das Auto überwiegend auf einen Nutzer oder Fahrer ausgerichtet. Ein Schwarm an Autos erlaubt heute intelligentere Nutzungen. Wesentliche Impulse für diesen Änderungen kamen – wie schon beim selbstfahrenden Auto und beim Auto ohne Abgase – aus Kalifornien.

Es scheint, als wiederhole sich die Geschichte vom »Golden State«. Diesen Namen bekam der Bundesstaat zur Zeit des kalifornischen Goldrauschs Mitte des 19. Jahrhunderts verpasst. Tausende machten sich damals mit Schaufel und Waschpfanne nach Kalifornien auf, um die großen Goldnuggets zu finden und schnell reich zu werden. Heute zieht es Investoren in den Westen; nicht auf der Suche nach Gold, sondern nach gewinnbringenden Geschäftsmodellen auf der Grundlage von digitaler Intelligenz, die eine bessere Nutzung und eine höhere Produktivität von Bettenkapazitäten oder Autos ermöglicht. Einer der Ausgangspunkte für die neue Sharing Economy war San Francisco mit den Unternehmensgründungen von Airbnb, Uber und später Lyft.

Airbnb ist ein Internetmarktplatz für die Buchung und Vermietung von Unterkünften. 2008 im kalifornischen Silicon Valley gegründet, ist das Unternehmen inzwischen zum weltweiten Marktführer geworden. Nach eigenen Angaben ist Airbnb in mehr als 190 Ländern in 34 000 Städten vertreten und hat bisher mehr als 60 Millionen Übernachtungen vermittelt. Mitte 2015 wurde der Marktwert des Unternehmens nach Berichten des *Wall Street Journals* auf 25 Milliarden US-Dollar geschätzt. Das ist in etwa vergleichbar mit dem Börsenwert von Adidas! Das Geschäftsmodell von Airbnb zielte ursprünglich auf die preisgünstige Vermietung nicht genutzter Zimmer in Privatwohnungen ab. Natürlich konnte man auch früher schon Zimmer, etwa über die Ferienwohnungsvermittlung per Zeitungsinserat, an Pensionsgäste vermieten. Aber so richtig professionell läuft es erst seit Airbnb. Ein Geschäftsmodell wie das von Airbnb wäre ohne die Internettechnologie nicht möglich, dank der Zimmerangebote und Buchungen weltweit schnell, verlässlich, erfolgsabhängig und äußerst kostengünstig zu realisieren sind. Jeder kann nach Registrierung bei Airbnb Zimmer online anbieten. Werden die Zimmer gebucht, erledigt Airbnb die Abrechnung zwischen Gast und Vermieter und berechnet dem Vermieter drei Prozent Servicegebühr, dem Gast eine Servicegebühr zwischen sechs und zwölf Prozent des Zimmerpreises. Das Onlineinserat bei Airbnb kostet nur dann Geld, wenn es erfolgreich zu einer Buchung führt und basiert auf einer Art erfolgsabhängiger Provision. Allerdings gibt es durchaus auch Kritikpunkte an Airbnb. So etwa wegen der nicht immer erfolgten Versteuerung der Einnahmen der privaten Wohnungsanbieter oder der Verdrängung von angestammten Mietern, da Wohnungen für das Airbnb-Vermietungsmodell zum Teil zweckentfremdet werden. In Berlin etwa werden »normale« Mietwohnungen angemietet, um sie ausschließlich als Airbnb-Pensionsunterkünfte mit guten Gewinnen an Touristen weiterzuvermieten. Nicht nur das traditionelle Hotel- und Gaststättengewerbe ist daher weniger gut auf Airbnb zu sprechen.

Sharing Economy: Nutzen ist das neue Haben

Airbnb ist ein eingängiges Beispiel für das Konzept der Sharing Economy. Im Kern geht es um eine Art kollaborativen, gemeinschaftlichen Konsum von Produkten wie Autos, Fahrräder oder Wohnraum. Während in der klassischen Ökonomie der Besitz eines privaten Gutes die gemeinschaftliche Nutzung in der Regel ausschließt, überbrückt die Sharing Economy durch das Prinzip »teilen statt besitzen« diesen Ausschluss. Wenn mehrere zusammen ein privates Produkt nutzen können, wird es gesamtgesellschaftlich wertvoller, als wenn nur ein einzelner in den Konsumgenuss kommt. Das Prinzip ist nicht unbedingt neu. Doch früher beschränkte es sich eher auf eine Nachbarschaftshilfe und war wenig professionalisiert. Vier Entwicklungen haben den Übergang von der Nachbarschaftshilfe zur modernen Sharing Economy ermöglicht.

Erstens: die moderne Informationstechnologie und das Smartphone. Sie sind die technischen Treiber, dank denen sich überhaupt erst Unternehmen wie Airbnb, Uber oder Lyft zu großen Sharing-Economy-Konzernen entwickeln konnten. Die schnelle und nahezu kostenlose Datenkommunikation via Internet ermöglicht es, gemeinschaftliche Konsum- oder Nutzungsprozesse an Produkten mit deutlich weniger Einschränkungen und zu deutlich niedrigeren Kosten zu gestalten und weltumspannende Geschäftsmodelle darauf aufzubauen. Mit dem Smartphone und den breiten Angeboten an Flatrates sind mobile Internetnutzungen einfach, unkompliziert und nahezu kostenlos geworden.

Der zweite Schub für die Sharing Economy ging von einem Bewusstseinswandel in unserer Gesellschaft aus. Neue gesellschaftliche Werte sind in den Vordergrund gerückt; das alte Besitzmodell »mein Haus«, »mein Auto«, »mein Statussymbol« wird als Folge dieser Werteverschiebung zunehmend hinterfragt. Nicht mehr Besitz und der damit erlangte Status sind die prägenden Motive für den Kauf eines Produkts, sondern die Freude und der Spaß an der Nutzung. Wir leben und erleben stärker den Augenblick. Wenn man so will, stehen Genuss und verantwortlicher Konsum im Mittelpunkt. Nicht zuletzt ein allgemein gestiegenes gesellschaftliches Verantwortungsbewusstsein für die Umwelt hat zu diesem veränderten Wertebild beigetragen. Nachhaltigkeit steht im Zentrum vieler Konsumprozesse. Wir sind schon seit Längerem aus der Wegwerfgesellschaft der Sechziger- und Siebzigerjahre ausgestiegen. Produkte ohne tragfähige Nachhaltigkeitsbilanz haben es immer schwerer, noch Käufer zu finden. Nachhaltigkeit, das gemeinsame Nutzen oder Teilen von Produkten, die Abkehr vom Modell des Besitzstatus sind tragende Elemente der Logik der Sharing Economy.

Zum Dritten hat die Verbreitung der Sharing Economy erheblich von der Entwicklung der sozialen Medien profitiert. Das von Mark Zuckerberg 2004 gegründete Netzwerk Facebook zählte im Frühjahr 2016 weltweit mehr als 1,65 Milliarden Nutzer. Jeder fünfte Mensch auf der Erde ist Facebook-Nutzer! Soziale Netze wie Facebook, Instagram, YouTube, der Instant-Messaging Dienst WhatsApp oder der 2006 in San Franzisco gegründete Kurznachrichtendienst Twitter haben spürbaren Einfluss auf unsere Gesellschaft. Der Austausch mit anderen Menschen war noch nie so einfach wie heute: Noch nie konnte man so viele Menschen erreichen und sich auf eine solch weltumspannende Weise mit Gleichgesinnten verbinden. Milliarden Fotos und Videos werden weltweit geteilt und verschickt. Unsere Sprache wird mehr und mehr zur Bildersprache. Wir drücken Dinge immer weniger mit Worten und immer öfter mit Selfies und Videos aus. Airbnb, Uber oder der Mitfahrdienst BlaBlaCar werben auf ihrer Website damit, über ihre Services neue Menschen kennenzulernen. »Klasse App und Idee. Man lernt mal ganz andere Leute kennen«, so und ähnlich lauten zahlreiche Aussagen von Nutzern. Die Sharing Economy trägt also auch die Charakterzüge eines Social Events. Es ist »hip«, über eine App ein Auto zu mieten und neue Menschen zu treffen. Hinter der Sharing Economy steht also weit mehr als der reine Kosteneffekt der intelligenten Nutzung von Kapazitäten.

Viertens: Wer Sharing-Produkte wie Autos nutzt, profitiert auch von einem gewissen Komfort. Er braucht sich nicht etwa um die Wartung des Wagens zu kümmern, hat immer ein neues Auto, muss keine teuren Park- und Stellplätze mieten und hat mit seinem Smartphone jederzeit nahezu lückenlosen Zugang zu einem breiten Spektrum an alternativen Verkehrsmitteln wie Leihräder, Taxidienste, Busse oder Bahnen. Sharing-Produkte sind über mobiles Internet vollständig in Nutzungs- und Kundenwertschöpfungsketten integriert. Es ist sehr einfach und komfortabel geworden, die Dinge zu teilen und individuell ohne Einschränkungen zu nutzen. Sharing-Produkte sind also ebenso attraktiv durch ihr gesellschaftspolitisch positives Image wie durch ihre Komfort-, Kosten- und Zeitvorteile.

Investoren scheinen gerade verrückt danach zu sein, in junge Unternehmen der Sharing Economy zu investieren. Der Fahrdienstvermittler Uber sammelte im Juli 2015 praktisch über Nacht eine Milliarde US-Dollar von Investoren ein. Im Juni 2016 hat sich Saudi-Arabien mit seinem anlageschweren Staatsfonds »Public Investment Fund of Saudi Arabia« bei Uber mit 3,5 Milliarden Dollar eingekauft. Ein paar Tage zuvor war der Autobauer Toyota mit einer Beteiligung in nicht genannter Höhe eingestiegen. Das junge Unternehmen wurde nach Berichten der Nachrichtenagentur Bloomberg Ende 2015 mit 62,5 Milliarden US-Dollar bewertet. Zum Vergleich: BMW mit seinen 122 000 Mitarbeitern und einem weltweiten Umsatz von 92 Milliarden Euro hatte zum vergleichbaren Zeitpunkt einen Börsenwert von 55 Milliarden US-Dollar. Bereits 2013 investierte die Google-Tochter Ventures, die sich mit Risikokapital an jungen Unternehmen beteiligt, 258 Millionen US-Dollar in Uber. Der Glaube an zukünftige Gewinne der großen Sharing-Economy-Unternehmen scheint fast grenzenlos zu sein. Es sieht ganz danach aus, als wären die Investoren von der Befürchtung getrieben, nach dem Rennen der New Economy nun womöglich die nächste Beteiligungswelle zu verpassen. Dabei gibt es auch Kritik am Konzept der Sharing Economy und den führenden Anbietern. Airbnb beispielsweise muss sich den Vorwurf gefallen lassen, dass durch ihren Service das Angebot an (preisgünstigem) Wohnraum für Einwohner in Großstädten reduziert wird. Das Geschäftsmodell von Uber steht keineswegs auf juristisch sicheren Füßen, wie das gerichtliche Verbot des Mitfahrdienstes UberPop in Deutschland und anderen Ländern zeigt. Der Taxi-App wird vorgeworfen, sie werbe Kunden durch preisgünstige Fahrten mit Privatfahrern weg von öffentlichen Verkehrsmitteln und trage so in Metropolen zu erhöhtem Verkehrsaufkommen und Staus bei. Zwar ist Uber mit dem Produkt UberX auf lizensierte Fahrer ausgewichen, aber ein Marktdurchbruch wurde damit bislang nicht erzielt. Die Diskussionen um hohe Provisionen, mickrige Margen für die Fahrer und einen aggressiven Verdrängungswettbewerb in der Taxibranche halten ebenfalls an. Dennoch ist gerade Uber ein Paradebeispiel dafür, wie radikale Innovationen althergebrachte Branchen über Nacht auf den Kopf stellen und juristische Schutzwälle und Gerichtsverbote nur äußerst begrenzt dagegen wirken.

Bei all den Kritikpunkten zeigen die Geschäftsmodelle der Sharing Economy, dass wir durch die Internet- und Smartphonetechnologien mit deutlich weniger Kosten Dinge nutzen können. Die »Neuen im Geschäft« üben zwangsläufig Druck auf traditionelle Geschäftsmodelle aus, und das stellt auch die Autobauer auf eine Bewährungsprobe. Wenn Kunden zukünftig in großer Zahl zu Sharing-Angeboten wie Uber, car2go oder Lyft abwandern, werden die Hersteller selbst zu einer Art besseren Zulieferer degradiert. Wenn Autos besser ausgelastet werden, braucht man zudem weniger davon. Die Stückzahlen sinken also, Neuwagenverkäufer und Autohäuser finden weniger Kunden. Flottenkäufer hängen aber in der Regel nicht mit der gleichen Emotionalität an einer Marke wie Privatkunden, für sie zählen Angebot und Konditionen. Wenn es für Uber und Co. egal ist, ob sie ihren Kunden BMW oder Audi bieten, bedeutet das besonders für die Premiumhersteller, dass ihre Marken vergleichbarer und damit abgewertet werden. Die klassischen »Werte« des Produkts Auto –

Emotion und Status – würden leiden. All das hätte deutliche Folgen für die Listenpreise der Neuwagen und die Gewinne der Autobauer. Die Hersteller brauchen also dringend eine gute Antwort auf die Herausforderungen der Sharing Economy.

Vermutlich wird für die Premiumhersteller die Antwort schwieriger ausfallen als für Volumenmarken wie Ford, Opel, Toyota oder VW. Diese zielen eher auf rationale Verkaufsargumente wie Nutzen, Praktikabilität, Flexibilität oder Sicherheit ab, während sich die Premiumfahrzeuge traditionell durch ihr aufgebautes Image positionieren: der hochgezüchtete Motor, der Kraft und Leistung bietet, das dynamische Fahrwerk, das Fahrspaß verspricht, das elegante, hochwertige Design, das den Status des Besitzers unterstreicht.

Beim selbstfahrenden Auto arbeiten die Autodesigner der Premiummarken bereits an intelligenten, vernetzten Fahrzeuginnenräumen und breiten Touchscreen-Oberflächen, um Hochwertigkeit, neue Premium-Assoziationen und Emotionen zu kreieren. Connectivity und Virtuality heißen dazu die Marketingschlagwörter. Bei den gemeinschaftlich genutzten Autos der Premiummarken sind solche neuen emotionalen Höhepunkte bislang noch wenig erkennbar. Wie schon im traditionellen Geschäftsmodell der Autovermietung stehen auch bei den neuen Carsharingkonzepten noch vor allem Preis, Verfügbarkeit und ein gut ausgebautes Stationsnetz im Kundenfokus. Und daran wird sich aller Vermutung nach nicht viel ändern: Wer würde einen Carsharingdienst vor allem deswegen nutzen, um ein ganz bestimmtes Modell fahren zu können?

Die Premiummarken müssen sich über neue Kaufmotive Gedanken machen, wenn sie auch in der Sharing Economy noch Premiumerfolge haben wollen. Ideen wie ein Bringdienst für BMW-Mietwagen, wie ihn etwa die Münchner derzeit mit ihrem Konzept »ReachNow« planen, oder den Gästen von Luxushotels zur Verfügung gestellte Edellimousinen, sind ein netter Anfang, aber reichen bei Weitem nicht. Auch ob sich eine monatliche Flatrate von 1 500 Euro für sogenannte Premiumdienste im Carsharing, wie es Audi derzeit erwägt, erfolgreich als Geschäftsmodell umsetzen lässt, ist offen. Konzepte mit durchschlagenden Erfolgsaussichten, wie etwa das Uber-Geschäftsmodell, sind bisher im Premiummarkt eher Mangelware. Die Autobranche steht nicht allein vor diesen Herausforderungen und ist gut beraten, sich in anderen Branchen, wie etwa dem Dienstleistungssektor oder der Luftfahrt, nach Anregungen für neue Konzepte und ausdrucksstarke Positionierungen ihrer Marken umzusehen.

Ihre größte Entfaltungsmöglichkeit hat die Sharing Economy derzeit in China. Gleichzeitig dominiert das Land das Autogeschäft, seit 2013 ist China der größte Automarkt der Welt. Der Vorsprung Chinas zum Rest der Welt wächst von Jahr zu Jahr. Im Jahr 2015 fanden in China 20 Millionen Neuwagen ihre Käufer. Das waren 2,6 Millionen verkaufte Autos mehr als in den USA. Im Jahr 2020 kann man mit knapp 25 Millionen Neuwagenverkäufen im Land der Mitte rechnen. Der Vorsprung zum nächstgrößten Markt USA wird dann auf schätzungsweise sechs Millionen Verkäufe angewachsen sein. Das sind doppelt so viele Neuwagen wie jährlich in Deutschland abgesetzt werden. Wer nicht in China ist, verpasst das Autogeschäft. Gleichzeitig sind die Chinesen außerordentlich internetaffin. Über 625 Millionen Chinesen haben ein Smartphone; das sind derzeit gut 30 Prozent aller Smartphonenutzer weltweit. Der weltweit größte Internethandelskonzern, das 1999 gegründete chinesische Unternehmen Alibaba, zählte im April 2016 mehr als 423 Millionen aktive Internetkunden. Am seinem wichtigsten Verkaufstag, dem sogenannten Global Shopping Festival am 11. November, verkaufte Alibaba im Jahr 2015 Waren für 14,3 Milliarden US-Dollar. Das ist fast viermal so viel, wie die deutsche Baumarkt- und Heimwerkermarktgruppe Hornbach im ganzen Jahr verkauft. Knapp 70 Prozent dieses Umsatzes wurde über das mobile Internet, also über Käufe mit dem Smartphone, erzielt. Die technischen Voraussetzungen für einen Boom der Sharing Economy in China sind also längst vorhanden. Gleichzeitig verläuft dort auch die Urbanisierung derzeit am schnellsten in der Welt. Bereits 2014 gab es in China 274 Städte mit mehr als einer Million Einwohner. In etwa hundert chinesischen Großstädten leben jeweils mehr als fünf Millionen Menschen – Deutschlands größte Stadt Berlin kommt auf gerade mal 3,5 Millionen Einwohner. Jede der neun größten Städte Chinas zählt sogar mehr als zehn Millionen Einwohner. Chinas Riesenstädte sind aufgrund ihrer Dichte für einen Boom der Sharing Economy prädestiniert.

Im chinesischen Chongqing, der mit 32 Millionen Einwohnern größten Stadt der Welt, ist es nicht einfach, voranzukommen. Noch immer expandiert die Megastadt stürmisch, 2015 hatte sie mit elf Prozent die höchste Wachstumsrate in China. In den chronisch überlasteten Bussen und Bahnen der City herrscht qualvolles Gedränge. Autofahren auf den überfüllten und verstopften Straßen geht nur im Stop-and-Go-Tempo. Parkplätze sind teuer und schwer zu finden. Die offiziellen Taxen sind unzuverlässig und kommen, wenn überhaupt, deutlich später als bestellt. In so einem Umfeld entwickeln sich Unternehmen der Sharing Economy wie Uber oder sein chinesisches Pendant Didi prächtig. Kostenfrei kann man per App den Fahrdienst bestellen, wird abgeholt und bequem bis zur Haustür gefahren. Die Fahrt ist komfortabler als in den angeschmutzten offiziellen Taxen, bequemer als im Gedränge von Bussen und Bahnen. Und das Ganze wird auch noch zu niedrigen Preisen geboten. Autobesitzer offerieren gerne Mitfahrgelegenheiten oder bieten über eine der Plattformen ihre Fahrdienste an. Die Autos sind in der Regel neu und sauber, die Preise niedrig und böse Überraschungen gibt es ebenfalls nicht am Ende der Fahrt. Seit April 2015 ist auch die Daimler Tochter car2go in Chongqing. Der Car-Sharer mit seinem stationslosen Mietsystem hat in der Megacity auf einer Fläche von 60 Quadratkilometern rund 400 Smarts im Einsatz und plant, diese Flotte bis Herbst 2016 auf 600 Fahrzeuge auszubauen. Chongqing ist der erste asiatische Standort der Stuttgarter. Gleichzeitig ist car2go das erste internationale Unternehmen, das im Reich der Mitte stationsloses Carsharing bietet. Die Voraussetzungen für den Boom der Sharing Economy im größten Automarkt der Welt könnten nicht besser sein.

Hierzulande sieht das freilich noch anders aus. Die Sharing Economy braucht zur Entfaltung ihrer vollständigen Netz- und Schwarmeffekte eine gewisse Dichte an Nutzern auf einer vorgegebenen Fläche. In Deutschland erfüllt diese Voraussetzung nicht einmal die Großregion Ruhrgebiet, obgleich dort mehr als fünf Millionen Menschen leben, eng benachbarte Großstädte wie Bochum, Dortmund oder Essen nicht mitgerechnet. Trotzdem war das Ruhrgebiet für die stationsungebundenen Carsharing-Anbieter car2go und DriveNow zu dünn besiedelt. Die Kennziffer »Einwohner pro Quadratkilometer« in Verbindung mit der Kaufkraft gibt hier den Ausschlag. Während also Sharing Economy besonders in Metropolen zunimmt, bleiben ländlichere Regionen bei dieser Entwicklung außen vor.

Für die Zukunft der individuellen Mobilität und des Autos deutet sich auch aus dieser Perspektive eine Zwei-Klassen-Gesellschaft an. Einerseits die urbanen Räume, in denen neue Formen und die Vielfalt der Sharing-Produkte und -Möglichkeiten schnell neue Besitz- und Nutzungsstrukturen für das Auto schaffen. Auf der anderen Seite die ländlicheren Räume, in denen auch aus Mangel an Sharing-Angeboten das bisherige Modell des Autos als Besitzobjekt seine Bedeutung grundsätzlich noch geraume Zeit behalten könnte. Doch könnte diese Zwei-Klassen-Gesellschaft zu einer generellen Auflösung oder zumindest Aufweichung der klassischen Markenbilder bei den Autoherstellern führen. Die vielfältigen Sharing-Angebote in den städtischen Regionen würden negative Impulse für die allgemeine Wahrnehmung vom Wert einer Marke geben und so die Marken weiter schwächen und »verwischen«. Wo eine Marke keine klaren, trennscharfen Assoziationen mehr auslösen kann, schwinden auch die Emotionen. Damit würde das Auto als Statussymbol und Besitzstandsargument auch in den ländlicheren Räumen zunehmend an Bedeutung verlieren. Die Fragestellungen, denen sich die Autohersteller in der Sharing Economy gegenübersehen, sind vielfältig und komplex.

Fahr mit, nimm mit: Die unterschiedlichen Sharing-Modelle

Das Spektrum an Mobilitätsmodellen der Sharing Economy ist mittlerweile enorm breit und es sieht danach aus, als würden sie die Art und Weise, wie wir mobil sind, für immer radikal verändern. Zahlreiche, vor allem junge Unternehmen haben sich auf Marktnischen konzentriert. Daneben gibt es natürlich auch die etablierten Unternehmen mit großer Marktmacht. In der Abbildung zeigen sich die verschiedenen Formen der Sharing-Lösungen rund ums Auto. Am Anfang war Autofahren in Städten eine Domäne für das eigene Auto und die Taxen. Das war »Gestern«. Heute ist neben dem Taxi und dem eigenen Auto ein hoch differenziertes Angebot vorhanden.

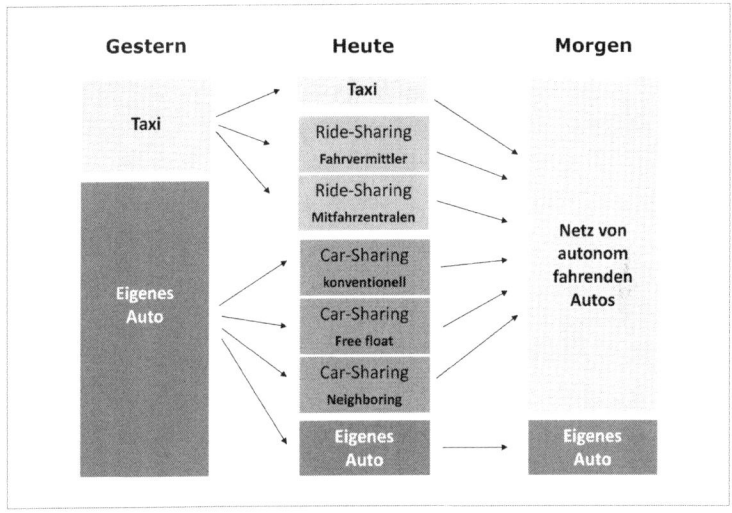

Abb. 14: Wie entwickelt sich Autofahren in urbanen Räumen?

Da sind zunächst die sogenannten Fahrdienstvermittler und Taxirufunternehmen, im Englischen auch als Ride-Sharing, Ride-Hailing oder Taxi-Hailing bezeichnet. Die Grundidee ist hier, entweder über Apps eigene Taxirufdienste und Vermittlungen aufzubauen oder nicht lizenzierte Fahrer mit Fahrdiensten zu beauftragen. Wie bei Airbnb kann jeder, der ein neueres Auto besitzt, im Auftrag dieser Fahrdienste tätig werden. Fahrten werden via Smartphoneapp gebucht. Die schnelle Verfügbarkeit und zum Teil deutlich niedrigere

Preise als bei konventionellen Taxen sind die Wettbewerbsvorteile der Vermittler. Die niedrigeren Fahrpreise beruhen zum Teil auf Gelegenheitsfahrern, die sich eine Art »Zubrot« verdienen oder Fahrern, die bestimmte Strecken fahren und denen Fahrtgäste willkommen sind. Bezahlt wird per Kreditkarte oder PayPal an den Vermittler, der im Fall von Uber bis zu 20 Prozent der Fahreinnahmen für seine Leistungen einbehält. Gett, der Fahrdienst, an den sich im Mai 2016 der Volkswagen-Konzern mit 300 Millionen US-Dollar beteiligte, berechnet einen deutlich niedrigeren Provisionssatz von zehn Prozent. Das Geschäftsmodell ist verlockend einfach und bei 20 Prozent Anteil an den Fahrteinnahmen eine kleine Goldgrube, wenn der Vermittler Aufträge für seine Fahrer generiert. Da die Preise bei nicht-lizenzierten Gelegenheitsfahrern deutlich unter den offiziellen Taxipreisen liegen, funktioniert das Modell vor allem dort, wo kein juristischer Gegenwind weht wie etwa in Deutschland.

Ähnlich wie Uber arbeiten die deutlich weniger umstrittenen US-Fahrdienstvermittler Lyft und Gett. An Lyft ist der US-Autobauer General Motors beteiligt. Reine Taxivermittlung bietet seit einigen Jahren der Daimler-Konzern mit seiner Mytaxi-App. Wie schnelllebig die Entwicklung ist, konnte man im Juli 2016 durch die Zusammenlegung dieser Taxi-App mit der Taxi-App Hailo beobachten. Hailo wurde zwar vom Virgin Gründer Sir Richard Branson mitfinanziert, hatte es aber neben Verlusten im Jahr 2014 nicht geschafft, über Großbritannien, Irland und Spanien hinauszukommen. Auch Mytaxi ist nahezu ausschließlich in einigen europäischen Staaten (Deutschland, Österreich, Italien, Polen, Portugal, Spanien, Schweden) tätig. Der neue Zusammenschluss, der unter Mytaxi firmiert, stärkt nun zwar das Europageschäft. Um langfristig in dem rasant wachsenden Markt erfolgreich zu sein, muss die neue Einheit aber in den großen Märkten außerhalb Europas, wie etwa China und USA, schnell Fuß fassen.

Besondere Bedeutung kommt dem chinesischen Fahrdienstvermittler Didi Chuxing, kurz auch Didi genannt, zu. Didi Chuxing entstand aus der Fusion der beiden Fahrdienstvermittler Didi Dache und Kuaidi Dache, an denen auch der Internetriese Alibaba und der staatliche chinesische Telekommunikationskonzern Tencent beteiligt sind. Aufsehen erregte Didi im Mai 2016, als Apple bekannt gab, sich ebenfalls mit einer Milliarde US-Dollar an Didi beteiligt zu haben. Der Wert von Didi wird nach Presseberichten auf 25 Milliarden US-Dollar geschätzt. Didi ist in China klarer Marktführer bei app-basierten Fahrdienstservices, hat rund 14 Millionen registrierte Fahrer und ist in 400 chinesischen Städten präsent, Konkurrent Uber dagegen bis Mitte 2016 nur in rund 100 Städten. Nach eigenen Angaben sind weltweit 300 Millionen Nutzer bei Didi registriert. Eine riesige Zahl, die allein im Jahr 2015 mehr als 1,4 Milliarden Fahrten über den Fahrdienstvermittler Didi gebucht haben. Die Zahlen lassen erahnen, welches gewaltige Potential in dicht besiedelten Regionen die app-basierten Fahrdienste erwarten können. Die Sharing Economy ist kein Nischenmodell, sondern wird unsere Mobilität nachhaltig prägen.

Neben den Fahrvermittlungsanbietern zählen zum Ride-Sharing auch die sogenannten Mitfahrzentralen. Hier geht es eher darum, für Fahrten über größere Entfernungen Mitfahrer zu finden. Das französische Unternehmen Comuto SA betreibt unter der Marke BlaBlaCar die weltweit größte Mitfahrvermittlungsplattform. BlaBlaCar ist in 22 Ländern vertreten. Im Gegensatz zu den Fahrdienstvermittlern spielt bei BlaBlaCar der Abgleich von Persönlichkeitsprofilen von Fahrern und Mitfahrern eine größere Rolle. Da die Fahrten länger sind, ist es sinnvoll, sich seine Reisebegleiter vor allem nach Sympathiekriterien auszuwählen und nicht nur auf den günstigen Mitfahrpreis zu fokussieren. BlaBlaCar beschäftigt nach eigenen Angaben mehr als 400 Mitarbeiter, hat 25 Millionen Mitglieder und zählt jährlich weltweit 40 Millionen Reisende. Pro Fahrt behält BlaBlaCar bis zu 20 Prozent des Fahrtpreises für sich. Ähnlich wie BlaBlaCar offerieren eine ganze Reihe weiterer Mitfahrzentralen – wie etwa das junge Unternehmen flinc mit Sitz in Darmstadt – über Smartphone-Funktionen Mitfahrgelegenheiten an.

Neben den Ride-Sharing-Angeboten sind seit Langem die Carsharing Modelle im Einsatz. Der Unterscheid zwischen Carsharing und dem Car-Rental, also der Autovermietung, liegt einerseits in der Registrierung der Nutzer, andererseits fallen üblicherweise keine Kraftstoffkosten an. Die meisten Carsharing-Anbieter berechnen Fahrtkosten pro Kilometer und Ausleihzeit. Tankkarten, mit denen kostenlos an vielen Tankstellen getankt werden kann, liegen üblicherweise im Handschuhfach. Beim Carsharing meldet man sich einmalig an, zeigt seinen Führerschein vor und kann danach beliebig Fahrzeuge buchen und mit einem Zugangsberechtigungssystem, zum Beispiel mit Plastikkarte oder mit dem Smartphone, das Fahrzeuge an der Carsharing-Station öffnen und losfahren.

Drei Unterarten an Carsharing-Systemen haben sich im Laufe der Zeit herausgebildet. Da ist einerseits das konventionelle Carsharing, so wie es etwa die Deutsche Bahn mit Flinster, das Bremer Unternehmen Cambio, die Solinger Drive-Carsharing GmbH oder die Stadtmobil Carsharing-Gruppe betreiben. Der Markt ist mit 150 Anbietern in Deutschland stark fragmentiert. Die Fahrzeuge sind stationsgebunden, sprich müssen an festen Stationen ausgeliehen und abgestellt werden. Dabei sind durchaus auch Besonderheiten der Fahrzeugflotte vorhanden, so etwa bei RUHRAUTOe, das ausschließlich Elektroautos anbietet. Neben den stationsgebundenen haben sich mit den Anbietern car2go und DriveNow die stationslosen Systeme etabliert, die manchmal auch als Free-float-Systeme bezeichnet werden. Innerhalb eines definierten Stadtgebiets können die Fahrzeuge beliebig abgestellt werden. Aufzufinden und anzumieten sind die Fahrzeuge per Smartphone. Abgerechnet wird etwa die Fahrzeit pro Minute. Die BMW- und Sixt-Tochter DriveNow bietet diesen Service in Deutschland in Berlin, Köln, Düsseldorf, Hamburg und München an. Die Daimler Tochter car2go hatte 2008 das Konzept des stationslosen Carsharing erfunden und damit das traditionelle Carsharing und Vermietungsgeschäft dank dieser Innovation deutlich kundenfreundlicher gestaltet. Seither muss man nicht mehr an feste Stationen gehen, sondern kann auf allen Parkflächen innerhalb der Stadtgebiete die Fahrzeuge, wenn sie nicht mehr gebraucht werden, einfach abstellen oder eben abholen. Car2go ist in Deutschland in den Großstädten Berlin, Frankfurt, Hamburg, München, Stuttgart, Düsseldorf und Köln vertreten. Weltweit waren im Mai 2016 bei car2go mehr als 1,3 Millionen Nutzer registriert.

Eine interessante Variante des stationsungebundenen Carsharings war das Angebot des Berliner Unternehmens Citee. Citee hatte in Wohngebieten Neuwagen zur Verfügung gestellt, die innerhalb eines bestimmten Umkreises nach der Nutzung auf beliebigen öffentlichen Parkplätzen abgestellt werden konnten, also oft vor der Haustür. Citee waren neben Berlin auch in Frankfurt und im Ruhrgebiet aktiv. Mit Niedrigstpreisen von einem Euro pro Stunde plus 20 Cent pro gefahrenen Kilometer wollte Citee eine hohe Auslastung seiner Fahrzeuge erreichen und Gewinne erzielen. Hinter Citee stand der Luxemburger Finanzinvestor Mangrove Capital. Das Experiment misslang, und nach drei Jahren stellte Citee im Oktober 2015 Insolvenzantrag. Das Beispiel zeigt, dass auch im Carsharing die »Bäume nicht in den Himmel wachsen«. Der Markt ist umkämpft, die Renditen sind klein. Wird eine Grundauslastung der Fahrzeuge nicht erreicht, rutscht der Anbieter automatisch in die Verluste. Engagements der Autobauer in Carsharing-Systeme müssen also sehr genau gerechnet werden.

Durch die stark fragmentierte Anbieterstruktur ist Carsharing in Deutschland heute überwiegend mittelständisch geprägt. Der Wettbewerb zwischen den Anbietern läuft meistens über den Preis. Starke Marken – wenn man von car2go und DriveNow absieht – sind nicht vorhanden. Traditionelles Carsharing ist daher für Autobauer eher ein Risikoengagement. Der US-Autobauer General Motors ist im Frühjahr 2016 in USA mit dem neuen Carsharing-Angebot »Maven« gestartet. Maven bietet stationsgebundenes Carsharing und wird zunächst in ausgewählten Städten angeboten. Man will offensichtlich erst einmal testen, wie sich das System und die Profitabilität entwickeln. Dies hat auch historische Gründe. Schon früher mussten die Hersteller schlechte Erfahrungen mit der angelagerten Branche der Autovermietung machen. So kaufte sich GM im Jahr 1989 bei der Autovermietung Avis mit einem Eigenkapitalanteil von 29 Prozent ein. Auch Ford durchlebte sein Vermieterabenteuer mit einem Einstieg bei der Autovermietung Hertz, der Volkswagen-Konzern war lange Zeit an dem Autovermieter Europcar beteiligt. Alle diese Beteiligungen wurden bereits vor längerer Zeit aufgelöst, denn die Engagements erwiesen sich für die Autobauer allesamt als große Verlustgeschäfte. Die historischen Erfahrungen machen vorsichtig, zeigen sie doch, dass neue Geschäftsfelder wie Autovermietung und Carsharing für die Hersteller nicht immer zu einer erfolgreichen Beziehung werden. Es liegt wohl zum Teil an der unterschiedlichen Kultur der großen Autobauer und des mittelständisch geprägten Geschäfts, das zu Problemen führen kann. Zudem scheiterten die Engagements der Vergangenheit bei den Autobauern auch an dem Problem, dass schlecht verkäufliche Neuwagen gerne und häufig ins Vermietungsgeschäft »abgeschoben« wurden. Wie zu erwarten gewesen wäre, wurden Fahrzeuge, die schon als Neuwagen nicht besonders attraktiv waren, durch das Verschieben in die Vermietung auch nicht besser. Beim Weiterverkauf der gebrauchten »Mietschätzchen« fielen regelmäßig große Verluste an.

Eine weitere Besonderheit bei den Carsharing-Modellen ist das Neighborhood-Konzept. Hier gehört das französische Unternehmen Drivy zu den bekanntesten Vertretern. So wie man über Airbnb seine private Wohnung an Gäste vermieten kann, bietet man bei Drivy sein Auto anderen als Mietwagen an. Damit braucht Drivy im Gegensatz zu etwa car2go oder Flinster keine eigenen Carsharing-Fahrzeuge, sondern lediglich die Plattform zur Buchung und Vermittlung von Privatfahrzeugen, und spart sich damit das Vorhalten teurer Fahrzeugkapazität. Drivy ist in Deutschland, England und Spanien aktiv und hat nach eigenen Angaben im Mai 2016 in Deutschland mehr als 5 000 Autos von Privatpersonen im Sharing-Angebot. Drivy kassiert dabei inklusive einer Allianz-Fahrzeugversicherung 30 Prozent der Fahreinnahmen. Die Vermietungspreise kann jeder selbst festlegen, wobei Drivy Empfehlungen gibt. Ein ähnliches Modell wie Drivy bietet auch Opel unter der Marke CarUnity an. BMW plant ebenfalls, mittelfristig Kundenfahrzeuge der Typen BMW i3 und Mini in ein BMW-Carsharing-Programm nach dem Neighborhood-Konzept zu integrieren.

Carsharing morgen: Das autonome Taxi

Die Modelle zur Nutzung von Autos in Großstädten haben in den letzten Jahren enorm an Vielfalt und Verbreitung gewonnen. Parallel dazu konnte in den großen Städten, wie etwa dem Ruhrgebiet mit dem Metropolradruhr, ein dichtes Ausleihnetz für Fahrräder aufgebaut werden. Mit mehr als 1 800 Rädern an 200 Ausleihstellen verfügen zehn Städte des Ruhrgebiets über das größte Fahrradverleihsystem Deutschlands. In Paris ist das Fahrradausleihsystem Vélib bereits seit 2007 im Markt. Zuletzt standen dort 20 000 Fahrräder an 1 256 Stationen in Paris und der Umgebung. In der Zukunft wird Autofahren in Großstädten noch stärker zusammen mit anderen Verkehrsmittelsystemen und öffentlichen Verkehrsmitteln in ein facettenreiches Netz von unterschiedlichen Verkehrträgern integriert werden. Das Anmieten von Autos wird von sämtlichen Carsharing-Anbietern bündig mit dem öffentlichen Personennahverkehr vernetzt, sodass über eine Anlaufstelle oder App alle Mobilitätsmöglichkeiten gebucht, genutzt und bezahlt werden können. Damit sind wichtige Voraussetzungen zum Übergang in die Sharing Economy in urbanen Räumen vorhanden. Mit der Sharing Economy bewegen wir uns in eine völlige neue Welt der individuellen Mobilität. Es wird komfortabler, es wir sicherer, es wird sauberer, es wird zuverlässiger und es wird preisgünstiger.

Spannend ist zusätzlich der internationale Charakter solcher vernetzten Systeme, wenn sowohl in Berlin und München als auch in Paris, London oder Peking zukünftig über eine Adresse oder ein System Mobilitätsleistungen nutzbar sind. Auch deshalb haben die großen Internetkonzerne in den USA und China so ein großes Interesse am Auto. Es geht nicht um den Bau neuer Autofabriken durch Apple, die chinesische Suchmaschine Baidu oder Google. Dazu sind die Gewinne im Autogeschäft viel zu schlecht.

Alphabet, die wenig bekannte Holding, die alle Google-Geschäftsfelder bündelt, hat im Geschäftsjahr 2015 einen Umsatz von 75 Milliarden US-Dollar erzielt und dabei einen Gewinn aus dem operativen Geschäft von 19,4 Milliarden US-Dollar gezogen. Das entspricht einer Umsatzrendite von 25,8 Prozent. Bei Autobauern im Volumenmarkt, wie etwa Toyota, VW oder GM liegt man im langjährigen Durchschnitt eher bei fünf Prozent Umsatzrendite, bei den profitableren Premiumherstellern um die neun Prozent. Solche Gewinnmargen sind Google und den anderen Internetriesen viel zu gering. Google will wie bei seiner Suchmaschine an der Werbung auch in der Mobilität von morgen an den Klicks verdienen. Ziel ist eine Art weltumspannende Mobilitäts-App, die ähnlich der Internetwährung PayPal alle Transaktionen bündelt und bei der gewaltige Provisionszahlungen auflaufen. Die Vision eines neuen Weltmonopols. Der Schlüssel dazu ist die Sharing Economy. Auch aus diesem Grunde ist es wichtig, dass die Autohersteller nicht beim Bau von Autos stehen bleiben und in passende Mobilitätssysteme der Sharing Economy investieren, solange sie noch die Möglichkeit dazu haben.

Das Zeitfenster könnte enger sein, als wir glauben. Meiner Ansicht nach wird es bereits um das Jahr 2020 Modellprojekte in Peking oder Shanghai geben, bei denen elektrisch betriebene fahrerlose Taxen entlang definierter Strecken im Einsatz sind. Selbstfahrende Autos sind bei kleineren Geschwindigkeiten relativ gut beherrschbar. Die großen Hauptverkehrsstraßen der chinesischen Großstädte, auf denen für autonome Autos herausfordernde Elemente wie Fußgänger oder Radfahrer nicht vorkommen, sind optimale Teststrecken. Auch in einigen US-amerikanischen Städten könnten schon bald solche Pilotprojekte mit selbstfahrenden Taxen auf definierten Straßen beginnen. Tatsächlich arbeiten die drei Großen der Branche, Uber, Didi und Lyft, bereits an solchen Systemen.

Ende Mai 2016 stellte Uber in Pittsburgh sein erstes selbstfahrendes Modell auf Basis eines umgebauten Ford Fusion vor. Das Unternehmen will schnell eine Testflotte aufbauen und Services testen, bei denen Taxigäste per App entweder ein normales Auto oder eben das Uber-Robotertaxi bestellen können. GM und Lyft haben angekündigt, auf Basis des Elektroautos Chevrolet Bolt ein autonom fahrendes Auto zu entwickeln. Die GM-Tochter will bis Frühjahr 2017 eine Flotte von autonomen Taxen bauen und im Testbetrieb fahren lassen.

Um im autonomen Fahren schnell Fortschritte zu erzielen, hatte GM bereits 2015 das auf autonomes Fahren spezialisierte Software-Unternehmen Cruise Automation in San Francisco für eine Milliarde US-Dollar gekauft. Der chinesische Suchmaschinenbetreiber Baidu testet und entwickelt schon länger gemeinsam mit BMW am autonomen Auto. BMW will in fünf Jahren ein komplett selbstfahrendes Auto auf den Markt bringen. Zusammen mit dem weltgrößten Chiphersteller Intel und dem israelischen Roboterwagen-Spezialisten Mobileye als Partner entwickele BMW die Technik, um bis 2021 mit der Serienproduktion zu starten, kündigte BMW-Konzernchef Harald Krüger im Juli 2016 in München an.

Autonome Taxen auf zunächst definierten Strecken könnten die Kosten für Taxifahrten ganz erheblich senken, ist doch in der Regel der Lohn des Taxifahrers der größte Posten in der Fahrtkostenkalkulation. Die breite Einführung von Robotertaxen wäre für Uber, Didi, Lyft ein entscheidender Durchbruch im Ride-Sharing-Markt, der ihnen jede Menge Kunden und eine herausragende Marktstellung bescheren würde.

Das Rennen um das Robotertaxi läuft. Hierzulande werden wir es so schnell noch nicht erwarten können. Starre Vorschriften, kaum Softwareunternehmen, die auf das Thema autonomes Fahren spezialisiert sind, und rigide Taxilizenzen, die Uber und andere aus Deutschland fernhalten. Daher werden die ersten Robotertaxen in China und in den USA fahren. Und sie werden, ähnlich wie das iPhone seinerzeit, für die Sharing Economy einen weiteren ganz großen Impuls geben. In unserer neuen Zeit der Mobilität wird das Auto wichtiger sein denn je, wenn auch in neuer Ausgestaltung.

6. GESELLSCHAFTLICHE WERTE
   IN DER NEUEN MOBILITÄTSWELT

»Keine Maschine der Welt darf jemals über den Menschen ein Urteil treffen.« Was der Philosoph und ehemalige Kulturstaatsminister Julian Nida-Rümelin auf der von Daimler veranstalteten Fachtagung »Autonomes Fahren im Spiegel von Recht und Ethik« im Rahmen der IAA 2015 so kurz und klar in Worte fasste, ist angesichts der Entwicklungen im Bereich Autonomes Fahren ein zentraler und entscheidender Diskussionspunkt, der keineswegs in allen Punkten schon so eindeutig geklärt ist. Autonomes Fahren beinhaltet mehr als bloße Technik und hat weitreichenden Einfluss auf unsere Gesellschaft. Autonomes Fahren konfrontiert uns mit einer ganzen Reihe rechtlicher und ethischer Fragen: Wer haftet bei Unfällen? Welche Datenschutz- und Persönlichkeitsrechte müssen gelten? Wie sollen wir uns in unvorhergesehenen Verkehrssituationen verhalten? Wir werden nicht umhinkommen, wichtige Regeln und Prinzipien in unserer Gesellschaft zu überdenken. Und wir müssen es bald tun, solange wir den Rahmen noch selbst gestalten können. Wenn die technische Entwicklung erst einmal ihre eigenen Fakten geschaffen hat, könnte es für eine Diskussion zu spät sein.

Das Roboterauto und die Ethik

Die Ausgangsfrage auf der IAA-Fachtagung lautete: »Welche Macht dürfen wir der Technik geben?« Was dahintersteckt, ist nichts weniger als die Frage »Sind wir bereit, unsere Autonomie, unsere Verantwortung als handelnde und denkende Menschen, an eine Maschine abzugeben – mit allen Konsequenzen?«. Gerne wurde dazu auch das bekannte Dilemmaszenario bemüht: Ein autonom fahrendes Auto fährt eine Straße entlang, als ein Kind auf die Fahrbahn rennt. Um das Kind nicht zu überfahren, muss der Roboter ausweichen, doch wenn er das tut, wird er einen Radfahrer überfahren. In beiden Fällen sind schwerste, vermutlich sogar tödliche Verletzungen zu erwarten. Die Situation ist ausweglos, tragisch: Alles, was der Roboter tut, wird einen Menschen töten. Wie soll sich die Maschine entscheiden?

Der Kontext solcher Fragen mag neu sein, das Dilemma dagegen ist uralt. Fragen dieser Couleur wurden auch schon vor 50 Jahren Kriegsdienstverweigerern in Deutschland gestellt. Wer den Dienst bei der Bundeswehr aufgrund moralischer Gründe verweigerte und dafür zivilen Ersatzdienst leisten wollte, musste vor einer Kommission antreten, die sein Gewissen prüfte. Eine der Standardfragen lautete: Sie sind Pazifist und jetzt will ein Russe Ihren Bruder erschießen. Sie haben die Möglichkeit, den Russen zu erschießen. Was machen Sie? Schauen Sie zu oder töten Sie ihn? Das Beispiel zeigt, dass es Situationen gibt, in denen es unmöglich wird, mit moralischen Maßstäben zu entscheiden. Es gibt nun einmal ethische Fragen, für die es keine befriedigende Lösung gibt. So wie man auch das Problem der Quadratur des Kreises nicht lösen kann.

Was für den Roboter gilt, trifft selbstverständlich auch auf den Menschen zu. Das Roboterauto macht nichts anderes, als einen Menschen von A nach B zu bringen, weil er es so will. Statt des Menschen sitzt nun der Roboter am Steuer, das ist der einzige Unterschied. Auch ein Mensch kann in die gleiche ausweglose Situation geraten. Interessanterweise sagte der redegewandte Philosoph zu diesem Punkt zunächst einmal nichts. In letzter Konsequenz würde es wohl bedeuten, dass wir nicht mehr Auto fahren dürften, wenn wir solche Situationen völlig ausschließen wollten. Diese Vorstellung wäre – um es ganz vorsichtig zu sagen – etwas weltfremd.

Tatsächlich konnte ich es mir nicht verkneifen, Julian Nida-Rümelin in der Diskussion im Anschluss seines Vortrags zu fragen, ob er denn auch ein Auto hätte? Er schaute etwas verdutzt, nickte aber. Dann wollte ich noch wissen, ob sein Auto auch einen Airbag besäße? »Selbstverständlich«, war die Antwort. »Lieber Herr Nida-Rümelin, damit haben Sie persönlich zugestimmt, dass eine Maschine, Ihr Auto, eine möglicherweise tödliche Entscheidung trifft. Sie lassen zu, dass eine Maschine in bestimmten Situationen ein tödliches Urteil über Sie fällt.«

Airbags gehören seit Ende der Achtzigerjahre zur Serienausstattung unserer Autos. Ohne Frage, durch Airbags wurden Millionen Menschenleben gerettet. Aber Airbags können auch töten. Überschlägt sich etwa ein Auto mit hoher Geschwindigkeit und schleudert dann auf einen festen Gegenstand zu – zum Beispiel eine Betonwand –, stirbt der Mensch bei diesem Aufprall zwangsläufig. Der Airbag kann ihn in diesem Fall nicht retten. Zumindest nicht, wenn er wie vorgesehen auslöst. Denn dann wird der Insasse durch den Airbag im Auto gehalten und beim Aufprall zerquetscht. Es gibt jedoch auch Fälle, in denen Airbags nicht auslösten und die Insassen durch den Schleudervorgang aus dem Auto geworfen werden. Dann besteht durchaus die Chance, diesen Unfall zu überleben. Ein Computerchip im Airbag, der das Auslösen steuert, entscheidet also über Leben oder Tod. Wir überlassen der Technik die Entscheidung über unser Leben, obwohl sie irren kann.

Offensichtlich haben wir also die moralische Frage, ob Roboter über unser Leben entscheiden dürfen, schon lange für uns mit Ja beantwortet. Überall dort, wo automatische Systeme bereits erfolgreich eingesetzt werden – sei es in der Luft- und Raumfahrt, auf der Schiene, in der Sicherheitstechnik oder in der Medizin – können wir immer wieder vor dem Dilemma stehen, dass eine Entscheidung des Computers ein Menschenleben – oder viele – betrifft. Es fällt uns nicht einmal mehr auf, wir haben uns längst daran gewöhnt. Die Frage, ob wir Hunderte Menschenleben retten dürfen, wenn wir dadurch eines opfern, mögen Philosophen in der Theorie verneinen. Aber in der Praxis scheint die Menschheit nach anderen Prinzipien zu funktionieren.

Die Entscheidungsgewalt über Menschenleben an Computer zu

übergeben, ist ein Abwägungstatbestand, der eben nicht dogmatisch mit Ja oder Nein gelöst werden kann. Vieles, was unter dem Schlagwort Künstliche Intelligenz (KI) heute von Informatikern entwickelt wird, zeigt die Überlegenheit von Rechnern und Software gegenüber dem Menschen in bestimmten Situationen. Bereits im Mai 1997 besiegte ein Rechner mit der IBM-Software Deep Blue den damaligen Schachweltmeister Garri Kasparow. Eine noch größere Herausforderung als Schach bildet für die sogenannten Programme der Künstlichen Intelligenz das 3000 Jahre alte chinesische Brettspiel Go. Erstmal gelang es einem Computer im Januar 2016, einen Menschen zu schlagen, den Go-Europameister Fan Hui, wie die Wissenschaftszeitschrift *Nature* berichtet. Im März 2016 besiegte das Programm AlphaGo auch den Weltrangersten Lee Sedol. Auf der Weltrangliste Go-Ratings stand »Google DeepMind AlphaGo« im Frühsommer 2016 bereits auf Platz 2.

Maschinen sind Menschen bereits heute in Teildisziplinen weit überlegen. Der Informatiker und KI-Forscher Jürgen Schmidhuber arbeitet daran, Maschinen mit gleicher oder besserer Intelligenz als der Mensch zu bauen. »Ich glaube, dass meine Forschungsgruppe nicht mehr so viele Jahre brauchen wird, um ein System mit den geistigen Fähigkeiten eines Kapuzineräffchens zu erschaffen«, ist Schmidhuber überzeugt. »In deutlich weniger als zehn Jahren werden wir die mentalen Denk- und Abstraktionsfähigkeiten eines Kapuzineräffchens nachbauen. Der Schritt zur menschenähnlichen Intelligenz ist dann nicht mehr riesig«, so Schmidbauer in einem Interview mit der *Frankfurter Allgemeinen Zeitung*. Es macht sich einerseits das bedrohliche Szenario einer Herrschaft der Computer breit, demgegenüber die unendlichen Vorteile der Unterstützung durch Roboter für uns Menschen stehen.

Das Roboterauto ist nur ein Beispiel für die Herausforderungen dieser neuen Zukunftswelt. Wir werden viele Ethikfragen wie die beim Roboterauto in den nächsten Jahrzehnten zu beantworten haben. Viele, wie der Physiker Stephen Hawking oder der Tesla-Gründer Elon Musk, erkennen die große Geschwindigkeit, mit der wir uns in eine solche Zukunft bewegen. Und so wie es aussieht, gibt es keine allgemeingültige Formel oder das eine wahre Prinzip, mit der wir »den richtigen Weg« finden können. Wir werden vielmehr durch eine Welt der Abwägungsentscheidungen wandern, zwischen einerseits moralischen Prinzipien und andererseits Wohlstandsverbesserungen durch Künstliche Intelligenz und lernende Maschinen. Dabei wird es immer einen Wettbewerb zwischen unterschiedlichen Gruppen, Nationen oder Interessen geben, die mit der Überlegenheit der Computer und Roboter Macht gewinnen wollen. Diesem Wettbewerb müssen wir uns stellen. Wer sich nicht beteiligt, verliert in jedem Fall, nämlich Selbstständigkeit, Entfaltungsmöglichkeit und letztendlich ein Stück seiner Freiheit.

Mehr als fünfhundert Mal erlaubte der US-amerikanische Präsident Barack Obama während seiner Amtszeit tödliche Drohnenangriffe auf mutmaßliche Terroristen. Der Roboterkrieg ist schon längst keine Utopie mehr. Wir werden lernen müssen, mit den Maschinen der Künstlichen Intelligenz umzugehen. Sie zu verbieten, ist der falsche Weg und funktioniert nicht. Dazu ist der Wettbewerb um Macht zu groß. Also brauchen wir einen Modus Vivendi, um sie bestmöglich zu nutzen.

Ein rechtlicher Rahmen für das Roboterauto

Für den Durchbruch des Roboterautos als Transportmittel auf öffentlichen Straßen bedeutete der Satz »Yes, if it's safe.« eine Revolution. Damit erlaubte die USA als erster Staat der Welt einem Computer das Autofahren. Natürlich muss dies zweifelsfrei belegt werden, zudem sicherte man sich mit dem üblichen gewaltigen Drohszenario ab: Wehe, wenn es nicht sicher ist! Mogeln und nur so tun als ob, kann für Unternehmen in den USA äußerst teuer werden. Amerika hat eines der strengsten Produkthaftungsgesetze der Welt. Konzerne, die fehlerhafte Produkte verkaufen mit der Folge, dass Menschen verletzt oder gar getötet werden, können immens hoch bestraft werden. So ist es in USA möglich, Firmen nicht nur auf Schadensersatz zu verklagen, sondern – was es bei uns nicht gibt – auch auf Strafschadensersatz (so genannte »punitive damages«). Große Wellen schlug im Jahre 2006 die Klage von Cynthia Robinson, der Witwe eines an Lungenkrebs gestorbenen Kettenrauchers, gegen den Zigarettenkonzern R.J. Reynolds. Das Unternehmen wurde in dem Verfahren von einem Gericht in Florida zu einer Rekordstrafe von 23,6 Milliarden Dollar verurteilt. Das Gericht sah es als erwiesen an, dass der Tabakkonzern die Schädlichkeit des Tabakkonsums gekannt und lange Zeit verschwiegen hatte. Trotz des Wissens um diese Risiken hatte nach Auffassung des Gerichts R.J. Reynolds in der Werbung das Rauchen von Zigaretten verharmlost. Zwar gibt es bei solchen Urteilen oft lange Berufungsinstanzen, aber das Verfahren zeigt, wie hart in den USA das bewusste Verharmlosen und Verschweigen von Produktgefahren unter Strafe gestellt wird. Die Anfang 2016 eingereichte Zivilklage des US-Justizministeriums gegen den VW-Konzern aufgrund der Verletzung des US-Umweltrechts durch den Schummeldiesel und die drakonischen Geldstrafen und Schadenersatzforderungen von VW-Kunden, die in den USA bei einem Vergleich Ende Juni 2016 von Volkswagen mit 14,7 Milliarden Dollar akzeptiert wurden, sind weitere Beispiele.

Das Okay der NHTSA bedeutet auch aus rechtlicher Sicht einen internationalen Durchbruch für das Roboterauto. Mit großer Wahrscheinlichkeit wird China bald schon ebenfalls eine solche Entscheidung treffen – zu groß ist das Risiko für das Riesenreich, in der technischen und wirtschaftlichen Entwicklung abgehängt zu werden. Zusammen stehen die beiden Länder für knapp 50 Prozent des weltweiten Automarktes.

Langsamer ist man wie üblich in Deutschland unterwegs. Zwar hat Bundesverkehrsminister Alexander Dobrindt im April 2016, nach der Entscheidung der Amerikaner, bei einem Gesetzesentwurf zum automatisierten Fahren schon mal vorsorglich angekündigt, dass man das Ziel verfolge, den Rechtsrahmen zu schaffen, um Computer als Fahrer dem Menschen gleichzustellen. Aber bis dieses Vorhaben tatsächlich im Gesetzestext angekommen ist, wird es noch eine Reihe von Jahren dauern. Bisher hat Minister Dobrindt mit diesem Entwurf jedenfalls nicht mehr auf den Weg gebracht, als die bereits zwei Jahre zuvor von den Mitgliedstaaten der Vereinten Nationen (UN) beschlossene Änderung der sogenannten Wiener Konvention in das deutsche Straßenverkehrsrecht aufzunehmen. Seit März 2014 heißt es dort: »Systeme, die für den Fahrer übersteuerbar oder abschaltbar sind, erfüllen die geforderte Beherrschung durch den Fahrer.« Damit haben die Unterzeichnerstaaten einen Rechtsraum geschaffen, um die Nutzung von hochautomatisierten Systemen zu ermöglichen. Das jetzt modifizierte Abkommen erfordert allerdings immer noch die Beherrschung durch den Fahrer. Ein stark alkoholisierter Fahrer etwa besäße in einer Notlage wohl kaum die Fähigkeit, das System zu »übersteuern«; erst recht nicht Menschen, die nach heutigem Maßstab keinen Führerschein besitzen könnten, wie etwa Kinder, oder aufgrund von Behinderungen oder Alter nicht mehr fahrtaugliche Personen. Wie das in der Praxis aussieht, zeigt etwa der Intelligent Drive Assistent der 2016 vorgestellten Mercedes E-Klasse oder der Autopilot im Tesla Model S: Alle paar Sekunden muss der »Fahrer« das Lenkrad fest anfassen, um zu zeigen, dass er noch immer Herr über das Fahrzeug ist. Ansonsten fängt es an zu »piepsen«. Wenn man dann immer noch nicht eingreift, wird das Auto automatisch gestoppt. Diese leichte Änderung bleibt erheblich hinter der Regelung in den USA zurück und reicht bei Weitem nicht aus, um etwa Visionen wie das autonom fahrende Google-Taxi in absehbarer Zeit Wirklichkeit werden zu lassen.

Zusätzlich zum Wiener Übereinkommen existiert eine Regulierung individueller Fahrzeugsysteme, ebenfalls im Rahmen der UN, durch die sogenannte United Nations Economic Commission for Europe (UNECE). Der UNECE sind die Europäische Union und die meisten übrigen Staaten der Welt beigetreten. Erneut hat allerdings die USA eine Sonderstellung, da die UNECE-Vorschriften in den USA nicht zwingend gelten. Für das Roboterauto müssten einige der UNECE-Vorschriften geändert werden, insbesondere die Vorschriften zu Bremsanlagen (ECE-R13), Lenkanlagen (ECE-R79), Beleuchtung und Lichtsignaleinrichtungen (ECE-R48). Solche Änderungen erfordern einen oft langwierigen Abstimmungsprozess im Rahmen der UN in Genf. Im Falle des autonomen Fahrens besteht zwar die grundsätzliche Übereinstimmung, dass Änderungen erforderlich sind, aber wie diese genau aussehen müssen, ist noch lange nicht beschlossene Sache. Der Zeitvorsprung der USA beim rechtlichen Rahmen für das Roboterauto wird sich damit weiter vergrößern. Was die Amerikaner mit »Yes, if it's safe« bereits umgesetzt haben, das wird in Deutschland und Europa noch mindestens zehn Jahre dauern, bis es verbindlich in Gesetzestexten verankert ist. Die EU-Kommission in Brüssel war bislang auch wenig hilfreich dabei, zügig die rechtlichen Grundlagen für das Roboterauto zu schaffen.

Big Brother is driving you?

Die neue Mobilitätswelt und das Auto der Zukunft sind auf Daten aufgebaut. Limousinen der oberen Mittelklasse wie die Mercedes E-Klasse oder die BMW 5er-Reihe verfügen über mehr als 60 Steuergeräte oder Computer, die immer mehr Funktionen automatisch regeln: Etwa die Motor- und Abgaseinstellungen, Bremsen, Lenkung, Fahrwerk, Klimaanlage, Navigationssystem, Infotainment und vieles mehr. Sogenannte Bus-Systeme, wie das CAN-Bus-System, der Flex-Ray-Bus oder der MOST-Bus transportieren ähnlich wie unsere Nervenstränge Informationen von einer immer größer werdenden Menge an Sensoren und Kameras – bildlich gesprochen den Augen und den Ohren des Autos – zu den verschiedenen »Gehirnregionen«, den Steuergeräten. Die wiederum geben sogenannten Aktuatoren, unseren Händen oder Füßen vergleichbar, die Befehle, bestimmte Einstellungen vorzunehmen, etwa am Motor, die Kraftstoffzufuhr oder das Luftgemisch im Abgaskanal. Immer größere Datenmengen werden in unseren modernen Autos über die Bus-Systeme bewegt. Würden diese Daten ausgewertet, könnten wir äußerst präzise die Profile der jeweiligen Fahrer erkennen. Das Auto erkennt am Fahrstil, an den automatischen Sitzpositionen, der Klima- und Senderwahl sofort seine verschiedenen Fahrer. Falls die Daten gespeichert werden, weiß das Auto auch, wann der Fahrer wohin gefahren ist, wie lange er dort geblieben ist, ob er selbst zurückgefahren ist oder ein anderer Fahrer. Das Auto müsste nur die Vielzahl dieser Daten speichern und in einem weiteren Steuergerät oder Computer auswerten. Unser modernes Auto kennt uns schon heute viel besser, als wir unser Auto kennen. Wir sind, zu einem gewissen Grad, für unser Auto »gläsern«, ähnlich wie für unser Smartphone.

Mit der Anbindung an das Internet kommt ein weiterer Punkt dazu: Unser Auto behält sein Wissen über uns nicht für sich. Ein Großteil der Informationen und Daten unseres Autos werden in Zukunft in Datenwolken, sogenannten Clouds, gespeichert. Wir und unser Auto bedienen uns aus diesen Clouds. Ein autonom fahrendes Auto muss ständig seine Umgebung und Position erkennen. Dazu braucht es hochpräzise, ständig aktualisierte Straßenkarten, auf denen neben der Straße auch die Stausituation oder Wetterbedingungen wie etwa Starkregen oder Glatteis auf dem vorausliegenden Streckenabschnitt erfasst sind. Mit Hilfe dieser digitalen Karte kann sich das Roboterauto in seiner Umgebung zurechtfinden. Zusätzlich erhält es von seinen vielen Sensoren und Kameras weitere Informationen. Es sind riesige Datenmengen, die in diesen digitalen Karten abgespeichert werden und die permanent aktualisiert werden müssen. Daher werden solche digitalen Karten in den Datenwolken »geparkt« und streckenabschnittsweise an das Auto geschickt. Gleichzeitig liefert das autonome Fahrzeug seinerseits Informationen an die Cloud. Fahren wir mit einer bestimmten Geschwindigkeit in einem Streckenabschnitt oder steht vor uns auf der Straße ein Hindernis, geht diese Information an die Cloud. Zusammen entsteht so ein sehr präzises »lebendiges« Kartenbild, an dem alle Autos, die im jeweiligen Abschnitt unterwegs sind, mitarbeiten.

Wir sind also in der neuen Mobilitätswelt nicht nur für unser Auto gläsern, sondern auch für alle anderen, die unsere Daten erhalten. Das ist allerdings auch heute schon so. Sobald Sie ein modernes Navigationsgerät benutzen – und das gilt auch für Nachrüstgeräte wie TomTom –, sendet das Gerät Ihre Positionsdaten an den Navigationsdienstleister. Dort werden die Informationen mit den Daten der anderen Navigationsgerätenutzer in einem Rechner zusammengefügt und Sie erhalten die Straßen- oder Stausituation zurückgespielt.

Fahren wir nun mit dem Roboterauto also schnurstracks auf »Big Brother« zu, wie es George Orwell in seinem bekannten Roman *1984* beschrieben hat? Die Befürchtung ist zumindest nicht völlig unbegründet. Zunächst einmal gilt: Ohne Datenaustausch kommen wir nicht rein in die neue Mobilitätswelt. Duschen ohne nass zu werden geht nicht. Um beides in Einklang zu bringen, brauchen wir eine neue Ethik im Umgang mit den Milliarden Daten unserer Geräte, die im Internet der Dinge transportiert werden. Wir müssen klare Regeln für Datennutzungen, Datenaustausch und den Datenschutz formulieren. Das Transparenzprinzip und das Persönlichkeitsprinzip müssen dabei an oberster Stelle stehen, quasi die neue Ethik für den Umgang mit unseren Daten postulieren. Wir wollen das Roboterauto – aber es kann nicht zu jedem Preis sein. Wir wollen durch das Roboterauto nicht unsere Freiheit verlieren, indem wir, etwa für in- und ausländische Sicherheitsbehörden, für die Versicherer, Banken, Autowerkstätten und Autohändler vollkommen gläsern werden. Daneben gibt es die Befürchtung, dass die gesammelten Daten in die Hände von Kriminellen gelangen könnten – auch dies ist, wie die Vergangenheit leider oft genug gezeigt hat, nicht unbegründet. Damit haben wir zwei große Aufgaben beim Übergang zur digitalen, von Daten getriebenen neuen Mobilitätswelt: Zum Ersten den garantierten Schutz persönlicher Daten, um unsere Persönlichkeitsrechte nicht auszuhöhlen und zum zweiten den wirksamen Schutz vor Hackerangriffen.

Schauen wir uns das erste Problem an, den Schutz der persönlichen Daten. Um diesen Schutz zu gewährleisten, darf es nicht oder nur mit unserer expliziten Zustimmung möglich sein, unsere persönlichen Daten und Informationen zu nutzen. Wer heute ein Smartphone besitzt, kann schnell durch Apps in Gefahr kommen, seine persönlichen Daten an Dritte weiterzugeben, ohne es überhaupt zu wissen. Zur Glaubwürdigkeit des Roboterautos muss es gehören, nicht irgendwelche »dubiosen Nebengeschäfte zu machen«. Internetkonzerne wie Google haben ein riesiges kommerzielles Interesse daran, so viel wie möglich über uns zu erfahren. Das Geschäftsmodell von vielen Google-Diensten ist einfach und raffiniert. Man verschenkt etwas, etwa die Suchleistung. Gleichzeitig gewinnt man Informationen über den, der sucht. Wer greift wann, wie lange, auf welche Seite zu? Google speichert und analysiert unser persönliches Verhalten und verkauft diese Information für viel Geld. Der Verkauf läuft über die Vermarktung von Firmenwerbung auf der Suchmaschine. Wie erfolgreich dieses Geschäftsmodell funktioniert, zeigen die Gewinne von Google. Wenn Google für 100 Euro Umsatz macht, bleibt ein Gewinn von deutlich über 25 Euro übrig. Bei Geschäftsmodellen, bei denen etwa Fernsehsender durch Werbung finanziert werden, kann jeder einzelne entscheiden, ob er wegzappt und einen anderen Kanal wählt. Bei Google kann man aufgrund seines Monopolstatus praktisch nicht wegzappen. Auch deshalb hat die EU-Kommission im November 2010 ein Kartellverfahren gegen Google eröffnet und droht mit einer Strafe für Google von bis zu zehn Prozent des Umsatzes. Der Vorwurf der EU-Kommission lautet, dass Google bei der Anzeige von Suchergebnissen eigene Dienste bevorzugt, wie bei Preisvergleichen, der Hotelsuche oder dem Kartendienst Google-Maps. Wenn wir uns darauf einlassen wollen, das Lenkrad einem Roboterauto zu überlassen, dann darf dieses nicht in Diensten von Starverkäufern á la Google stehen, die mit unseren persönlichen Daten hohe Profite machen.

Aus diesem Grund müssen wir streng auf die Regeln des Datenschutzes achten und verhindern, dass personenbezogene Daten ohne Wissen des Besitzers gespeichert oder verkauft werden. Was »personenbezogene Daten« sind, ist in Paragraf 3 des Bundesdatenschutzgesetzes definiert als »Einzelangaben über die persönlichen oder sachlichen Verhältnisse einer bestimmten oder bestimmbaren Person«. Die deutsche Automobilindustrie hat den Begriff wie folgt präzisiert: »Alle Daten, die in einem Fahrzeug anfallen, gelten als personenbezogen, sobald sie mit der Fahrzeugidentifikationsnummer oder dem Kfz-Kennzeichen verknüpft sind«. Der Schutz personenbezogener Daten und Fahrzeugdatenaustausch müssen nicht im Widerspruch stehen, wenn man entsprechende Datenübertragungs- und Verschlüsselungstechniken sowie Analyse- und Auswertungsprogramme entwickelt und einsetzt. Die Verschlüsselung selbst braucht leistungsfähige Rechner, denn die Rechenoperationen müssen im Nanosekundenbereich erfolgen und Daten müssen in Echtzeit übertragen werden. Technisch ist die Einhaltung des Persönlichkeitsprinzips realisierbar. Strukturell geht es nun darum – ähnlich wie bei den Abgasmessungen – kompetente Behörden zu schaffen, die auf die Einhaltung achten. Aus der Erfahrung mit den Abgasskandalen um Diesel-Pkw wissen wir, dass dies sicher nicht das Kraftfahrtbundesamt sein kann.

Eine gewisse Grauzone beim Persönlichkeitsprinzip bleibt etwa die Erste Hilfe bei Unfällen. Um Leben zu retten, muss von dem starren Prinzip abgewichen und eine Abwägungsentscheidung getroffen werden. Unfallretter und Notärzte brauchen die persönlichen Daten. Auch hierbei ist Achtsamkeit geboten, wie der Vorstoß des Autohändlerverbandes ZDK zeigt. Es ging um Notrufe mittels E-Call, ein System im Auto, das etwa anspringt, wenn ein Airbag ausgelöst wird, und automatisch einen Hilferuf absetzt. Mit massivster Lobbyarbeit hatte die Organisation zu erreichen versucht, dass die Daten von Unfallort und Fahrzeug nicht nur an Notrufzentralen zur Alarmierung von Krankenwagen, Polizei und Feuerwehr geleitet, sondern auch an die umliegenden Autohändler weitergegeben werden. Man mag sich nicht vorstellen, wie sich Abschleppdienste und Werkstätten ein Rennen um lukrative Geschäfte liefern, noch bevor der Notarzt am Unfallort eingetroffen ist.

Andererseits wird es in der Zukunft auch zunehmend gute Gründe geben, um etwa der Verwendung und Auswertung von personifizierten Daten ausdrücklich zuzustimmen. So bieten bereits heute Versicherungen sogenannte Telematiktarife. Wer vorsichtig fährt, bezahlt weniger Versicherungsbeiträge. Ein Problem war es bislang für die Versicherungen, die Vorsichtigen und Unvorsichtigen zu trennen. Die Ökonomen nennen so etwas »adverse selection«. Eine gute Versicherung kann dazu verleiten, unvorsichtiger zu sein und Risiken einzugehen. Ganz nach dem Motto: »Ich hab ja Vollkasko.« Wenn aber alle die gleichen Prämien zahlen ungeachtet der Fahrweise, so werden Risikofahrer mit häufigen Schäden von den übrigen »vorsichtigen« Fahrern alimentiert. Lässt sich ein Risikofahrer jedoch schon im Vorfeld ermitteln, kann man ihm zum Beispiel eine höhere Versicherungsprämie abverlangen oder ihn ganz aus der Versicherung ausschließen. Ökonomisch ein richtiges Prinzip. Der Unterschied zu Google ist hier allerdings: Der Autofahrer erhält die Gegenleistung (= günstigere Versicherung) und nicht Google.

Die öffentliche Sensibilität für Datenschutz und Datensicherheit ist in den letzten Jahren deutlich gestiegen. Deshalb ist es wichtig, vonseiten der Mobilitätsbranche größte Transparenz und Aufrichtigkeit bei diesem Thema zu zeigen. Der Verbraucher muss klar und deutlich darüber informiert werden, welche Daten, warum und wie oft an den Hersteller überspielt werden.

So werden etwa beim BMW-Elektromodell i3 nach Analysen von Verbraucherschützern Fahrtzeiten, gefahrene Geschwindigkeiten und Kilometer, Ladezeiten und intermodale Verbindungspunkte – das heißt, wann man auf andere Verkehrsträger umgestiegen ist – gespeichert. Diese intermodalen Verbindungspunkte ergeben sich aus den genutzten Ladestationen, etwa am Hauptbahnhof oder Flughafen. Mit dem sogenannten »Last State Call« sendet das Fahrzeug automatisch nach jeder Fahrt diese Datenpakete an den Autobauer. Das Schlimmste für unsere neue Mobilitätswelt wäre, wenn sie zu einer Datenkrakenwelt nach dem Muster von Google würde. Dazu sind die Errungenschaften zu groß. Intransparenz bringt sie in ein falsches Licht. Es muss im Eigeninteresse der Industrie liegen, mit viel Transparenz die Autofahrer von der neuen Welt zu überzeugen. In der neuen Mobilitätswelt darf es kein Dieselgate geben. Auch deshalb brauchen wir die neue Datenethik, bei der jeder Mobilitätsanbieter die strikte Einhaltung des Persönlichkeitsprinzips und des Transparenzprinzips verbürgt. Und wir brauchen einen verlässlichen und einsatzfähigen behördlichen Aufpasser.

Hacking und Cybercrime:
Die dunkle Seite der neuen Datenwelt

Im Juli 2015 versetzte der Videoclip »Hackers Remotely Kill a Jeep on the Highway – With Me in It« praktisch über Nacht die ganze Welt in Staunen und Nachdenklichkeit. Bis Mitte 2016 wurde der Clip auf dem Videoportal YouTube mehr als 1,6 Millionen Mal aufgerufen. Die Geschichte des Videos ist schnell erzählt: Andy Greenberg, ein Journalist des US-Magazins *Wired*, fährt in einem Jeep Cherokee auf der US-Interstate 64 in St. Louis, Missouri. Plötzlich fängt das Auto an, verrückt zu spielen. Auf dem Bildschirm des Infotainmentsystems erscheinen merkwürdige Figuren, das Radio spielt Rap auf voller Lautstärke, die Klimaanlage bläst Greenberg eiskalte Luft ins Gesicht. Scheibenwischer bewegen sich wie von Geisterhand, das Lenkrad reagiert nicht mehr, was Greenberg auch versucht. Schließlich bleibt der Jeep einfach stehen, mitten auf dem Highway. Der Motor ist aus.

Natürlich wusste der *Wired*-Redakteur vor der Fahrt, worauf er sich einließ. Geschockt hat es ihn dennoch, wie einfach die beiden US-Hacker Charlie Miller und Chris Valasek mit ihren Laptops aus dem heimischen Wohnzimmer heraus die Kontrolle über den Jeep übernehmen konnten. Dabei benötigten sie nicht einmal eine besondere Ausrüstung: Mit einfachen, handelsüblichen Bauteilen gelang es Miller und Valasek, den Jeep Cherokee via Internet in voller Fahrt zu hacken. Das war für die Autowelt bis zu diesem Tag nicht vorstellbar gewesen. Zwar hatte es immer mal wieder Meldungen über gehackte Entertainment- und Komfortsysteme gegeben, wie die elektrische Türverriegelung bei BMW-Modellen, die mit dem Connected-Drive-System ausgerüstet waren. Aber ein Fahrzeug bei voller Fahrt »ferngesteuert« in Motor, Bremsen, Lenkung oder anderen kritischen Funktionen zu manipulieren war bis zum Experiment der beiden »White-Hat«-Hacker unvorstellbar. Miller und Valasek drangen via Internet in das Infotainmentsystem des Jeeps ein, ein Kombiinstrument, das beinahe jedes moderne Fahrzeug inzwischen hat. Es verbindet Autoradio, Navigationssystem, CD-Player, Telefon und viele weitere Funktionen im Unterhaltungsbereich und zeigt über ein Display alle relevanten Informationen an. Von dort aus konnten die Hacker über das Bus-System in nahezu alle Steuergeräte vorstoßen, die Zugangsberechtigung knacken und den Steuergeräten »fremde« Anweisungen geben.

Mit ihrem »Jeep-Hijack« demonstrierten Miller und Valasek der ganzen Welt, mit welchen Sicherheitslücken man bei unseren heutigen Autos rechnen muss und welche Gefahren damit verbunden sein können. Es ist ihr Verdienst, dass das Schließen von Security Bugs (Softwarefehler, die sicherheitsempfindliche Auswirkungen haben) seitdem im Fokus der Autoentwickler steht.

In der guten alten Zeit der Autobauer, als die Steuergeräte in unseren Fahrzeugen noch keinen Funkkontakt nach außen hatten, bewegten wir uns im Auto in einem geschlossenen System, im Prinzip wie bei einem PC ohne Internetanschluss. Doch durch die Vernetzung unserer Fahrzeuge etwa via Infotainmentsystem kommunizieren unsere Autos seit einigen Jahren über das Internet mit der Außenwelt. Die Intensität dieses Datenverkehrs steigt exponentiell. Sollten Computerviren oder Schadsoftware (Malware) über Clouds millionenfach verschickt werden und aufgrund von Sicherheitslücken in die Steuergeräte unserer Autos eindringen, sind die angerichteten Schäden kaum vorstellbar. Angriffe von Terroristen, um die gesamte Straßenverkehrsinfrastruktur eines Landes lahmzulegen oder Menschen zu entführen, um Erpressungsgelder zu erzwingen, können als Szenarien nicht mehr ausgeschlossen werden. Die neue Mobilitätswelt wird durch Cybercrime (Internetkriminalität) und Cyberspionage bedroht. Welche Bedrohungslage und Schäden durch Cybercrime denkbar sind, erläutert unter anderem das vom Bundeskriminalamt veröffentlichte Cybercrime-Bundeslagebild 2014. So wurden in Deutschland im Jahr 2014 nach der Polizeilichen Kriminalstatistik (PKS) Schäden in Höhe von 40 Millionen Euro registriert. Doch die Auslegung des Begriffs Cybercrime, die dieser Auswertung zugrunde lag, griff sogar viel zu kurz. Es flossen lediglich die Straftaten, die sich ausschließlich gegen das Internet, die Datennetze, die informationstechnischen Systeme oder deren Daten richteten, in die Polizeistatistik ein. Phänomene wie etwa das Phishing beim Onlinebanking oder digitale Erpressungen, etwa mit Ransomware, also Schadprogrammen, die den ganzen Computer lahmlegen und nur gegen eine Lösegeldzahlung den Computer wieder lauffähig machen, sind in diesem 40-Millionen-Euro-Schaden noch überhaupt nicht berücksichtigt. Hinzu kommt eine sehr hohe Dunkelziffer, die auf bis zu 90 Prozent geschätzt wird. Das Problem Internetkriminalität ist also weitaus gravierender und bedrohlicher, als es die Polizei hierzulande bisher wahrzunehmen scheint.

In den USA ist die Bekämpfung von Cybercrime längst zur Aufgabe für das FBI geworden. »Die Bekämpfung der Bedrohung durch Anschläge auf Computernetze aus der Ferne mit verheerenden potenziellen Schäden sind die Herausforderungen des 21. Jahrhunderts. Deshalb hat das FBI das politische Mandat für die nationale Cybersecurity«, schreibt die zentrale US-Sicherheitsbehörde auf ihrer Website. In einer Studie aus dem Jahr 2014 schätzte der Virenschutzanbieter McAfee die jährlichen Schäden durch Cybercrime weltweit auf 400 Milliarden US-Dollar. Der deutsche Antivirus-Pionier, die G DATA-Software AG, vermeldete in ihrem Mobile Malware Report Q4, 2015 einen Rekord von 2 333 777 Schaddateien allein für das Smartphonebetriebssystem Android von Google. Das war eine Steigerung von 50 Prozent gegenüber dem Vorjahr. Im vierten Quartal 2015 wurden von den G-DATA-Experten pro Tag 8 240 neue Android-Schad-Apps registriert: Tendenz exponentiell steigend. Gehackte Autos, Fitnessarmbänder oder Netzwerke: Das Internet der Dinge wird immer beliebter, sowohl in den eigenen vier Wänden als auch im Unternehmen, schlussfolgert G DATA. Cybercrime bringt den Hackern hohe Gewinne bei relativ niedrigen Risiken und geringen Kosten.

Betriebssystem	Unterer Preis	Oberer Preis
ADOBE READER	$ 5 000	$ 30 000
GOOGLE ANDROID	$ 30 000	$ 60 000
JAWA BROWSER	$ 40 000	$ 100 000
MICROSOFT WORD	$ 50 000	$ 100 000
MICROSOFT WINDOW	$ 60 000	$ 120 000
MOZILLA FIREFOX	$ 60 000	$ 150 000
GOOGLE CHROME	$ 80 000	$ 200 000
APPLE iOS	$ 100 000	$ 250 000

Tab. 5: Schwarzmarktpreise für Sicherheitslücken bei Betriebssystemen
Quelle: A. Greenberg, Forbes, März 2012

Mittlerweile haben sich richtige Geschäftsmodelle um Cybercrime entwickelt. Das überwiegende Tätermotiv ist illegale Geldbeschaffung. Eines der perfidesten Modelle ist »Cybercrime-as-a-Service«. Tatsächlich existiert eine Art Schwarzmarkt, auf dem man nahezu alles kaufen kann, um kriminelle Angriffe auf Computer auszuüben. Der Journalist Andy Greenberg, der auch das Video zum Jeep-Hack produzierte, umschrieb es in einem Artikel des US-Magazins *Forbes* (2012) so: Wenn man als cleverer Hacker eine Sicherheitslücke oder einen Programmfehler etwa beim Betriebssystem iOS für das iPhone aufspürt, kann man es an Apple melden, Ruhm und Ehre für seine Entdeckung und womöglich lukrative Beratungsaufträge gewinnen. Man kann seinen Fund auch an Institutionen wie die Zero Day Initiative melden, die mit Hilfe solcher Informationen eigene Filter verbessert und weiterentwickelt sowie die Hersteller der betroffenen Systeme informiert. Für solche Informationen kann ein Hacker bis zu 10 000 US-Dollar Belohnung einstreichen. Aber wenn man zufällig Menschen wie den in Bangkok lebenden Sicherheitsforscher kennt, der unter dem Pseudonym »The Grugq« agiert, kann man sein Wissen sehr viel gewinnbringender verkaufen. Auf der Grundlage zahlreicher Gespräche mit solchen Mittelsmännern hat Greenberg eine Liste von Schwarzmarktpreisen für den Verkauf von Sicherheitslücken zusammengestellt. Ein Teil der Liste aus dem Jahr 2012 ist in der Abbildung zu sehen. Danach zahlten Mittelsmänner für eine bis dato nicht bekannte Sicherheitslücke etwa beim Betriebssystem iOS für Apples iPhone Preise zwischen 100 000 und 250 000 US-Dollar.

Wer ins Cybercrime einsteigen will, muss also nicht selbst Hacker-talent oder ein Informatikstudium mitbringen, sondern kann sich ganz leicht die nötigen Werkzeuge und Hilfsmittel auf dem Schwarz-markt kaufen, so wie man für einen klassischen Banküberfall an Pistolen oder Sprengstoff kommt. Das kann so weit gehen, dass die entsprechenden Werkzeuge für einen Onlinebankraub über Phishing im Onlinebanking auf Bestellung maßgeschneidert programmiert werden. Ransomware, also Programme für Lösegelderpressung, wird ebenso auf individuellen Wunsch geschrieben und verkauft wie sogenannte Botnetze, etwa um Serverüberlastungen und -ausfälle herbeizuführen oder massenhaft Spammails zu versenden. Mit Botnetzen, manchmal auch Zombies genannt, werden fremde Computer mit Internetverbindung durch Viren oder Würmer gekapert und missbraucht, um die geplanten Angriffe auszuführen. Meist merken die Besitzer der gekaperten Computer gar nicht, dass ihr Rechner zu illegalen Angriffen genutzt wird. Wer also etwa den Mailverkehr eines bestimmten Autobauers oder eines Ministeriums lahmlegen will, der kann sich Know-how und Technik dazu ganz leicht kaufen.

Sinnvoller Schutz vor Hacking: Sieben Erkenntnisse

Wir sind längst schon in der »Economy of Crime«, der Ökonomie der Kriminalität, angekommen. Der mit dem Nobelpreis ausgezeichnete Wirtschaftswissenschafter Gary Becker beschäftigte sich bereits Ende der Sechzigerjahre mit der Frage, auf welchen ökonomischen Grundsätzen Kriminalität beruht und wie die Gesellschaft damit umgehen sollte. Sein im Jahr 1968 im renommierten *Journal of Political Economy* publizierter Aufsatz »Crime and Punishment: An Economic Approach« legte die Grundlage für eine lange Reihe von ökonomischen

Forschungsarbeiten, die heute vermehrt das Phänomen Cybercrime fokussieren. Man kann Kriminalität mit strengen Gesetzen und Strafen bekämpfen und versuchen, sie »auszurotten«. Dies ist aber mit erheblichen Kosten für die Gesellschaft verbunden, wie etwa einer großen Mitarbeiterzahl bei Strafverfolgungsbehörden oder bei Gerichten sowie den sozialen Kosten nach der Verurteilung von Tätern und möglichen Einschränkungen unserer Freiheit. In vielen Fällen ist die Vorbeugung hilfreich. Vorbeugung ist nicht kostenlos, aber in der Summe deutlich besser, als alle Einfalltore für Trojaner, Viren und Würmer weit offen stehen zu lassen. Man braucht also beides, um die Cyberkriminalität wenn schon nicht vollständig auslöschen, so wenigstens die Risiken beherrschbar halten zu können. Eine Welt ganz ohne Cybercrime werden wir nie erreichen – außer vielleicht, wir entwickeln unser Gemeinwesen zu einem Orwell'schen »Big Brother«-Staat. In der neuen Mobilitätswelt erhöhen sich die Möglichkeiten, durch illegale Aktivitäten im World Wide Web Geld zu beschaffen, gewaltig. Dies ist ein neues Bedrohungsszenario für unsere Gesellschaft. Doch vom Prinzip her haben wir die Entscheidungen, wie wir mit diesen Angriffen umgehen, bereits zu Zeiten der »alten Welt« getroffen. Insofern war Beckers Aufsatz von 1968 sogar für das moderne Cybercrime wegweisend.

In Werbespots übertreffen sich die Autobauer gegenseitig, wenn es um die Schlagworte Digitalisierung, Connected Car und Internet geht. Doch bei der Cybersecurity fahren sie anderen Branchen um Jahre hinterher, das Thema wurde lange Zeit viel zu wenig ernst genommen. Die Autobauer kommen aus einer Welt der Mechanik. Bis vor wenigen Jahren hatten die Rechner unserer Autos keinen Internetanschluss, eine Bedrohung aus dem Web gab es nicht. Auch Software-Updates gab es in der alten Autowelt so gut wie nicht, und wenn, wurden sie in der Autowerkstatt zu hohen Kosten durchgeführt. So mancher Autofahrer kam schon durch solch ungewohnte Kostenpositionen auf seiner Werkstattrechnung ins Grübeln. Schließlich wird auch bei keinem PC oder Smartphone der Welt ein Software-Update durch einen PC-Händler oder Handyshop aufgespielt. Doch bei unseren Autos bewegen wir uns in puncto Software-Updates noch in der

Zeit vor dem Internet. Die einzige Ausnahme bildet Tesla. Tesla ist der erste Autobauer, der Software-Updates übers Internet verschickt. Vielleicht, weil Elon Musk, der Macher hinter Tesla, eben aus einer anderen Welt stammt als die klassischen Autobauer.

Im Jahr 2015 fand mit der Gründung der Non-Profit Organisation »Automotive Information Sharing and Analysis Center« (Auto-ISAC) eine Art erster Zusammenschluss der Branche statt, um dem Thema Cybercrime zu begegnen und sich über Web-Angriffe auszutauschen. Die Mitglieder unter den Autobauern der Auto-ISAC waren bis Mitte 2016 BMW, Daimler, Fiat Chrysler, Ford, GM, Hyundai-Kia, Mazda, Mitsubishi, Nissan, Subaru, Toyota und VW. Natürlich ist die Organisation in den USA beheimatet und der Dachorganisation, dem National Council of ISACs angeschlossen. ISACs, also Organisationen, bei denen sich die Branchen zum Austausch der Informationen zur Cybersecurity zusammenschließen, gibt es schon seit 1998. Das Konzept und die Gründung gehen auf eine Direktive des damaligen US-Präsidenten Bill Clinton vom 22. Mai 1998 zurück. Die ISAC für den Banken- und Finanzsektor (FS-ISAC) war 1999 der erste Zusammenschluss dieser Art. Die kurze Auto-ISAC-Chronik zeigt uns zweierlei: Erstens sind die Autobauer »Late Starter«, wenn es um das Thema Cybercrime geht. Offensichtlich kam der Denkprozess erst mit dem Jeep-Cherokee-Hack von Charlie Miller und Chris Valasek so richtig in Fahrt. Wenn allerdings selbst ein Jahr nach der Gründung nicht einmal eine offizielle Website existiert, hat man es wohl bei den Autobauern noch immer nicht so furchtbar eilig, wenn es um den Austausch über Cyberattacken geht. Zum Zweiten zeigt es, wie weit man bei der EU-Kommission in Brüssel und in Deutschland von der Zukunft entfernt ist. Man hat den Eindruck, als ob die EU-Kommission Zukunftsthemen erst dann aufgreift, wenn sie in der ganzen Welt zum Standard geworden sind. Eine lahme EU bringt den Fortschritt und die Innovationsfähigkeit Deutschlands in Gefahr.

Gemeinsam mit meinem Kollegen Torben Weis, der den Informatik-Lehrstuhl für »Verteilte Systeme« an unserer Universität leitet, haben wir sieben Erkenntnisse formuliert. Wenn diese Erkenntnisse nur endlich auch in die Denk- und Handlungsweise der hiesigen

Autohersteller (und der Politik) einziehen, dann haben sie eine Chance, das Bedrohungspotenzial für die neue Mobilitätswelt deutlich zu reduzieren:

Erkenntnis 1: Jede nicht-triviale Software hat Bugs – ein absoluter Schutz existiert nicht.

»Hört auf zu sagen, dass eure Autos nicht hackbar seien. Das ist lächerlich«, hatte Jeep-Hacker Chris Valasek als Botschaft an die Adresse der Autobauer gerichtet. Und natürlich hat er recht. Eine Art Gesetz der Informatik lautet: Jede nicht-triviale Software hat Bugs, und Bugs sind Schwachstellen für Hacker. Das gilt in der IT ebenso wie für jegliche Software im Auto. Dringt ein Fremder in die Software eines Autos ein, kann er den Rechner dazu bringen, beliebige Kommandos auszuführen, sprich Fehler zu erzeugen. Eine alte Faustregel unter Software-Entwicklern besagt, dass bei 1 000 Zeilen handgeschriebenem Programm-Code sich im Durchschnitt ein Programmierfehler einschleicht. Die Software in unseren Autos hat mehrere Millionen Zeichen und die Zeichenzahl steigt mit neuen Funktionen im Auto fast schon mit Schallgeschwindigkeit. Eine Zukunft mit absoluter Hackersicherheit ist unmöglich.

Erkenntnis 2: Software im Auto nimmt in hohem Tempo zu – und damit auch das Hackingrisiko.

Infotainmentsysteme, Fahrassistenzsysteme, teilautonomes Fahren, autonomes Fahren sind wichtige Entwicklungen für unsere Autos. Ebenso steigen der Komfort und – viel wichtiger – die Sicherheit im Straßenverkehr durch den Übergang zum autonomen Fahren. Es wäre also falsch, darauf zu verzichten. Doch je mehr Software ins Auto kommt, desto mehr Möglichkeiten für einen Hackerangriff gibt es. Die Autobauer müssen also schnell und umfassend Sicherheitssysteme aufbauen.

Erkenntnis 3: Die Trennung vom Infotainmentsystem und sicherheitskritischen Steuergeräten ist nur die »halbe Miete«.

Natürlich könnte man daran denken, die Sicherheits- und Infotainmentsysteme strikt als getrennte Systeme zu behandeln. Autosoftware wird erst angreifbar, sobald sie über ein Netzwerk angesprochen wird. Um Cloud-Services (Musik, Navigation et cetera) nutzen zu können, wird die Netzwerkanbindung auch vom Kunden gefordert. Ein Auto mit Netzwerkverbindung erhält wie jedes andere internetfähige Gerät eine IP-Adresse. Das wiederum bedeutet, dass jeder dem Auto IP-Pakete (Datenpakete) senden kann. Solange das Infotainment- und das Sicherheitssystem physikalisch getrennt sind, kann ein Hack des Infotainmentmoduls unmöglich in die Motorsteuerung eingreifen. Doch auf dem Weg zum teilautonomen und autonomen Fahren wird das so nicht mehr funktionieren. Googles Betriebssystem Android Auto greift etwa auf das GPS und die Radsensoren zu, um eine präzisere Lokalisierung des Autos, etwa in einem Tunnel, zu erhalten. Autos sollen zudem miteinander kommunizieren können, um etwa Gefahrensituationen zu antizipieren und automatisch eine Notbremsung auslösen zu können. Dafür brauchen auch die sicherheitsrelevanten Rechner im Fahrzeug Informationen von draußen, sprich von einem Netzwerk, und wären somit nach Erkenntnis 1 hackbar. Eine Trennung der Systeme kann also keine dauerhafte Lösung sein.

Erkenntnis 4: Sand-Boxing-Verfahren bauen Schutzräume auf

Bei modernen Webbrowsern wird zum Hackerschutz das sogenannte Sand-Boxing-Verfahren genutzt. Das heißt, es werden mehrere Sicherheitsbarrieren errichtet. Fällt die erste, hat der Hacker nur Zugriff auf die Sand-Box, welche lediglich beschränkte Rechte hat. Er braucht dann einen weiteren Hack, um aus der Sand-Box auszubrechen und seine Rechte auszuweiten. Auch das ist möglich, es ist allerdings deutlich aufwendiger und damit bereits weit weniger wahrscheinlich. Hier muss die Autoindustrie noch viel mehr darüber lernen, wie professionelle Softwareentwickler heute arbeiten.

Erkenntnis 5: Jede Software muss mit Updates versorgt werden –
das muss auch für Autos gelten

Microsoft und andere Softwareunternehmen bieten permanent Updates für ihre Programme. Ein Hauptgrund für diese Updates sind bekannt gewordene Sicherheitslücken. Wenn man so will, spielen Hacker und Softwarehersteller ein ewiges Katz-und-Maus-Spiel. Sobald eine Lücke geschlossen wird, suchen die Hacker nach einer neuen. Der gängigste Sicherheitsfehler ist, dass die aktuelle Software die erhaltenen Daten nicht rigoros überprüft, sondern gutgläubig benutzt. Das führt zum Fehlverhalten der Software. Es werden also Fehler in der Programmierung verwendet. Die meisten Hacker nutzen üblicherweise diese Sicherheitsfehler aus und manipulieren so die Software. Ebenso wie Microsoftuser regelmäßig ihre Software-Updates zugespielt bekommen, so müssen in Zukunft auch Autofahrer automatisch Updates ihrer Hersteller erhalten, um die größtmögliche Aktualität und Sicherheit zu gewährleisten. Solche Updates müssen natürlich nutzerfreundlich einfach zu bedienen und kostenlos sein. Die Autobauer könnten ihren Kunden wohl schwerlich vermitteln, warum sie für Updates, die Programmierfehler und -lücken der Hersteller schließen sollen, auch noch regelmäßig aufwendige und kostenintensive Fahrten zur Werkstatt auf sich nehmen sollten.

Erkenntnis 6: Jede Software ausgiebig testen, eigene
Hackerabteilung einrichten

Die Hersteller müssen ihre Software also sehr genau testen und von Hackern im Rahmen sogenannter Penetrationstests überprüfen lassen. Nur so können diese Lücken geschlossen werden, bevor die Software zum Kunden kommt. BMW hatte beispielsweise bei seinen mit dem Connected-Drive-System ausgerüsteten Modellen vergessen, die Verschlüsselung einzuschalten, weswegen man einen BMW per Netzwerk aufsperren konnte. Der Jeep-Cherokee-Hack griff ebenfalls auf Programmierfehler im Infotainmentsystem zu. Dass man hier auch unkonventionell vorgehen kann, hat mal wieder Elon Musk gezeigt. Das Modell Tesla S mit seinem sehr großen Softwaresystem ist eine Benchmark in der Autoindustrie und eine Herausforderung für jeden Hacker. Um das System so stark wie möglich zu machen, schrieb Musk einfach einen Wettbewerb aus und stellte dann die besten Hacker bei Tesla ein. Autobauer und Zulieferer brauchen also optimalerweise eine eigene Hackerabteilung.

Erkenntnis 7: Verschlüsselungstechnologien weiterentwickeln

Die einfachen Hacks sind Zugriffe aufgrund von Programmfehlern. »Anspruchsvolle« Hacker dagegen versuchen, statt Programmierfehlern hinterherzujagen gleich den Verschlüsselungscode zu knacken. In der Mathematik ist die Kryptographie eine Spezialdisziplin, die sich mit der Verschlüsselung von Daten beschäftigt. Mit ihr gelang es zum Beispiel im Zweiten Weltkrieg – mittels erheblichem mathematischen Aufwand seitens der Alliierten –, die als »unknackbar« geltende Verschlüsselungsmaschine Enigma der deutschen Wehrmacht im Dritten Reich zu entschlüsseln. Ein solcher Durchbruch im Verschlüsselungscode ist allerdings sehr schwierig zu schaffen und kommt eher selten vor – Programmierfehler sind für die meisten Hackerangriffe ein viel lohnenderes, leichteres Ziel (wir erinnern uns an Erkenntnis 1 ...). Ein Grund mehr, in der Programmmierarbeit auf absolute Sorgfalt und stetige Selbstüberprüfung zu setzen. Dies zusammen mit den weiteren oben genannten Erkenntnissen und immer weiter verfeinerten Verschlüsselungstechnologien kommt einer Sicherheit vor Hackerangriffen so nahe, wie es eben möglich ist.

Es gibt keinen absoluten Schutz gegen Cybercrime. Aber es gibt Vorkehrungen, die das Hackingrisiko deutlich minimieren. In der Autoindustrie sind diese Vorkehrungen zum Teil nicht vorhanden. Einfach, weil man die Probleme in der Vergangenheit nicht gesehen hat. Bisher waren die Autobauer zu »blauäugig« gegenüber Hacking und unsere europäischen Gesetzgeber eher blind. Es spricht viel dafür, dass das Hacken von Autos für Kriminelle ein lukratives Aktionsfeld werden wird. Terroristische Anschläge kann man zwar genauso wenig ausschließen wie Taten von psychisch gestörten Einzeltätern, das weitaus überwiegende Tatmotiv wird aber aller Wahrscheinlichkeit nach die kriminelle Geldbeschaffung sein. Die Möglichkeiten, die sich solchen Kriminellen in der schönen neuen Autowelt bieten, sind zahlreich.

Bislang befallen beispielsweise sogenannte Lösegeldviren (»Ransomware«) fast ausschließlich PCs und Notebooks. Ein Virusprogramm blockiert alle Funktionen des Rechners, und erst, wenn der Geschädigte Geld – etwa Bitcoins – auf ein anonymes Konto überweist, wird der Zugriff auf die Festplatte wieder freigeschaltet. »Was würden Sie tun, falls Ihr Wagen des Nachts auf einer abgelegenen Straße stillgelegt wird und Sie eine Zahlungsaufforderung per SMS bekommen?«, fragt mein Kollege Torben Weis gerne in Diskussionen zum Thema Cybercrime. »Sofern die geforderte Summe nicht zu hoch ist, werden Sie wahrscheinlich zahlen.« Ein Szenario, das leider nicht unrealistisch ist, wenn die Hersteller nicht endlich deutlich in Cybersecurity investieren und die politischen Stellen – EU-Kommission und Bundesregierung – schnelle, agile Initiativen gegen Auto-Cybercrime in die Wege leiten.

Autohäuser, Werkstätten, Versicherer – Relikte aus der alten Welt vor dem Aus?

Die neue Mobilitätswelt, in der das Auto emissionslos fährt, automatisch fährt und Angebote der Sharing Economy den Besitz von Autos ersetzen, bringt weitreichende Veränderungen für unsere Industrie- und Dienstleistungswelt, die große Auswirkungen auf die Beschäftigtenzahlen der Branchen und den Wert der Unternehmen haben. Schauen wir uns zuerst die Dienstleister an.

Autohändler und Autowerkstätten werden in der neuen Mobilitätswelt deutlich weniger Umsatz machen. Wenn der Besitz des eigenen Autos vor allem in den urbanen Räumen immer mehr an Bedeutung verliert, braucht es auch weniger Verkäufer von Autos. Die großen Dienstleister, Vermieter und Carsharing-Organisationen kaufen ihre Flottenfahrzeuge nicht beim Autohaus um die Ecke, sondern bestellen zentral. Die hohen Kosten des Neuwagenvertriebs bauen zusätzlichen Veränderungsdruck auf. Zehn Prozent Verkaufskosten nur für das Autohaus, für Verkäuferprovision, Ausstellungsraum, Vorführwagen, Lagerwagen und dergleichen, lassen sich nicht aufrechterhalten. Der stationäre Verkauf wandert zunehmend ins Internet ab. Zwar wird es sicherlich eine Transformation von Beschäftigten des stationären Vertriebs in die Onlinewelt geben, aber sie wird nicht für alle Platz bieten. So ist es im klassischen Einzelhandel ohnehin schon lange zu spüren, wo Amazon und Co. immer stärker den sehr kostenintensiven stationären Handel ersetzen. Die Folge? Die Zahl der Autohäuser wird dramatisch zurückgehen.

Ähnliches gilt für den Werkstattbereich. Beim Elektroauto gibt es deutlich weniger Wartungsgeschäft als bei Autos mit Verbrennungsmotoren. Für viele neue Aufgaben wie etwa Software-Updates braucht es nicht einmal eine Werkstatt. Das Geschäft wird also auch für die Werkstätten deutlich zurückgehen. Umsatzrückgänge bedeuten neben schrumpfenden Gewinnen auch weniger Investitionsvolumen, etwa in technisches Wissen und Ausstattung für den Support der modernen Elektroautos. Das heißt, noch weniger Werkstätten werden die Spielregeln der neuen Autowelt einhalten können.

Moderne Elektromotoren sind deutlich kostengünstiger und einfacher zu produzieren als aktuelle Verbrennungsmotoren. Somit heißt der Wandel auch für Autowerke, dass sie neu konfiguriert werden müssen, der Motorenbau verliert an Bedeutung und schrumpft. Gleiches gilt für die Zulieferer. Viele von ihnen werden als mittelständische Familienunternehmen geführt. Wer in der alten Technik sitzt und zu wenig Kapital hat, um in die neue zu investieren, wird es schwer haben, den Wechsel zu schaffen. Banken werden noch vorsichtiger werden bei Kreditanfragen von derartigen Mittelständlern. Aller Voraussicht nach wird dies unsere Zulieferstruktur verändern, es wird schwer werden, gegenüber den Großen zu bestehen. Autobauer werden versuchen, in die Welt der digitalen Dienstleistungen vorzudringen. Das zeigen nicht nur Beteiligungen wie die von VW an dem Fahrdienstvermittler Gett oder GM an Lyft. Es kommt also ein großer Veränderungsdruck auf die heutige Produktionswelt zu.

Doch die Veränderungen gehen noch viel weiter. Wenn in der Zukunft immer mehr Autos autonom fahren, können wir davon ausgehen, dass die Unfallschäden deutlich zurückgehen werden. Im Extremfall könnten sie gegen null gehen. Was das für die Versicherungsbranche bedeuten würde, lässt sich mithilfe einiger Zahlen illustrieren: Laut Gesamtverband der Deutschen Versicherungswirtschaft (GDV) wurden 2015 in Deutschland 25 Milliarden Euro zur Schadensregulierung der Kfz-Versicherer aufgebracht. In den USA fielen 2010 knapp 280 Milliarden US-Dollar an Kfz-Unfallschäden an. Schadenssummen und Prämienaufkommen, also der Umsatz der Versicherer, stehen in einem festen Verhältnis. Schäden plus Verwaltung der Verträge plus Gewinn der Versicherer machen die Prämien, also den Umsatz aus. Gehen wir einmal optimistisch davon aus, dass die Kfz-Schäden durch autonome Fahrsysteme langfristig um 90 Prozent sinken. Dann haben die Kfz-Versicherer eine strenge Diät vor sich. Ändert sich die Haftungslage beim autonomen Fahrzeug, sprich ist nicht mehr der Fahrer verantwortlich, wenn es knallt, sondern der Computer, dann ist der Autobauer in der Pflicht. Volvo hat bereits angekündigt, für Unfälle seiner autonom fahrenden Autos zu haften. Das klassische Geschäftsmodell der Kfz-Versicherer würde damit wegbrechen. Schon heute behält der Autohersteller einen Teil des Verkaufspreises zurück, um etwaige Garantieschäden oder zukünftige Rückrufe zu finanzieren. Für solch große Unternehmen wäre es durchaus möglich, sich diese Risiken ins Haus zu holen und entsprechen zu poolen, sprich selbst Geld damit zu verdienen. Eine weitere Möglichkeit für die Hersteller bestünde darin, einen Teil der Risiken über sogenannte Rückversicherer abzusichern. Bei Schäden über einer gewissen Höhe würde dann die Rückversicherung einspringen. Es gibt also heute schon Strukturen, mit denen zukünftig Versicherungsgeschäft an den klassischen Kanälen vorbeigeführt werden kann. Wie die Folgen für den Wert der Versicherungsunternehmen wären, die Aktienkurse und die Beschäftigungszahlen, sollte es dazu kommen, kann man sich ausmalen.

Und auch die Transportbranche steht vor einschneidenden Veränderungen. Noch versucht das Taxigewerbe verzweifelt, Konkurrenten wie Uber per Gerichtsurteil zu besiegen. Auf Dauer wird das nicht gelingen. Der Veränderungsdruck aufgrund der niedrigeren Fahrpreise und bequemen Buchungen ist enorm. Ebenso wie Pferdekutschen heute nicht mehr als Taxen eingesetzt werden – mit Ausnahme natürlich in Wien für die Touristen – werden wir bald schon Taxen ohne Fahrer sehen. Das kann auch für Dienstleister wie die Post gelten. Durch E-Mails ist schon der große Bereich des Briefverkehrs ins Rutschen gekommen. Uber, Didi und Amazon haben bereits angekündigt, mit ihren Robotertaxen auch Pakete auszufahren. Die Uber-, Didi-, Gett- und Lyft-Welt ist näher, als wir das heute wahrhaben wollen. Die Deutsche Bahn hofft nach wie vor darauf, Mobilitätsdienstleister der Zukunft bleiben zu können. Doch dafür wird es nicht reichen, mit flächendeckendem WLAN in den Zügen oder Ökostrombetrieb zu werben. Solange die Organisation Bahn so zentralistisch und schwerfällig bleibt, wird sie es schwer haben, in der dezentralen Welt zu bestehen. Alternativen stehen auch hier in den Startlöchern, etwa im Ruhrgebiet, wo bald schon Pendler ohne die Deutsche Bahn zu ihrem Ziel kommen werden. Agilere und weniger zentralistische Dienstleister, wie etwa die britische National Express und die niederländische Abellio, werden die Deutsche Bahn ersetzen.

Die radikalen Veränderungen entwickeln sich entlang der gesamten Wertschöpfungskette der Autobranche, vom Zulieferer über den Autobauer bis zum Händler. Fast alles wird auf den Kopf gestellt werden. Die Autoindustrie danach wird eher aussehen wie Silicon Valley und nicht wie ein japanisches Autowerk, wo morgens alle synchron in der Gruppe hüpfen. Eine neue Arbeitskultur, die kaum mehr an die perfekte Produktionslinie eines Autowerks erinnert, sondern von offenen, lockeren Umgangsformen und Wertschätzungen der Teammitglieder geprägt wird. Man arbeitet im Team und ist nicht »beschäftigt« in der Abteilung x, y oder z. Sowohl die Anzahl der Arbeitsplätze als auch Inhalt und Kultur wandeln sich grundlegend. Das Auto und die Autoindustrie haben in den letzten 130 Jahren unsere Gesellschaft geformt. Jetzt bewegen wir uns von der Autowelt in die Mobilitätswelt. Oder, wie man in Abwandlung des berühmten Satzes von Neil Armstrong sagen könnte: »Ein kleiner Schritt für das Auto, ein großer Schritt für die Menschheit.«

Wer »Autopilot« sagt, darf nicht »Beta« meinen

Obgleich Tesla in vielem Vorbildcharakter für die neue Mobilitätswelt hat, gibt es auch einiges, was verbessert werden muss. Das oberste Ziel jeder neuen Technik muss sein, dass Menschenleben nicht gefährdet werden dürfen. Testreihen müssen sicherstellen, dass Autopiloten über lange Testzyklen ihre Standfestigkeit bewiesen haben. Klar ist, dass es keine hundertprozentige Sicherheit gibt. Auch in der Luftfahrtindustrie hat es zahlreiche schwere Unglücke gegeben, bis die automatischen Pilotsysteme ihre heutige Präzision erreichten. Tesla nutzt für seinen lernfähigen Autopiloten die Möglichkeiten der Schwarmintelligenz: Aus den Rückmeldungen der Daten aller Tesla-Fahrzeuge in Echtzeit lernt das System eigenständig und verbessert sich automatisch.

Dieses in der Softwarebranche übliche Vorgehen ist ebenso günstig wie praktisch. Doch wenn es um die Sicherheit von Menschenleben geht, muss es eine Grenze geben. Normale Autofahrer dürfen nicht als Testkaninchen dienen. Auch nicht, wenn Tesla explizit betont, dass der Fahrer selbst verantwortlich sei und der Autopilot keineswegs ein selbstfahrendes System darstellt.

Im Mai 2016 kam es zum ersten tödlichen Unfall mit einem Autopiloten, als ein Tesla-Fahrer beim Zusammenstoß mit einem Lkw ums Leben kam. Bekannt wurde der Unfall erst im Juli 2016, als Tesla die Öffentlichkeit über den Unfall informierte und mitteilte, dass die US-Straßensicherheitsbehörde den Vorfall untersuche. Der Unfall ereignete sich nach Unternehmensangaben, als ein weißer Sattelschlepper mit Anhänger im rechten Winkel vor dem selbstfahrenden Auto des Tesla-Models S die Straße kreuzte. »Bei diesem Unfall führte die hohe weiße Seitenwand des Anhängers zusammen mit einer Radarsignatur, die der eines hoch hängenden Straßenschilds sehr ähnlich war, dazu, dass keine automatische Bremsung ausgelöst wurde«, schrieb Tesla zur Erklärung. Im Klartext: Der Autopilot hat den Anhänger mit einem Straßenschild verwechselt und ist ohne zu bremsen auf den Anhänger zugerast.

Die ersten Erklärungen von Tesla waren sehr dürftig und wenig überzeugend. Man bedauerte den Vorfall zutiefst und erläuterte gleichzeitig, dass Tesla-Fahrzeuge bislang über 130 Millionen Meilen (rund 210 Millionen Kilometer) mit eingeschalteter Autopilotfunktion gefahren seien. Im regulären amerikanischen Straßenverkehr gäbe es einen Todesfall pro 94 Millionen gefahrener Meilen.

Tesla hatte zwar immer darauf hingewiesen, dass der Fahrmodus »Autopilot« seine Fahrzeuge nicht zu selbstfahrenden Autos mache. Er sei vielmehr ein Fahrassistenzsystem, bei dem die Fahrer stets den Verkehr im Blick behalten sollten. Aber auf YouTube und anderen Videokanälen finden sich Dutzende von Videos, die zeigen, wie experimentierfreudig die Tesla-Fahrer mit dem Autopiloten umgehen und dessen Schwächen offenbaren. Ein Fahrer ging sogar so weit, dass er während des Fahrens auf die Rückbank kletterte und den alleine fahrenden Tesla S filmte. Es war klar, dass der Drang des Menschen zum »Ausprobieren« durch die Autopilotfunktion stark angeregt wird und brenzlige Situationen geradezu herausfordert. Dabei handelte es sich bei dem Autopiloten eben nicht um ein ausgereiftes System, sondern um eine Beta-Version, also ein Softwareprodukt, das noch Fehler enthalten kann, aber dennoch im Markt angeboten wird. Natürlich können durch solche Verfahren Innovationen schneller vermarktet werden. Das mag für PC-Software oder Smartphones angebracht sein. Aber unserem Smartphone vertrauen wir in der Regel nicht unser Leben an.

Nach Bekanntwerden des Vorfalls meldete sich auch der Tesla-Zulieferer Mobileye zu Wort und bezweifelte, dass der Autopilot derzeit überhaupt in der Lage sei, Querverkehr wie den Sattelzug erkennen zu können. Das wäre in der Tat eine immense Schwachstelle in der Technik, die ihr nicht einmal mehr den Beta-Status zugestehen dürfte. Aber selbst wenn diese Vermutung nicht zutrifft: Der tragische Unfall ist eine Horrormeldung und ein großer Rückschlag. Sicher bedeutet er nicht das Ende des selbstfahrenden Autos. Aber die Distanz zum technischen Fortschritt wird deutlich größer, und das ist schlecht. Tesla hat der Branche einen Bärendienst erwiesen, indem es zuließ, dass ein offensichtlich noch so unausgereiftes System mit der Realität in Kontakt kommt – mit allen möglichen Konsequenzen. Autobauer wie Daimler oder General Motors machen solche Experimente nicht, sondern lassen ausgebildete Testpiloten die Autos Tausende von Kilometer herunterrattern, um ihre Systeme zu verbessern und serientauglich zu machen. Was den Einsatz solcher Funktionen angeht, kann sich Tesla ausnahmsweise ein Beispiel an den traditionellen Herstellern nehmen.

7. ZEITENWENDE FÜR VW

Das Unternehmen ist ein Teil Deutschlands. »Volkswagen – da weiß man, was man hat« war bis in die Neunzigerjahre das Werbeversprechen der Wolfsburger. Unter dem früheren Vorstandsvorsitzenden Ferdinand Piëch stieg Volkswagen zum Weltkonzern auf. Stolze und ertragreiche Töchter wie Audi, Porsche, Škoda vergrößerten und verschönerten das Reich, auch in die Nutzfahrzeuge wurde investiert und MAN und Scania gekauft. Bei einem Unternehmensziel, das »Wachstum und Größe« hieß, wurde der Konzern jedoch auch immer weniger übersichtlich. VW entwickelte und verfeinerte das Plattformkonzept, um mit dem Modulbaukastenprinzip vom Škoda bis zum Porsche auf einem Regal Gleichteile nutzen und so die Größenvorteile in Kostenvorteile bei den Töchtern umsetzen zu können. Dieser Plan ging auf. Das Stammgeschäft aber, die Volkswagen AG, hat sich mit dem Wandel schwergetan. Nach wie vor leidet die Marke VW-Pkw unter niedrigen Gewinnen und hohen Kosten. Dabei ist der »wahre« Volkswagen schon lange nicht mehr die Marke VW, sondern die Marke Škoda. Ausgereifte Autos mit ansprechendem Design und der gleichen Technik wie die Autos der Marke VW, nur eben, weil wesentlich kostengünstiger in Tschechien produziert, auch deutlich preiswerter. Qualität und Technik zu einem Preis, den sich (fast) jeder leisten kann: So werden die Tschechen immer mehr zum eigentlichen »Volkswagen«. Doch das setzt die Mutter weiter unter Druck: Warum für das VW-Zeichen bezahlen, wenn man bei Škoda das Auto zum besseren Preis bekommt, fragt sich ein wachsender Teil der potenziellen Kunden. Und ein anderer Teil wandert gleich zur Premiummarke Audi ab.

Diese für VW gefährliche Sandwichposition ist auch eine Folge der starren Kostenstrukturen bei der Stammgesellschaft des Konzerns. Angesichts von Dieselgate und Sparzwängen in Niedersachsen drängt sich die Frage auf, wie gut VW noch für die Zukunft aufgestellt ist. Was geschieht mit Deutschlands Volks-Auto?

Gemessen an der Zahl der Beschäftigten ist der VW-Konzern weltweit das mit Abstand größte Unternehmen der Automobilbranche. Mehr als 610 000 Menschen arbeiten im Vielmarkenreich VW. Zum Vergleich: Der japanische Autobauer Toyota produziert mit 350 000 Mitarbeitern, also etwas mehr als der Hälfte der VW-Beschäftigten, mehr Autos als VW und ist Weltmarktführer. In Deutschland ist der VW-Konzern, gemessen an der Beschäftigtenzahl, das größte Unternehmen. Selbst der ehemalige Staatsbetrieb Deutsche Post rangiert mit unter 500 000 Mitarbeitern deutlich dahinter. Ist VW für Deutschland damit womöglich »to big to fail«?

Ein Weltkonzern im Provinzkorsett

Die Geschichte von VW ist eng mit der österreichischen Familie Porsche-Piëch verknüpft. Gemessen an den Besitzverhältnissen ist der VW-Konzern eine Art österreichisches Familienunternehmen: 50,7 Prozent der Aktionärsstimmrechte der Volkswagen AG liegen bei der Ferdinand Porsche Familien-Holding GmbH, Salzburg. Diese wiederum ist im Besitz von Untergesellschaften, wie etwa der Hans-Peter Porsche GmbH, der Ferdinand Alexander Porsche GmbH, der Gerhard Porsche GmbH, der Familie Porsche Beteiligung GmbH oder der Porsche Automobil Holding SE. Letztere ist zu 100 Prozent im Besitz der Familien Porsche und Piëch. Es ist kein einfach zu durchschauendes Familien- und Firmengeflecht, das die Stammaktienmehrheit an Deutschlands größtem Arbeitgeber hält. Doch es sind nicht nur die Familienverschachtelungen, die im VW-Konzern »kompliziert« sind. Analysiert man die Machtverhältnisse bei VW, wird es noch diffiziler.

Die Macht in Aktiengesellschaften ist im Aufsichtsrat gebündelt. Der Aufsichtsrat vertritt die »Besitzer«, sprich die Aktionäre. Der Aufsichtsrat ernennt – oder entlässt – die Vorstände. Dabei unterscheiden sich die Aufsichtsgremien in Deutschland ganz erheblich von denen anderer Länder, wie etwa den USA, Großbritannien, Frankreich, Italien oder Schweden. In Deutschland muss der Aufsichtsrat großer Aktiengesellschaften aufgrund des deutschen Mitbestimmungsgesetzes paritätisch, das heißt mit Arbeitgebern und Arbeitnehmern besetzt werden. Daher ist bei Volkswagen die Hälfte der Aufsichtsratssitze, des eigentlichen Machtzentrums des Konzerns, »verteilt« auf die Vertreter der Mitarbeiter – und die ist bei den Wolfsburgern gleichbedeutend mit der Gewerkschaft IG Metall. Die Gewerkschaft hat im Unternehmen einen gewaltigen Einfluss. Für einen Mitarbeiter bei VW wird es »ohne eine Mitgliedschaft in der IG Metall ... sehr schwer«, stellte Claas Tatje in seinem lange recherchierten Artikel »Unheimlich mächtig« in der renommierten Wochenzeitung *Die Zeit* fest. »Volkswagens Unternehmenskultur ist eine IG-Metall-Kultur: hierarchisch, von Befehl und Gehorsam geprägt, kaum Widerspruch gegenüber der Gewerkschaft duldend ... Wer sich der Kultur verweigert, wird schnell zum Außenseiter. Schlimmer noch: Wer sich außerhalb der IG Metall entwickeln will, muss um seine Karriere fürchten«, resümiert Tatje. Nicht zuletzt deshalb besitzt der Chef des VW-Gesamtbetriebsrats Bernd Osterloh, der auch schon mal als Co-Manager des VW-Vorstandsvorsitzenden bezeichnet wird, eine herausragende Stellung. Darüber hinaus ist Bernd Osterloh natürlich auch Mitglied des innersten Machtzirkels im VW-Aufsichtsrat, des Präsidiums. Co-Manager und Aufsichtsrat des Managements in einer Person ist eine gewöhnungsbedürftige Konstruktion. Auch wenn Mitbestimmung in allen deutschen Großkonzernen Fakt ist: Hier wird Machtfülle in einer Person gebündelt, wie es sonst in Unternehmen nicht üblich ist.

Interessant ist aber eine weitere sehr VW-spezifische Verknüpfung. Mitglied im mächtigen Präsidium des Aufsichtsrats ist der niedersächsische Ministerpräsident, derzeit der SPD-Politiker Stephan Weil. Das Land Niedersachsen hält 20 Prozent aller Stammaktien der Volkswagen AG. Mit dieser Beteiligung des Landes Niedersachsen hat es eine ganz besondere Bewandtnis. VW ist das einzige Unternehmen in Deutschland – und das einzige der Welt – mit einem eigenen Bundesgesetz, dem VW-Gesetz aus dem Jahre 1960. Mit diesem Gesetz soll das Unternehmen in ganz besonderem Maße geschützt werden, etwa vor Übernahmen. Paragraf 4 dieses VW-Gesetzes räumt dem Land Niedersachsen eine sogenannte Sperrminorität ein. Mit seinem zwanzigprozentigen Stimmanteil kann das Land Niedersachsen etwa die »Errichtung oder Verlegung von Produktionsstätten« verhindern. Dadurch ist der VW-Konzern in spürbarem Ausmaß an lokalpolitische Willkürlichkeiten gebunden.

Ohne Zustimmung der niedersächsischen Landesregierung kann VW keine Betriebsstätte etwa in Niedersachsen verlagern oder gar schließen. Diejenigen, die diese Zustimmung geben könnten, sind die jeweiligen Regierungspolitiker in Niedersachsen. Keine Frage, dass, gleich aus welcher politischen Couleur sich die Landesregierung zusammensetzt, die Struktur des Weltkonzerns vom Gutdünken regionaler Politiker abhängt. Politiker stellen in der Regel alle ihre Aktivitäten unter das Ziel ihrer Wiederwahl. Für VW bedeutet dies, dass hier ein weltweit agierender Konzern in einem politischen Gerüst steckt, das es verhindert, schlechte Kostenstrukturen in Niedersachsen anzupassen. Diese verkrustete Struktur wird dadurch verstärkt, dass auch der Betriebsratsvorsitzende Bernd Osterloh von Betriebsangehörigen gewählt wird, die überwiegend in und um Wolfsburg sitzen. Als Spitze der Arbeitnehmervertreter dominiert er die Arbeitnehmerhälfte der Aufsichtsratssitze, und die Landespolitiker dürften alles dafür tun, um nicht mit Osterloh in Konflikt zu geraten. So blockierte eine unheimliche Allianz in der Gesellschaftsstruktur notwendige Kostenanpassungen des Konzerns und führte zu einer jahrzehntelangen schwachen Profitabilität der Kernmarke VW-Pkw.

Während der Übernahmeschlacht zwischen Porsche und VW hatte der frühere Porsche-Vorstandsvorsitzende Wendelin Wiedeking davon gesprochen, dass es künftig bei VW keine »heiligen Kühe« mehr geben dürfe. Mit dieser Aussage war das unrühmliche Ende von Wiedekings Übernahmeschlacht besiegelt: Spätestens ab diesem Zeitpunkt blockierten IG Metall, Landespolitik und VW-Betriebsrat gemeinsam mithilfe des VW-Gesetzes die Übernahme. Selbst die EU-Kommission, die vor dem europäischen Gerichtshof gegen das Gesetz klagte, war gegen diese Allianz im VW-Konzern machtlos. Mag sein, dass dieses Konstrukt kurzfristig Arbeitsplätze in Niedersachsen zu schützen vermag. Oder dass Betriebsratsvorsitzende und Ministerpräsidenten damit auf die nächste Wiederwahl hoffen können. Langfristig aber bergen solch zementierte Strukturen für einen Weltkonzern die große Gefahr, im Markt zurückzufallen und den gesamten Konzern zu gefährden.

Dass dies auch anders gemacht werden kann, zeigt das Beispiel des italienisch-kanadischen Managers Sergio Marchionne. Marchionne wehrte sich während seiner gesamten Zeit bei Fiat und später Fiat Chrysler gegen solche Verfilzungen und ermöglichte damit vermutlich Fiat das Überleben. Im Jahr 2004 übernahm Marchionne den Vorstandsvorsitz der italienischen Fiat S.p.A. Marchionnes Aufgabe hatte etwas von einem Himmelfahrtskommando: Fiat war hoch verschuldet, zehn Prozent der Aktien waren kurz zuvor in einer Art Notverkauf an General Motors gegangen. Allgemein war man der Ansicht, mit seiner Ausrichtung überwiegend auf Europa und Südamerika sei Fiat nicht zukunftsfähig. Marchionne ist von seinem Naturell her Investmentbanker, der klar strukturiert Probleme erkennt und unpopuläre und unkonventionelle Entscheidungen trifft. Dementsprechend »kühl« geht er das emotionale Thema Auto an. Er ist nicht der »Car Guy«, der gerne als besessener Autoverrückter oder begnadeter Ingenieur beschrieben wird und als einziger weiß, was echte Autokäufer wollen. Nachdem sein Versuch, aus der Insolvenz von General Motors den Europaarm Opel zu erwerben, scheiterte, übernahm er 2009 kurzerhand den US-Autobauer Chrysler aus der Insolvenz von der US-Regierung. Wenig später verschmolz er seine beiden Firmen zur Fiat Chrysler Automobiles N.V. Und dann ging er richtig ans Eingemachte.

Fiat, mit der Unternehmenszentrale in Turin und der hochangesehenen italienischen Familie Agnelli als Ankeraktionär, war in Italien beinahe ein Nationalheiligtum. Es war nahezu unmöglich, Werke zu schließen oder Mitarbeiter freizusetzen. Marchionne schaffte es trotzdem. Und er tat, was niemand sich auch nur vorzustellen gewagt hatte: Er trennte Fiat von Italien. Die Konzernzentrale in Turin, der Stolz der Italiener, wurde dichtgemacht. Fiat Chrysler hat heute seinen rechtlichen Sitz in Amsterdam und die operative Hauptzentrale in London. Und noch etwas tat Marchionne, das zeigt, wie wichtig es ist, sich aus überkommenen Strukturen und Fesseln zu lösen, um Unternehmen und Arbeitsplätze zukunftsfähig zu machen. Ausgestattet mit einem sehr dünnen finanziellen Polster nahm er Kredite auf, um die im Besitz eines Fonds der US-Gewerkschaft UAW befindlichen restlichen Chrysleraktien zu übernehmen. Es ist waghalsig, Aktien auf Kredit zu kaufen, eine Lotterie, bei der man gewinnen, aber auch viel verlieren kann. Doch für Marchionne war es wichtig, den neuen Konzern auf effizienten Wettbewerbsstrukturen aufzubauen, ohne Verfilzungen und andere Hemmnisse. Ohne Marchionne und seine »Überraschungen« und harten Entscheidungen wäre Fiat heute vermutlich nur noch ein Kapitel in den Geschichtsbüchern. Investmentbanker haben für gewöhnlich nicht die beste Reputation, doch in diesem Beispiel war Marchionnes beherztes Handeln der Schlüssel zum Überleben des Konzerns. Der Markt und die Kunden nehmen keine Rücksicht darauf, ob eine Konzernzentrale in Wolfsburg oder Turin sitzt. Im Weltmarkt entscheidet der Kunde einzig im Vergleich mit dem Wettbewerber.

Heilige Kühe im Konzern

Durch die zahlreichen Übernahmen und Zukäufe während seiner
Amtszeit als Vorstandsvorsitzender und später als Aufsichtsratsvor-
sitzender hat Ferdinand Piëch die heutige Form des VW-Konzerns
entscheidend mitgeprägt. Kern des Unternehmens ist nach wie vor
die Stammgesellschaft der Volkswagen AG. Um diesen Kern mit
den Fahrzeugmarken VW-Pkw und VW-Nutzfahrzeuge herum hat
sich im Laufe der Jahrzehnte eine stattliche Reihe von Tochtergesellschaften angesiedelt, darunter Audi, Bentley, Bugatti, Ducati, Lam-
borghini, Porsche, Seat, Škoda, Scania und MAN. Während sich die
Töchter, bis auf wenige Ausnahmen wie etwa die spanische Marke
Seat, blendend entwickeln, leidet der größte Geschäftsbereich, die
Marke VW-Pkw, schon lange unter chronischer Ertragsschwäche.

Alle Vorstandsvorsitzenden der letzten 30 Jahre kämpften gegen die schwachen Gewinnzahlen der Kernmarke, und bissen sich bislang doch nur die Zähne daran aus. Wie aber soll VW ohne entsprechende Gewinne im Kerngeschäft in der Lage sein, die nötigen Investitionen für die großen Aufgaben der Zukunft aufzubringen?

Das Problem liegt – wie so oft – nicht am Umsatz. Hier kann die Sparte VW-Pkw sich sehen lassen, immerhin kommt gut jeder zweite Euro aus den Verkäufen im Automobilebereich durch die Marke VW-Pkw in die Konzernkasse. 2014 steuerte das VW-Pkw-Geschäft sogar fast 60 Prozent des Umsatzes im Konzernbereich Automobile bei. Doch beim Gewinn schrumpft der Anteil deutlich: Hier trägt der VW-Pkw-Ast nur noch weniger als 25 Prozent bei. Mit anderen Worten, das Geld wird bei Audi, Porsche, Škoda und in China verdient. Wie sich der Gewinn pro verkauftem Fahrzeug bei den verschiedenen VW-Marken im Vergleich zu Konkurrenzherstellern verhält, zeigt Abbildung 15.

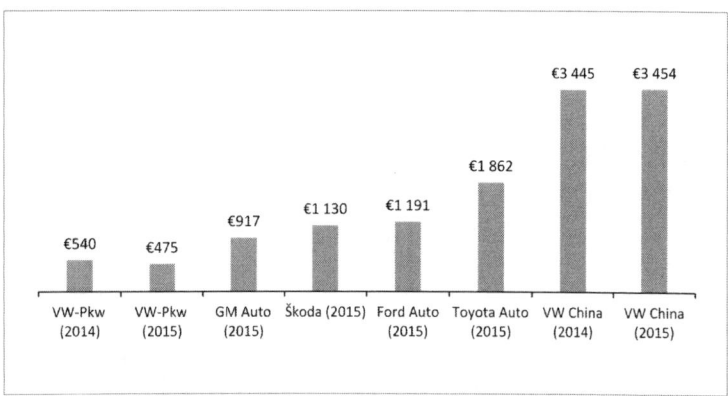

Abb. 15: Gewinn pro Fahrzeug, VW-Konzern und Konkurrenten

Hinweis: Gewinn jeweils definiert als EBIT (Earnings before interest and taxes) im operativen Geschäft der Fahrzeugsparte bei den einzelnen Herstellern. Berechnungsgrundlage sind die Geschäftsberichte.

Mit Abstand das profitabelste Geschäft innerhalb des VW-Konzerns, aber auch im Vergleich zu einigen anderen Herstellern wie Ford und Toyota, ist das Chinageschäft, das unter der »Volkswagen Group China« im Geschäftsbericht zusammengefasst wird. China ist der weitaus größte Einzelmarkt des Unternehmens, in dem der Konzern im Jahr 2015 mehr als 3,5 Millionen Fahrzeuge verkauft hat. Pro verkauftem Fahrzeug wurde dort ein operativer Gewinn von 3 454 Euro erzielt. Die Marke VW-Pkw kommt dazu im Vergleich auf einen mageren Gewinn von 475 Euro pro Fahrzeug. Der Vergleich mit Toyota, aber auch GM, Škoda oder Ford zeigt, wie ertragsschwach die Kernmarke des Konzerns VW-Pkw dasteht. Obwohl VW-Pkw mehr als fünfmal so viele Fahrzeuge verkauft wie Škoda und damit deutliche Größenvorteile hat, erwirtschaftet Škoda mit 1 130 Euro Gewinn pro Auto mehr als doppelt so viel wie die Kernmarke VW-Pkw.

Ohne die Goldgrube China mit ihren anhaltend hohen Verkaufszahlen, die Jahr um Jahr Bilderbuchgewinne einspielten, und ohne die Töchter Audi und Porsche hätte es bei VW schon lange viel düsterer ausgesehen. Doch auch im fernöstlichen Schlaraffenland wird der Automarkt zusehends härter. Chinesische Autobauer wie BYD, BAIC, Cherry, Geely, Great Wall, Dongfeng oder SAIC mögen bei uns noch kaum bekannt sein, doch sie holen in großen Schritten auf, besonders mit den immer beliebter werdenden SUV. Zudem haben auch die etablierten Hersteller wie BMW, Ford, Mazda, Mercedes, Peugeot-Citroën, Renault-Nissan oder Toyota ihre Chinawerke inzwischen ausgebaut. Es kommt immer mehr Angebot in den Markt, gleichzeitig gehen die hohen Steigerungsraten beim Verkauf im chinesischen Automarkt zurück. Der Druck auf VW wächst, die Bilderbuchgewinne schmelzen.

Nicht nur im Vergleich zu den Renditen im Chinageschäft steht die Marke VW-Pkw traurig da, wie Abbildung 15 zeigt. Auch beim Vergleich mit den übrigen Eigenmarken macht der größte Teil des VW-Konzerns eine äußerst schlechte Figur. VW-Pkw verkauft fast sechsmal so viele Neuwagen wie Škoda. Trotzdem bleibt bei Škoda pro verkauftem Fahrzeug im Schnitt fast das Doppelte an Gewinn »hängen«. Die kleine Konzerntochter fährt beim Gewinn der Mutter mühelos davon. Dabei zahlen sich auch im Vertrieb Größenvorteile in der Regel immer aus. Werbekosten sind deutlich besser umzulegen, wenn 4,5 Millionen Pkw statt 800 000 verkauft werden. Würde man beim Direktvergleich von VW-Pkw und Škoda auch noch diese Größenvorteile herausrechnen, so fiele das Ergebnis noch verheerender aus.

Bei den Premiumherstellern sind die Margen entsprechend der höheren Verkaufspreise übrigens deutlich größer, was sich natürlich auch in den Gewinnen pro verkauftem Fahrzeug zeigt. Bei Porsche lag dieser im Jahr 2014 bei stolzen 14 535 Euro; VW-Schwester Audi bringt es immerhin noch auf 3 566 Euro Gewinn. Da sich Premium- und Massenhersteller in diesem Punkt jedoch aufgrund ihrer Preisgestaltung nicht sinnvoll vergleichen lassen, wurden diese Marken nicht in unserer Grafik berücksichtigt. Aber auch gegenüber anderen Massenherstellern wie General Motors (GM), Ford und Toyota schneidet VW sichtlich schlecht ab.

Da wundert es nicht, dass die Stammmarke VW-Pkw gegenüber den Wettbewerbern in Schieflage ist – und zwar chronisch. Wie schwer dieser Wettbewerbsnachteil wiegt, zeigt ein weiterer Vergleich. Unseren Berechnungen zufolge erzielten die Marken Ford, GM, Toyota und Škoda zusammengenommen im Jahr 2015 im reinen Fahrzeuggeschäft eine durchschnittliche Gewinnmarge von 7,5 Prozent. Hätte die Marke VW-Pkw die gleiche Gewinnmarge geschafft, wäre der Gewinn der Sparte VW-Pkw um fünf Milliarden Euro höher gewesen! Diese Summe entspricht übrigens genau dem Ziel des Sparprogramms, das der frühere Vorstandsvorsitzende Martin Winterkorn wenige Monate vor seiner Freistellung ausgegeben hatte. Jahrelang hatte Winterkorn öffentlich bestritten, dass VW ein Profitabilitätsproblem habe; dann trat er gleichsam über Nacht im Sommer 2014 mit einem Sparprogramm von fünf Milliarden Euro an die Öffentlichkeit. Pikant an der Geschichte war, dass die Unternehmensberatung McKinsey das Sparprogramm umsetzen sollte. Aber das hatte der mächtigste Mann im VW-Konzern, der Betriebsratsvorsitzende Bernd Osterloh, schon zur Makulatur erklärt, noch bevor der erste McKinsey-Berater seine Arbeit angetreten hatte. Der Grund lässt sich erahnen: Osterloh wollte verhindern, dass Kosteneinsparungen zu Einschnitten bei der VW-Stammgesellschaft führen.

Viele Köche, wenig Brei

Die unbefriedigenden Gewinnmargen in der Sparte VW-Pkw lassen sich an mehreren Kennziffern illustrieren. Eine wichtige Vergleichszahl ist die Arbeitsproduktivität. Diese Kennzahl sagt aus, wie viele Fahrzeuge im Durchschnitt pro Mitarbeiter gebaut werden. Wer mehr Fahrzeuge pro Mitarbeiter baut, geht effektiver mit dem Produktionsfaktor Arbeit um. Ein Vergleich in Abbildung 16 zeigt die Schwäche des VW-Konzerns auf.

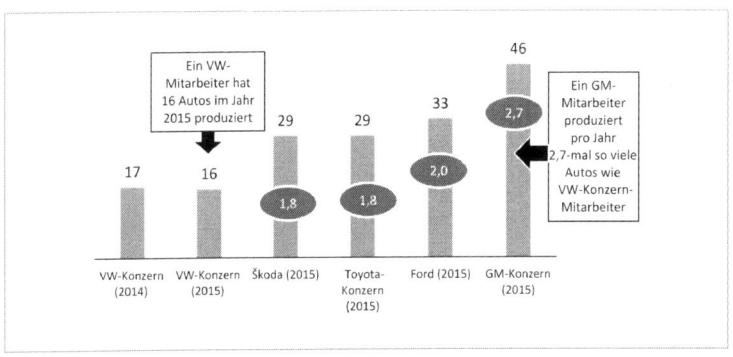

Abb. 16: Arbeitsproduktivität VW im Vergleich mit anderen Marken

Mit mehr als 600 000 Mitarbeitern beschäftigt VW fast doppelt so viele Mitarbeiter wie Toyota, trotzdem produzieren und verkaufen die Japaner mehr Autos. In anderen Worten, pro Mitarbeiter wurden im VW-Konzern im Jahr 2015 gerade einmal 16 Autos gebaut. Bei Škoda und Toyota sind es 29, bei Ford 33 und bei General Motors (GM) gar 46. Um ein noch eingängigeres Bild zu erhalten, haben wir in Abbildung 16 die Anzahl der produzierten Autos pro Mitarbeiter in Bezug zum VW-Konzern gesetzt. Dies geben die Zahlen in den Ellipsen wieder. Danach baut ein Mitarbeiter bei Toyota 1,8-mal so viele Fahrzeuge wie sein VW-Kollege. Der Ford-Mitarbeiter baut 2,0-mal so viele Autos wie der VW-Konzern-Mitarbeiter und bei GM baut der Mitarbeiter pro Jahr 2,7-mal so viele Autos wie der VW-Konzern-Mitarbeiter. Mit rund 215 000 Mitarbeitern baut GM fast so viele Autos wie der VW-Konzern mit mehr als 600 000 Mitarbeitern. Da scheint etwas in die falsche Richtung zu gehen. Und weder Toyota noch GM oder Ford haben ein eigenes Gesetz, das es verhindert, die Kostenstrukturen anzupassen. Weder Toyota noch GM oder Ford haben einen Betriebsratsvorsitzenden, der als Co-Manager und Mitaufsichtsrat Weichen stellt. Und weder Toyota noch GM oder Ford haben einen Ministerpräsidenten in ihrem Aufsichtsratsgremium, der für seine Wiederwahl keine Jobs um den Kirchturm gefährden darf.

Die Muttergesellschaft des VW-Konzerns ist die Volkswagen AG, sie zählt heute 112 500 Beschäftigte. Fast jeder fünfte Mitarbeiter des Konzerns ist also bei der Volkswagen AG beschäftigt. Keiner von ihnen arbeitet im Ausland, die Volkswagen AG beschäftigt ihre Mitarbeiter ausschließlich in Deutschland. Gleich um die Ecke, noch keine 90 Kilometer entfernt vom Sitz der Volkswagen AG in Wolfsburg, steht in Hannover die Konzernzentrale eines der größten Automobilzulieferers der Welt, der Continental AG. Conti, wie der Konzern gerne genannt wird, erzielt mit 190 000 Mitarbeitern 40 Milliarden Euro Umsatz. Vor mehr als zehn Jahren stand Continental sehr wackelig dar, schlechte Gewinne, hoher Wettbewerbsdruck. Heute ist Conti wieder ein äußerst erfolgreiches Unternehmen. Während VW-Pkw pro 100 Euro Umsatz weniger als drei Euro Gewinn erzielt, kann der Reifenhersteller eine Gewinnmarge im operativen Geschäft von knapp zehn Prozent vorweisen. Was ist bei Conti anders als bei Volkswagen?

Continental hat – wie die allermeisten Unternehmen weltweit – keinen Ministerpräsidenten im Aufsichtsrat und keinen Co-Manager als Betriebsratsvorsitzenden. Es hat natürlich auch kein »Conti-Gesetz«. Conti passt von Zeit zu Zeit Strukturen an und hat unprofitable Werke in Deutschland geschlossen. Das tut weh, sichert aber langfristig die Profitabilität und damit die Zukunft der Gruppe. Immerhin beschäftigt Conti fast 50 000 Menschen in Deutschland, mehr als 70 Prozent seiner Beschäftigten sind im Ausland ansässig.

Etwas polemisch ausgedrückt: VW muss Politik machen, Conti darf wirtschaften. Das zeigt auch ein Vergleich der Personalkosten: Die Volkswagen AG hat pro Mitarbeiter mehr als doppelt so hohe Personalkosten wie Continental. Pro Monat fielen im Jahr 2015 in der Volkswagen AG pro Mitarbeiter Personalkosten von 7 249 Euro an. Das ist mehr als bei Audi, obwohl Audi Premiummarke ist, viel Geld in Entwicklung steckt und entsprechend viele Ingenieure beschäftigt. Škoda sitzt geradezu auf einem anderen Stern, hier kostet ein Mitarbeiter gerade einmal ein Drittel so viel wie bei der Volkswagen AG.

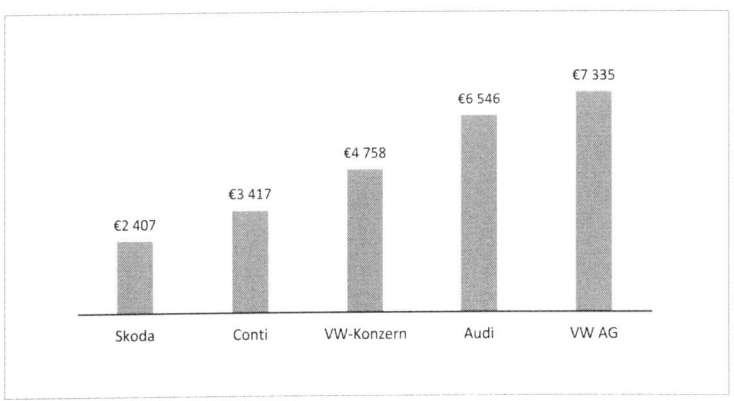

Abb. 17: Personalkosten pro Mitarbeiter/Monat im Vergleich

Bezahlt werden müssen alle diese Mitarbeiter vom Kunden, also den Autokäufern. Und bei VW fällt dies den Kunden ganz offensichtlich immer schwerer. Allein in Deutschland gehen bei VW pro Jahr mehr als 30 Prozent der Pkw-Neuwagen als Eigenzulassungen in den Markt. Škoda hat deutlich weniger Eigenzulassungen und braucht weniger Rabatte als VW zur Vermarktung. Dabei unterscheiden sich Škoda-Fahrzeuge in Qualitätsanspruch, Technik und Design so gut wie nicht von VW-Pkw, aber im Listenpreis. Und Škoda verdient ordentlich mit seinen Verkäufen, weil der Kunde die Autos und die Preise honoriert. Der Fall VW zeigt eindringlich, wie hohe Arbeitskosten bei zugleich starren Strukturen ein Unternehmen langfristig erheblich gefährden können. Dabei müssen Autobranche und Unternehmen mit voller Investitionskraft in die Zukunft gehen. Gewinne sind also kein Luxus, sondern blanke Überlebensnotwendigkeit.

Auf die falsche Spur gesetzt

Die Beschäftigten der Volkswagen AG produzieren in den Werken Wolfsburg, Hannover, Braunschweig, Kassel, Emden und Salzgitter sowohl Fahrzeuge (die Modelle Golf, Tiguan, Touran, Passat, T5 und Amarok) als auch Motoren, Getriebe, Achsen, Lenkungen und führen Gießereiaktivitäten aus. Neben der VW-Verwaltung und dem Entwicklungsbereich übernimmt die Volkswagen AG Zulieferaufgaben. Dies geschieht alles im Hochlohn- und Kostenstandort Deutschland und zu höheren Personalaufwendungen als bei klassischen Automobilzulieferern. Damit zieht die Stammgesellschaft Volkswagen AG hohe Kostenstrukturen förmlich an. Statt wie bei Conti lohnintensive Arbeiten in kostengünstigere Standorte umzulagern, »schützen« das VW-Gesetz, der starke Betriebsrat und die Landesbeteiligung unvorteilhafte Kostenstrukturen. Dies zeigt der Vergleich mit dem Nachbarn Conti, der einschließlich Forschungs- und Entwicklungsaufgaben nur 26 Prozent der Beschäftigten – eben die hochproduktiven und anspruchsvollen Jobs – in Deutschland hält. Während in den letzten 40 Jahren immer mehr Autobauer schlanke Strukturen gebildet und etwa die Herstellung von Autositzen, Innenraumausstattung oder Getrieben ausgelagert haben, wurde im VW-Konzern entgegengesetzt gearbeitet. Gerade das Geschäft mit Autositzen und die Innenraumausstattung ist margenschwach und kostenwettbewerbsintensiv. Auch deshalb verkaufte der US-Konzern JohnsonControls im Jahr 2014 große Teile seines Geschäfts an den chinesischen Zuliefererkonzern Yangfeng. Bei VW wurde in Gegenrichtung gearbeitet, und im Jahr 2001 die Sitech Sitztechnik GmbH als hundertprozentige Tochter der VW AG gegründet. Die Sitech beschäftigt an den westdeutschen Produktionsstandorten Wolfsburg, Emden und Hannover 2 400 Mitarbeiter und ist auf Sitzfertigung und Innenraumausstattungen als reiner Zulieferbetrieb ausgelegt. Die Überlegung des früheren Vorstandsvorsitzenden Ferdinand Piëch, durch In-Sourcing, also das Zurückholen von Zulieferaufgaben in die Volkswagen AG, Größenvorteile zu nutzen und zugleich Wettbewerbern wie etwa Daimler oder BMW diese besseren Kostenstrukturen vorzuenthalten, hat sich als »verschrobenes« Denken herausgestellt. Ingenieurstechnisch vielleicht entfernt nachvollziehbar, aber aus ökonomischer Perspektive die völlig falsche Richtung.

Das wird schon bei einem schnellen Blick auf die Marktlage deutlich: 2015 wurden weltweit einschließlich der Nutzfahrzeuge knapp 90 Millionen Fahrzeuge verkauft. Weltmarktführer Toyota hatte daran einen Gesamtanteil von 10,15 Millionen Verkäufen – und ist mit dieser Größe immer noch weit davon entfernt, den Markt zu dominieren. Selbst wenn es VW gelingen würde, die eigenen Absatzzahlen um mehr als das Dreifache zu steigern und weltweit dreißig Prozent der Weltautomobilnachfrage zu bedienen, blieben immer noch 70 Prozent der Fahrzeuge, die vom Wettbewerb produziert würden; viel zu viel, als dass ein Unternehmen hier Zuliefererstrukturen und -preise diktieren könnte. Doch nach dieser realitätsfernen Gedankenwelt wurden und werden bei VW Entscheidungen getroffen. Ferdinand Piëch hat mit einer Vielzahl von wichtigen Zukäufen und erfolgreichen Tochtergesellschaften VW wertvoller gemacht. Aber im Geflecht der politischen Umstände und der spezifischen VW-Verfassung wurden unter ihm durch In-Sourcing auch große Hürden für die Kostenwettbewerbsfähigkeit der Marke VW-Pkw aufgebaut. Heute erscheint die Volkswagen AG wie Gulliver, gefesselt von vielen kleinen Liliputanern, bewegungslos, wenn es um die Anpassung von Kostenstrukturen geht.

Weitere Verschlechterungen der Kostenposition beim Geschäftsbereich VW-Pkw sind die Folge von Prestigeprojekten, wie etwa die Gläserne Manufaktur in Dresden. Dort wurde bis März 2016 das wenig erfolgreiche VW-Modell Phaeton montiert. Piëchs Versuch, mit dem VW-Phaeton der Mercedes S-Klasse Kunden abspenstig zu machen, ist endgültig gescheitert. Er hinterlässt nicht nur Verluste in der Konzernbilanz, sondern auch 500 Mitarbeiter in der gläsernen Manufaktur. Während der Phaeton als Einmalexperiment eingestellt werden kann, wird es schwer sein, eine sinnvolle – sprich rentable – Verwendung für Dresden zu finden.

Im Jahre 2009 hatte die Volkswagen AG aus der Insolvenz den mittelständischen Betrieb Karmann in Osnabrück übernommen. Osnabrück ist Heimatstadt des früheren niedersächsischen Ministerpräsidenten Christian Wulff, der seinerzeit als Vertreter des Landes im VW-Aufsichtsrat saß. Für Osnabrück war VWs Deal ein Rettungsanker, für den Wolfsburger Konzern eine vermutlich bleibende Belastung mit 2 300 Beschäftigten. Karmann hatte vor seiner Insolvenz überwiegend als Auftragsfertiger Nischenmodelle gebaut, darunter das Audi A4 Cabriolet, Chrysler Crossfire Coupé und Cabrio, Mercedes CLK Cabrio, Renault Megane Cabrio und VW Golf Cabrio. Auftragsfertigung hat, wie schon zuvor ausgeführt, den großen Vorteil, dass in Zeiten rückläufiger Produktion nicht die eigenen Bänder und Mitarbeiter stillstehen, sondern die des Zulieferers. Mit der Übernahme von Karmann übernahm VW nun auch das gesamte Kapazitätsrisiko – und tat damit exakt das Gegenteil von dem, was Wiedeking lange zuvor erfolgreich bei Porsche umsetzte.

Auch deshalb leidet VW-Pkw unter einer schlechten Rentabilität. Der VW-Konzern hat wenig Flexibilität, sprich, bei schwacher Nachfrage besteht die Gefahr, schnell in Verluste zu rutschen. Doch Flexibilität ist in der Automobilindustrie als Erfolgsfaktor deutlich wichtiger als pure Größe, das zeigen nicht zuletzt Beispiele wie Porsche oder auch BMW, ein weiterer Meister der flexiblen Produktion. Eine echte Wettbewerbschance für die Davids der Branche, mit ihrer Wendigkeit die Größennachteile auszugleichen.

Nach ähnlichem Muster wie bei Karmann verfuhr VW auch 2010 bei dem wenig rentablen Produktionsstandort Brüssel. Er wurde für die Produktion des Kleinwagens Audi A1 ausgebaut, obwohl in den spanischen Seat-Werken durchaus Kapazitäten zur Verfügung gestanden hätten. Immerhin betragen die Arbeitskosten in Spanien in der Autoindustrie pro Stunde 26 Euro, während sie in Belgien bei 46 Euro pro Stunde liegen. In Europa ist Belgien bei den Arbeitskosten der zweitteuerste Standort, nur hier in Deutschland sind die Arbeitskosten noch höher. Andere Hersteller achten streng auf Kostenbedingungen; so haben etwa Ford und Opel ihre belgischen Werke Genk und Antwerpen in den letzten Jahren dicht gemacht. Nicht ohne lauten Protest, Widerstand und Kritik aus Belegschaft und Bevölkerung, doch nichts davon konnte an der Konzernentscheidung rütteln. Bei VW sieht dies anders aus, »dank« der direkten Einflussnahme durch die Landespolitik und den starken Betriebsrat. Was kurzfristig als gute Entscheidung für Belegschaft und Lokalpolitik aussehen mag, kann langfristig das ganze Schiff VW-Konzern ernsthaft ins Schlingern bringen. Solange das Kerngeschäft in der Produktivitätsfalle steckt, helfen auch die profitablen Töchter nicht.

Natürlich ist diese »Produktivitätsfalle« in der Konzernführung längst bekannt. Unter Piëch lautete die Strategie dagegen: kontinuierlich steigende VW-Fahrzeugverkäufe und immer höherwertige VW-Modelle. Je mehr Fahrzeuge verkauft werden, umso höher können die Stückzahlen an den kostengünstigeren ausländischen Produktionsstandorten werden – so alimentieren diese die teuren deutschen Standorte mit, weil die Produktionskosten im Durchschnitt sinken. Außerdem ist der Gewinn pro Fahrzeug höher, je hochwertiger das Modell ist. Beim Touareg ist die Gewinnspanne höher als beim Polo, so die Theorie. Die Marke VW sollte stärker in Richtung Premium verschoben werden, während Škoda bewusst als Einsteigermarke positioniert wurde, die mit deutlich niedrigeren Produktionskosten in Osteuropa preissensiblere Kunden anspricht. Doch in der Realität offenbart die Theorie ihre Probleme: Škoda bietet inzwischen Fahrzeuge in der gleichen Qualität und mit einem ebenso modernen ansprechenden Design an wie VW, bei deutlich günstigeren Preisen, und kannibalisiert so die eigene Konzernmarke.

Optisch versucht VW dem unter anderem mit immer höheren Eigenzulassungen gegenzusteuern. Im Schnitt entfallen mehr als 30 Prozent der VW-Zulassungen pro Jahr auf die Händler und den

Autobauer selbst. In der Konsequenz verschlechtern sich natürlich die Margen, und das Preisbewusstsein der eigenen Kundschaft wird torpediert. Die Marke VW hat sich in eine ungesunde Position zwischen Škoda und Audi manövriert, wo der Platz für einen »Volks-Wagen« auf Dauer zu eng ist. Noch ist nicht erkennbar, wie dieses Dilemma unter dem neuen Management gelöst werden soll.

Strenge Hierarchien und Fehlerkulturen

Trotz aller augenfälligen Schwachpunkte, Fehlschläge und Schwierigkeiten muss man natürlich festhalten, dass sich der VW-Konzern in den letzten 20 Jahren mit seinen Marken Audi, Porsche, Škoda und dem Chinageschäft eine respektable Marktstellung erarbeitet hat. Doch in der Grundlage dieser Erfolge liegt eine weitere Gefahr verborgen: Sie sind das Resultat eines Managementsystems, das geprägt ist durch strenge Hierarchien, durch Detail- und Kontrollversessenheit. Das Führungssystem eines der größten Autokonzerne der Welt spiegelte die Persönlichkeitsmuster von Ferdinand Piëch und Martin Winterkorn wider.

Im VW-Konzern galten bis zum Sturz Winterkorns im Zuge des Abgasskandals klare Hierarchien und ein Top-down-Management. Moderne Führungsprinzipien wie die Delegation von Macht und Verantwortung waren Piëch und Winterkorn fern. Akribisch inspizierten die Vorstandsvorsitzenden bei Test- und Erprobungsfahrten mit neuen Modellen auch noch die kleinste Schraube. Alles wurde kontrolliert und begutachtet. Symptomatisch für diese Kultur waren auch die legendären Rundgänge auf Automessen. Mit Bandmaß checkte der VW-Chef Winterkorn persönlich Fenster- oder Türbreiten von Wettbewerbsmodellen, prüfte akribisch Spaltmaße und Verarbeitungsqualitäten. Im Schlepptau, wie Schulbuben, seine Spitzenmanager, die sich manches vom großen Chef anhören mussten. Das YouTube-Video »IAA 2011 Hyundai new Generation i30 and Martin Winterkorn« gibt in viereinhalb Minuten einen mehr oder weniger lebhaften Eindruck von diesem Führungsprinzip. Widerspruch gab es nicht, es wurde angeordnet und die Ausführung streng kontrolliert. In solch einer Kultur der Angst und Einschüchterung ist das Risiko groß, dass auch illegale Wege beschritten werden, wenn die vorgegebenen Ziele legal nicht erreichbar sind.

Der frühere Spitzenmanager Bob Lutz, der unter anderem Vorstandsmitglied bei GM, Chrysler und Ford-Europachef war, machte in einer US-Kolumne VW-Chef Ferdinand Piëch den Vorwurf, er sei für den Dieselskandal verantwortlich, selbst wenn er das Vorgehen nicht persönlich angeordnet, sanktioniert oder auch nur davon gewusst habe. Lutz erinnert sich in einem Gespräch an eine Szene zwischen ihm und Piëch aus den Neunzigerjahren, als er den VW-Chef für die perfekten Spaltmaße des neuen Golf IV lobte. Der Journalist Wilfried Eckl-Dorna zitiert Lutz für das deutschsprachige *manager magazin*: »Piëch habe ihm dann erklärt, wie er das geschafft habe: Er habe alle Verantwortlichen zu sich gerufen und ihnen erklärt, dass er die lausig-weiten Abstände zwischen den Karosserieteilen satt habe. Seine Mitarbeiter hätten sechs Wochen Zeit bekommen, die Spaltmaße auf Weltklasseniveau zu heben – sonst werde er sie alle ersetzen. Diese Drohung habe funktioniert.« Lutz bezeichnet diesen Führungsstil als Schreckensherrschaft, die zwar kurzfristig Erfolge zeigt, aber hochgradig gefährlich ist. Und diese Herrschaft endete nicht mit Piëchs Wechsel in den Aufsichtsrat. Auch unter seinem Nachfolger auf dem Vorstandssessel Winterkorn waren die gerne auch an Samstagen durchgeführten »Qualitätsbesprechungen« gefürchtet, auf denen sich die Manager »rechtfertigen« mussten.

Ein solches System aus Einschüchterung, Kontrolle und Bestrafung wäre in schöpferischen Erfolgsunternehmen wie Google oder Apple undenkbar. In so einem Umfeld können nicht die kreativen Köpfe gedeihen, die für eine »neue« Autoindustrie der Zukunft gebraucht werden. Kultur und Unternehmensverfassung sind voneinander abhängig. Und ganz offenbar war es nicht nur die Persönlichkeit der Vorstandschefs, sondern auch die Organisationsstruktur des VW-Konzerns, die diese autoritäre Kultur gefördert hat. Überraschend ist ohnehin, dass der Betriebsratsvorsitzende Bernd Osterloh, der nicht nur bei den Spielen des VfL stets an der Seite Winterkorns saß, von den Schwächen in der Betriebskultur nichts gewusst haben soll. Tatsächlich hat Osterloh in der Vergangenheit öfters betont und klargestellt, dass es im VW-Konzern keine Einschüchterung von Mitarbeitern und kein autoritäres Führungssystem gebe. Wozu braucht es einen Betriebsrat, wenn er die elementarsten Dinge im Unternehmen nicht sieht – oder nicht sehen will?

Der Skandal um die Betrugssoftware bei VW-Dieselmotoren war übrigens nicht der einzige Skandal, der den VW-Konzern erschütterte. Zehn Jahre zuvor hatten Bordellgeschichten und Korruptionsaffären um den VW-Betriebsrat den Konzern ebenfalls in die Schlagzeilen gebracht und Gerichtsprozesse zu schmerzlichen Urteilen geführt, etwa gegen den früheren Betriebsratsvorsitzenden und Gewerkschaftler Klaus Volkert. Offenbar scheint die Gesellschaftsstruktur von VW dem Konzern eher zu schaden, statt – wie beabsichtigt – das Unternehmen zu schützen. Der neue VW-Chef Matthias Müller hat nun eine neue Kultur verkündet. Das zwanghafte Kontrollieren aller Details entspricht nicht Müllers Führungsstil; aber die alten Strukturen – der übermächtige Betriebsratsvorsitzende, die mit niedersächsischen Landespolitikern besetzten Aufsichtsratsposten – resultieren in einem Ungleichgewicht der Kräfte und bleiben problematisch. Für einen echten Befreiungsschlag, der die Weichen für die neue Zeit der Autowelt stellt, braucht es eine neue Konstitution des Konzerns. Eine Lösung könnte darin bestehen, dass nicht mehr Kirchturmpolitiker die Stimmrechte des zwanzigprozentigen Landesanteils bei VW wahrnehmen, sondern breitere politische Einheiten wie etwa die Bundesregierung. Der kurzfristig radikaler erscheinende Schritt, VW-Gesetz und die Landesbeteiligung an der Volkswagen AG insgesamt zurückzunehmen, wäre langfristig die beste Absicherung für den Konzern. Der Nachbar Continental zeigt, dass sich ein solcher Schritt für das Land Niedersachen auszahlt. Die Zukunft eines Unternehmens wird nicht durch Gesetze, Politiker oder Betriebsräte gesichert, sondern allein durch die Attraktivität der Produkte und Dienstleistungen für die Kunden.

Kriegt VW die Kurve noch?

Keine Frage: Der Dieselskandal war eine beispiellose Erschütterung und kommt den Konzern sehr teuer zu stehen. Ende Juni 2016 stimmte VW einem Vergleich in den USA zu, der sämtliche Privatklagen von Kunden und Strafzahlungen an Behörden mit 14,7 Milliarden Dollar ausgleicht. Offen sind weiterhin die Klagen der Aktionäre wegen zu später Information über den Dieselskandal sowie mögliche Klagen in anderen Ländern. Zusätzlich wurde das Image von VW böse angekratzt. Kunden halten sich bei VW-Fahrzeugen zurück. Insgesamt geht der Konzern durch die größte Krise in seiner Geschichte. Das ist die Negativseite.

Auf der Positivseite sind die Aktivitäten des neuen VW-Chefs Matthias Müller zu verbuchen. Müller hat mit einem neuen Strategieteam bei VW eine 180-Grad-Kehrtwende vollzogen. Die Kultur wird offener, Müller lässt den Menschen Freiraum, und er setzt neue Prioritäten, die unter den alten Chefs Martin Winterkorn und Ferdinand Piëch undenkbar gewesen wären. Müller will VW radikal umbauen und sein Umbauplan heißt »Strategie 2025«. Drei große Vorhaben will Müller umsetzen. Erstens, die Elektromobilität. Bis zum Jahr 2025 soll der VW-Konzern, bei dem bisher Verbrennungsmotoren im Mittelpunkt standen, mehr als 30 vollelektrische Modelle auf den Markt bringen. Bis zu drei Millionen Elektroautos soll der Konzern 2025 verkaufen – das wäre ein Viertel des Konzernabsatzes. Statt Lithium-Ionen-Batterien bei Zulieferern einzukaufen, denkt VW über eigene Batteriefabriken nach. Batterietechnik soll zur neuen Kernkompetenz des Konzerns werden. Und Müller schreibt den Diesel ab. In Interviews betont er, dass es wenig sinnvoll sei, weiter in den Dieselmotor zu investieren. »Es wird sich die Frage stellen, ob wir ab einem gewissen Zeitpunkt noch viel Geld für die Weiterentwicklung des Diesels in die Hand nehmen sollen«, sagte Müller kurz vor der VW-Hauptversammlung im Juni 2016. Für den Vorstandsvorsitzenden eines europäischen Autoherstellers kam diese Aussage einer Revolution gleich. Zweitens plant der VW-Konzern mit der Strategie

2025 selbstfahrende Autos. »Wir werden die nötigen Ressourcen für autonomes Fahren und künstliche Intelligenz eigenständig bereitstellen. Ziel ist die Zulassung einer selbst entwickelten, wettbewerbsfähigen technischen Lösung«, so Müller. Sie sei bis zum Ende der Dekade geplant. Der dritte Pfeiler der Strategie 2025 sind neue Mobilitätsdienstleistungen. VW will in die Sharing Economy investieren. Mit 300 Millionen Euro hat man sich bereits im Frühjahr 2016 am Fahrdienstleister und Uber-Wettbewerber Gett beteiligt. Für die drei großen Pfeiler der Strategie 2025 ist ein Investitionsvolumen im zweistelligen Milliardenbereich geplant. Alle drei großen Themen der neuen Mobilitätswelt will der VW-Konzern mit Macht in Angriff nehmen. Ohne Dieselgate hätte es diese Trendwende im VW-Konzern nicht gegeben. Mit seinem alten hierarchischen System hätte VW in der neuen Mobilitätswelt wie ein Dinosaurier aus vergangenen Zeiten dagestanden. Manchmal können große Krisen den so wichtigen Trendwandel einleiten.

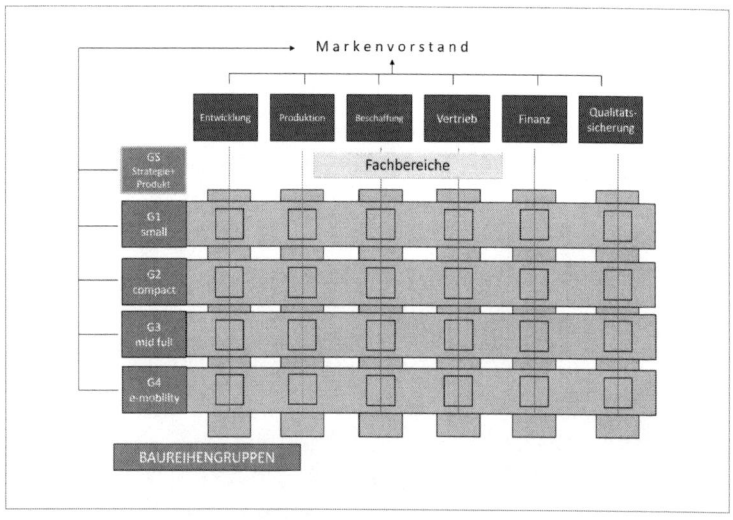

Abb. 18: Neues Organigramm der Volkswagen AG

Neben den drei großen Strategieschwerpunkten verändert VW seine Organisation. Dezentraler, mehr Verantwortungen bei den Marken und ein »abgespeckter« Konzernüberbau sind die Leitlinien. Die Marke VW wird jetzt in einer sogenannten Matrixorganisation aufgestellt. Vier Baugruppenleiter sind jetzt für die verschiedenen Modellreihen verantwortlich. »Zuarbeiten« werden die sechs Fachabteilungen Entwicklung, Produktion, Beschaffung, Vertrieb, Finanz und Qualitätssicherung. Matrixorganisationen sind effizienter als die früheren Linienorganisationen und geben viel Verantwortung an die Baugruppenleiter ab. Es tut sich also viel im Nach-Dieselgate-VW-Konzern. »Wir haben ohne Zweifel auch gravierende Schwächen. Die Stichworte lauten hier vor allem: Struktur, Kultur und Effizienz«, sagt Müller dazu. Bei den Aktionären wurde die Müller-Strategie 2025 gut aufgenommen.

Knackpunkt bleibt die Effizienzverbesserung der Kernmarke VW-Pkw. Dazu will man jetzt die Komponentenwerke unter ein Dach stellen. Damit werden die Effizienten oder eben fehlende Effizienten – und damit Wettbewerbsnachteile – transparent. Inwieweit damit die Dinge auch umsetzbar sind, bei den immer noch bestehenden Mehrheitsverhältnissen im Konzernaufsichtsrat, bleibt die entscheidende Frage. Zwar betonen die IG Metall mit ihrem Betriebsratsvorsitzenden Osterloh und das Land Niedersachsen mit seinem Ministerpräsidenten Weil die Unterstützung bei der Transformation – aber die harten Fragen wurde bisher nicht gestellt. Ein Großteil der Zukunft – das Effizienzprogramm – wäre ohne VW-Gesetz und ohne Landesbeteiligung besser umsetzbar. Doch dort scheint noch der Mut zum Neuanfang zu fehlen.

Dieselgate hat dem VW-Konzern große Belastungen aufgebürdet. Doch Dieselgate ist ein einmaliges Erdbeben. Einmalige Schäden lassen sich reparieren, auch wenn es teuer wird. Schwerwiegender sind die chronischen Krankheiten. Die Marke VW-Pkw und die Volkswagen AG sind mit einem chronischen Problem konfrontiert, das eben nicht mit einer Einmalzahlung, sei sie noch so hoch, aus der Welt geschafft werden kann. Die Voraussetzung für die Zukunft ist aber, dass die chronischen VW-Kostenprobleme gelöst werden. Wirklich zukunftsfähig wäre das Unternehmen mit einer Änderung in der VW-Gesellschaftsstruktur. VW kriegt die Kurve, wenn die Macht im Aufsichtsrat neu balanciert wird. Die Strategie 2025 des neuen Vorstandschefs stimmt, ist schlüssig und bereitet den Konzern auf die großen Zukunftsaufgaben vor. Auch an der Kultur arbeitet Müller. Wenn es gelingt, eine neue Kultur im Konzern tief zu verankern, kriegt VW die Kurve. Eine Kultur der Offenheit, eine Kultur, wie sie in den Unternehmen des Silicon Valley gelebt wird. Die großen Firmen aus dem Silicon Valley wie Adobe, Amazon, Cisco, Facebook, Nvidia, Symantec oder Tesla haben ein verbindendes Element: Der Umgang mit Mitarbeitern, die Freiheit, Zwanglosigkeit und Selbstbestimmung von Mitarbeitern, die sich nicht nur an T-Shirts, Jeans und Sportschuhen zeigt. Feste Anwesenheitszeiten gibt es bei vielen dieser Unternehmen nicht, sondern die Mitarbeiter arbeiten, wenn sie am »produktivsten« sind. Im Silicon Valley werden die Regeln und Prinzipien der datengetriebenen Gesellschaft deutlich. Mit Milliarden von Daten zu arbeiten, sie zu verknüpfen und daraus neue, spannende Produkte abzuleiten, machen die Innovationen dieser Firmen aus. Sie zelebrieren keine Regeln, sie brechen Regeln. Nicht das Prinzip der kontinuierlichen Verbesserung steht im Mittelpunkt, sondern die schon zitierte »Kreative Zerstörung« oder disruptive Innovation. Sie ist in der Lage, eine Branche zu zerlegen und neu zusammenzusetzen. Ministerpräsidenten oder allmächtige Gewerkschaftsfunktionäre als Aufsichtsräte und Co-Manager stehen dieser neuen Welt im Weg.

8. REGELBRECHER TESLA

Für jede neue Technologie braucht es einen, der sie umsetzt. Einen Erfinder und Entrepreneur, der radikal mit den alten Regeln bricht und mit einem neuen Modell die Welt verändert. In der Autoindustrie könnte das Tesla werden. Seit dem Jahr 2012 gibt es bei Tesla das Elektroauto der Zukunft zu kaufen. Das vom US-Milliardär Elon Musk im Jahre 2003 im kalifornischen Palo Alto gegründete Unternehmen ist in weniger als 15 Jahren zum Vorzeigemodell für Elektromobilität geworden und nimmt gleichzeitig bei Funktionen wie dem automatisierten Fahren eine Vorreiterrolle ein. Tesla ist dabei, dem Begriff Premium in der Autowelt eine neue Qualität zu geben, eine neue Wahrnehmung für das Auto zu erzeugen. Tesla ist die schillerndste Marke der Szene, die man nur dann versteht, wenn man sich mit seinem Gründer und Chef Elon Musk auseinandersetzt.

»Das Leben ist zu kurz, um Urlaub zu machen!«

Zwar hat Elon Musk diesen Satz so wohl nie gesagt. Aber wenn man sein Leben Revue passieren lässt, prägt diese Einstellung sein gesamtes Handeln. Musk ist Milliardär und innovationsgetrieben wie kein Zweiter. Er hat seine Milliarden nicht geerbt, sondern selbst erarbeitet. Die Vision, mit diesen Milliarden »grüne« und nachhaltige Technik weiterzuentwickeln, treibt ihn an. Musk ist davon besessen, unsere Welt durch technische Innovationen besser und lebenswerter zu machen. Das geht so weit, dass er mit seinem eigenen Raumfahrtunternehmen SpaceX auf dem Mars landen will, um dort die Grundlagen für die Besiedlung durch die Menschen zu legen. Der umtriebige Musk will auf dem roten Planeten eine Kolonie für bis zu 80 000 Einwohner schaffen. Eine Art zweiter Erde schwebt ihm vor. Gelingen soll das mit der SpaceX-Raumkapsel Dragon 2, einem wiederverwendbaren Raumschiff, das sieben Astronauten transportieren kann. Die Mission soll »Red Dragon« heißen – wobei sich das »rot« auf die Farbe des Mars bezieht. Konzipiert wurde die Dragon 2 für den Transport von Astronauten zur Internationalen Raumstation ISS. Das Vorgängermodell Dragon hat bereits erfolgreich Frachtgut dorthin transportiert.

Elon Musk erscheint leicht als überdrehter Spinner. Aber wenn man Revue passieren lässt, was er erreicht hat, wird das schnell relativiert. So hat etwa das US-Verteidigungsministerium beinahe zeitgleich mit der Ankündigung der geplanten Marsmission von Musk im April 2016 bekannt gegeben, dass SpaceX zum ersten Mal eine militärische Mission betreuen wird. Musks Weltraumfirma soll für mehr als 80 Millionen Dollar einen Navigationssatelliten auf eine Erdumlaufbahn schießen. Mit der US-Raumfahrtbehörde NASA hat SpaceX einen Vertrag über 1,6 Milliarden Dollar geschlossen, um in einer Reihe von Raumflügen Ausrüstungsgegenstände zur internationalen Raumstation ISS zu transportieren. SpaceX wurde 2002 von Musk gegründet, zählt mehr als 4 000 Beschäftigte und nutzt für Weltraumflüge die US-Luftwaffenstützpunkte in Cape Canaveral und Vandenberg.

Elon Musk wuchs in Südafrika unter dem damaligen Regime der Rassendiskriminierung auf. Als Jugendlicher verschlang er geradezu naturwissenschaftliche Bücher und bastelte an Treibstoffen für kleine Raketen. Mit 15 Jahren wanderte er nach Nordamerika aus, studierte später an der Universität von Pennsylvania in Philadelphia Physik und Ökonomie. Das ist bezeichnend für Musk: Er ist nicht der stille Erfinder, sondern er will die Innovationen im großen wirtschaftlichen Maßstab als Unternehmer umsetzen. Er interessiert sich für Technik und Märkte. Während seiner Studienzeit jobbte er nebenbei und entwickelte Geschäftsmodelle für Firmen. So etwa für ein Unternehmen, das Buchtexte einscannt und digitalisiert, oder eine Firma, die Energiespeichersysteme herstellt. Seine erste Firma, Zip2, gründete er im Silicon Valley. Schon vier Jahre später konnte er Zip2 für 300 Millionen US-Dollar an den Computerhersteller Compaq verkaufen. Das Geld steckte er in das Projekt X.com, den späteren Bezahldienst PayPal, der 2002 für 1,5 Milliarden Dollar an Ebay verkauft wurde. Gut 180 Millionen Dollar hatte Musk an PayPal verdient.

Mit dem Geld konnte Elon Musk gleich drei Träume verwirklichen und den Elektroautobauer Tesla, die private Raumfahrtfirma SpaceX und den Solarmodulhersteller SolarCity gründen, letzteres gemeinsam mit seinen beiden Cousins Lyndon und Peter Rive. SolarCity, bei dem Musk als Aufsichtsratschef agiert, ist mittlerweile mit mehr als 10 000 Beschäftigten der größte Solarstromanbieter der USA. Mit mehr als acht Milliarden Dollar sind hochrangige Institutionen und Unternehmen wie die Bank of America, Google, Merrill Lynch oder der US-Energieversorger PG&E Corporation Finanzierungspartner von SolarCity. SolarCity arbeitet mit den innovativsten Systemen und Techniken der Branche. Es soll die Art verändern, wie wir Energie gewinnen. Elektroautos wie die Teslas und private Haushalte sollen nicht mit konventionellem Strom aus Braunkohle oder Öl angetrieben werden, sondern nach den Vorstellungen von Musk nachhaltig gewonnene Energie, Sonnenenergie, nutzen. Typisch für Musk ist, dass er sich bei all seinen Aktivitäten nicht mit einzelnen, in sich abgeschlossenen Stufen zufriedengibt, sondern möglichst gleich das gesamte System neu schaffen und radikal aus der alten Welt ausbrechen will. Nicht erst einmal einen neuen Antrieb, sondern das Auto und die Batterien und die Ladesäulen und den Strom und den Vertrieb.

Musk ist besessen von Innovation und technischem Fortschritt. Alles, was er macht, muss Spitzentechnologie sein. Zulieferer, die für Tesla arbeiten, berichten, dass Musk nur die allerbeste Qualität und neuste Technologie für alle Teile und Komponenten seiner Tesla-Autos will. Und wenn er sie bei Zulieferern nicht findet, baut er sie mit Tesla selbst. So ist Musk, er verabscheut Mittelmaß und lässt dies auch seine Mitarbeiter spüren. Er ist kein einfacher Chef, sondern setzt sein Team mächtig unter Strom. Furore machte Musk 2016 mit seiner Raumfahrtfirma SpaceX. Im April war es ihm gelungen, zum ersten Mal mit einer wiederverwertbaren Rakete auf einer schwimmenden Plattform im Ozean zu landen. Bis dahin konnten Raketen, die pro Stück gut 60 Millionen Dollar kosten, nur ein einziges Mal genutzt werden. Mit den wiederverwertbaren Raketen reduzieren sich die Kosten für einen Raketenstart auf ein paar Hunderttausend US-Dollar, so Musk. Sogar US-Präsident Barack Obama ließ es sich nicht nehmen, Musk per Twitter zu seinem Erfolg zu gratulieren. »Congrats SpaceX on landing a rocket at sea. It's because of innovators like you & NASA that America continues to lead in space exploration«, twitterte der POTUS am 9. April 2016. Für Musk war die Landung der Rakete auf der schwimmenden Plattform ein Riesenerfolg. In der Vergangenheit hatte es SpaceX öfter versucht, aber es gab nur teure Fehlschläge. Jetzt hat er es allen mal wieder gezeigt, dem mächtigen staatlichen US-Raumfahrt-Unternehmen NASA, den Raumfahrtpionieren in Russland, den Riesenkonzernen der Welt. Seine Vision, bemannt zum Mars zu fliegen und den Planeten zu besiedeln, ist durch die Landung auf der schwimmenden Plattform ökonomisch machbarer geworden.

Natürlich kann Musk das nicht alles alleine finanzieren. Er braucht eine Menge Geld und finanzkräftige Partner, um seine Visionen und Pläne umzusetzen. Und auch das ist Musk: Bisher ist ihm das »Geld finden« immer geglückt. Google und der Investmentfond Fidelity stiegen 2015 bei SpaceX ein und halten aktuell zehn Prozent. Fidelity ist mit mehr als 310 Milliarden Euro betreutem Kundenvermögen eine der größten privaten Fondgesellschaften weltweit. Andere wichtige Beteiligungsgesellschaften wie Founders Fund, Draper Fisher Jurvetson, Valor Equity Partners sind Kapitalgeber von Musk. Musk hat also nicht nur aufsehenerregende Ideen, sondern er schafft es, Geld für die Umsetzung zu beschaffen. Das ist kein Fantast, sondern ein umsetzungsstarker Innovator, der das Risiko nicht scheut.

Musk hat einen unendlichen Ehrgeiz, um seine Ziele zu erreichen, und ist so etwas wie die ultimative Form eines Workaholics. Um das erste Tesla-Modell, den Tesla Roadster, schneller ausliefern zu können, schlief er an den Wochenenden in der Fabrik, um sofort reagieren zu können, falls etwas hakte. Ashlee Vance, die Musk 2012 im Nachrichtendienst Bloomberg porträtierte, überschrieb ihren Artikel mit »Elon Musk, the 21st Century Industrialist«. Geschäftspartner und Mitarbeiter, so schrieb Vance, sähen Elon Musk auf Augenhöhe mit dem legendären Apple-Gründer Steve Jobs, der mit seinen aufsehenden Innovationen wie iPhone oder iMac die Welt veränderte, mit John D. Rockefeller, der zum Aushängeschild der Ölindustrie in den USA avancierte, und dem US-Milliardär, Unternehmer, Filmproduzenten und Luftfahrtpionier Howard Hughes.

Dabei gibt es für Musk nicht nur Sternstunden. So stand seine Autofirma Tesla 2008 knapp vor der Pleite, weil Tesla weit hinter den Planungen lag und Produktionsschwierigkeiten die Auslieferung seines Tesla Roadster verzögerten. Mit enormer Kraftanstrengung kriegten Musk und sein Team die Kurve. Noch größer waren die Probleme bei Tesla im Jahr 2013. Die Nachrichtenagentur Bloomberg berichtete damals, Musk hätte mit Tesla kurz vor der Pleite gestanden und mit Google-Gründer Larry Page über den Verkauf seines Unternehmens verhandelt. Google wollte sechs Milliarden Dollar für Tesla bezahlen. Doch dann stieg der Tesla-Aktienkurs nach guten Verkaufszahlen für das neue Tesla Modell S, Google wurde die Übernahme zu teuer, und Musk war wieder mal über den Berg.

Was will Elon Musk mit Tesla?

Das Unternehmen Tesla hat in der Autowelt Standards und Maßstäbe gesetzt. Der im Jahr 1856 geborene Serbe Nikola Tesla ist so etwas wie eine Galionsfigur für den Elektroautobauer und prägt den Spirit, die Kultur des Unternehmens und der Marke. Natürlich sind sich Nikola Tesla und Elon Musk nie persönlich begegnet, doch ihre beiden Charaktere ähneln sich sehr: Beide versessen darauf, durch große Erfindungen, durch Technikinnovationen, die Welt zu verändern, wenngleich Musk in der Geschäftswelt sicher nicht so glücklos agieren will wie sein Vorbild. In seinem Beitrag »Nikola Tesla: Das betrogene Genie« in *GEO kompakt* beschrieb Rainer Harf den Serben als einen der genialsten Erfinder aller Zeiten. Der junge Tesla war fasziniert von der »geheimnisvollen Wirkkraft der Elektrizität« und der Welt der Erfindungen. Während seines Studiums in Graz verschlang er reihenweise Bücher und arbeitete wie besessen daran, das Phänomen Elektrizität zu verstehen.

Nikola Teslas erste bedeutende Erfindung war die Entdeckung des rotierenden magnetischen Feldes. Mit dieser Entdeckung gelang es ihm, einen Elektromotor zu konstruieren, der mit Wechselstrom als Energiequelle angetrieben wird. Gleichstrommotoren gab es damals bereits, aber sie hatten entscheidende Nachteile. Das von Nikola Tesla erfundene Prinzip des Induktionsmotors ist genial. Ein Rotor in der Mitte wird durch mehrere außen angebrachte Spulen in Bewegung gebracht. Durch diese Spulen fließt Wechselstrom, der sich bewegende Magnetfelder erzeugt, die den Rotor wie von Geisterhand antreiben. Mit seinem Induktionsmotor leitete Tesla die Ära der Wechselstrommotoren ein. Wechselstrommotoren sind heute aus unserer Welt nicht mehr wegzudenken, sie haben unser Leben verändert und begleiten uns vom einfachen Küchengerät bis zur schweren Elektrolokomotive. 1884, zwei Jahre nach dieser Erfindung, wanderte Nikola Tesla in die USA aus, traf den Unternehmer Thomas Alva Edison und begann in Edisons Unternehmen zu arbeiten. Edison hatte zwar auch mit Erfindungen Furore und Karriere gemacht, aber in seinem Innersten war er ein erfolgsgetriebener, hemdsärmeliger und durchaus gerissener Geschäftsmann. Edison machte nur das, was Geld brachte, was sich profitabel verkaufen ließ. Tesla wirkte dagegen wie von einem anderen Stern. Ihm ging es bei seinen Erfindungen nicht ums Geld, sondern darum, die Kräfte der Natur für alle Menschen nutzbar zu machen; er träumte sogar davon, dass jedermann in der Zukunft Zugang zu kostenlosem Strom haben würde.

Teslas Idealismus und was in der Realität daraus wurde, ähnelt ein bisschen der Geschichte großer Internetkonzerne wie etwa Google. Die Google-Gründer Larry Page und Sergey Brin wollten ursprünglich mit einer Suchmaschine die Welt verändern. Heute ist ihr Konzern ein Datenmonopolist, der Profit aus den Millionen Informationen über seine Nutzer schöpft. Wenn Google den Markt erst einmal vollständig monopolisiert hat, kommen die Kunden nur noch zu den Unternehmen, die bei Google werben. Google kann die Werbepreise weiter nach oben treiben, und letztendlich bezahlt der Google-Nutzer für die vermeintlich kostenlose Dienstleistung bei Google einen hohen Preis. Ein raffiniertes Geschäftsmodell, das eher die Denkmuster eines Thomas Alva Edison statt eines Nikola Tesla abbildet.

Elon Musk erscheint wie die beinahe unwirkliche Symbiose dieser zwei so gegensätzlichen Denkmuster. Ihm stehen Menschen vom Schlag eines Nikola Tesla nahe, und dennoch weiß er um die monetäre Kraft von Markenbildung und setzt sie – bislang erfolgreich – ein. Ähnlich wie Steve Jobs mit Apple hat auch Musk mit Tesla eine Art Anti-Marke zu den Googles und Amazons aufgebaut. Google ist heute als unsympathischer und gefährlicher Datenkrake im Kopf vieler Menschen verankert. Im Jahr 2014 hatte sogar das EU-Parlament eine Zerschlagung des Monopolisten gefordert. Marken wie Apple und Tesla werden dagegen begeistert aufgenommen und ziehen Menschen an. Für langfristigen Geschäftserfolg ist das wichtig. Wenn es Elon Musk gelingt, sein Unternehmen zu stabilisieren, hat er eine sympathische, begehrenswerte Marke geschaffen, die weitaus tragfähiger ist als ein Unternehmen, dessen Dienst man nur annimmt, weil kein anderes verfügbar ist. Aber der Weg für Elon Musk und Tesla ist nicht einfach. Sein Tatendrang, mit dem alles möglich wurde, ist zugleich sein Problem. Denn die hohe Geschwindigkeit kostet Geld.

Die Probleme beim Schnellstarter Tesla

Bei all seinen großen Innovationen, den stürmischen und begeisterten Fans schreibt das Unternehmen Tesla bislang Verluste. So fiel im Zeitraum von 2011 bis 2015 ein kumulierter Verlust von 1,9 Milliarden US-Dollar an, im Durchschnitt musste Musk in diesem Fünf-

Jahres-Zeitraum pro Jahr 390 Millionen US-Dollar Verlust verkraften. Finanzanalysten sagen dazu, Tesla verbrennt Geld. Doch trotz permanenter Verluste ist der Kurs der Teslaaktie von 17 US-Dollar bei der Ausgabe im Jahr 2010 bis Mitte des Jahres 2015 auf einen bisherigen Höchstkurs von 280 Dollar geklettert. Wer im Jahr 2010 für 100 US-Dollar Tesla-Aktien kaufte, hätte sie Mitte 2015 für 1 647 Euro verkaufen können, obwohl das Unternehmen seit seiner Gründung 2003 noch nie Gewinne erwirtschaftet hat. Natürlich ist die Aktie hoch spekulativ und sehr volatil, wie die Börsenmakler sagen. Aber die Übersicht »Wem gehört Tesla?« zeigt, dass bei Tesla keine Pokerspieler am Tisch sitzen, sondern sehr große Anlageinstitute mit langer Tradition und hohem Erfolg, die in Tesla-Aktien investieren.

Wem gehört Tesla?

- Streubesitz 49,1 %
- Elon Musk 26,5 %
- FNR LLC 10,2 %
- Baillie Gifford & Co 8,2 %
- T. Rowe Price Associates, Inc. 6,0 %

Hinter dem Kürzel FNR LLC verbirgt sich die große US-Investmentgesellschaft Fidelity Investments. Baillie Gifford & Co ist eine über 100 Jahre alte große englische Investmentgesellschaft. T. Rowe Price Associates, Inc. ist eine US-Investmentgesellschaft, die über 750 Milliarden US-Dollar Anlegerkapital verwaltet

---

Was treibt Investmentgesellschaften an, ihren Anlegern ein Unternehmen zu empfehlen, das bis dato nur Geld verbrannt hat?

Ein wichtiger Grund für die bisherigen Verluste sind die Verzögerungen, die immer wieder in der Produktion bei Tesla auftreten. Angekündigte Verkaufstermine für die beiden Modelle Model S und Model X mussten sehr häufig verschoben werden. So bereitete im

Jahr 2016 die Produktion des neuen sportlichen Geländewagens von Tesla, der Model X, gerade im ersten Quartal des Jahres große Probleme. Der Verkaufsstart des Model X war für September 2015 angesetzt. Aber in den ersten Monaten des Jahres 2016 stand die Produktion von Model X fast täglich still. Das Tesla Model X bietet eine Menge an Innovationen, aber viele Tesla-Zulieferer haben Probleme mit den neuen Teilen und Komponenten. Die Qualität stimmt nicht, die Mängelquote ist hoch. Probleme bereiten etwa die Flügeltüren, die Tesla »Falcon Wings« getauft hat. Die sehen zwar chic aus und erlauben einen sehr komfortablen Einstieg in die hintere Sitzreihe. Da aber die Mechanik zum Hochklappen der Flügeltüren überhitzen kann, lassen sich die Falcon Wings manchmal nicht öffnen. Zusätzlich beklagen Tesla-Fahrer, dass die an den Flügeltüren angebrachten Sensoren Probleme bereiten, sodass die Türen beispielsweise in Parkhäusern an die Decke stoßen. In der Tesla-Telefonkonferenz zur Vorstellung der Unternehmensergebnisse des ersten Quartals 2016 kommentierte Elon Musk die Fertigungsprobleme bei Model X mit den Worten: »Wir müssen führend in der Fertigung werden ... Das ist offensichtlich das Problem, das wir lösen müssen, damit wir schnell wachsen und unsere Autos bezahlbarer werden.« Typisch Musk fügte er hinzu: »Mein Schreibtisch steht praktisch am Fuß des Produktionsbands, und gleich nebenan in einem Konferenzraum habe ich einen Schlafsack liegen, den ich ziemlich häufig nutze.«

Es wäre die große Überraschung, wenn das mit großem Ansturm begrüßte, von Elon Musk im April 2016 angekündigte »Massenauto«, der Tesla Model 3, wie geplant vom Band liefe. Kein Mensch, einschließlich Elon Musk, glaubt vermutlich an den Zeitplan. Das Tesla Model 3 will die Branche auf den Kopf stellen. Während etwa der VW e-Golf, die Elektrovariante des VW Golf, knapp 35 000 Euro kostet und mit einer Batterieladung etwa 150 Kilometer weit kommt, soll der Preis des Tesla Model S 35 000 Dollar betragen, umgerechnet wären das weniger als 32 000 Euro. Tesla bietet mit dem Model 3 ein rein elektrisch angetriebenes Premiumauto von der Größe eines 3er-BMW mit einer Reichweite von mehr als 300 Kilometern. Mit Zusatzakkus kann die Reichweite sogar bis auf 500 Kilometer gesteigert werden. Sollte der Tesla Model 3 zu dem von Musk genannten Preis in den Markt kommen und Tesla an dem Auto tatsächlich Geld verdienen, wäre das der große Durchbruch für Tesla.

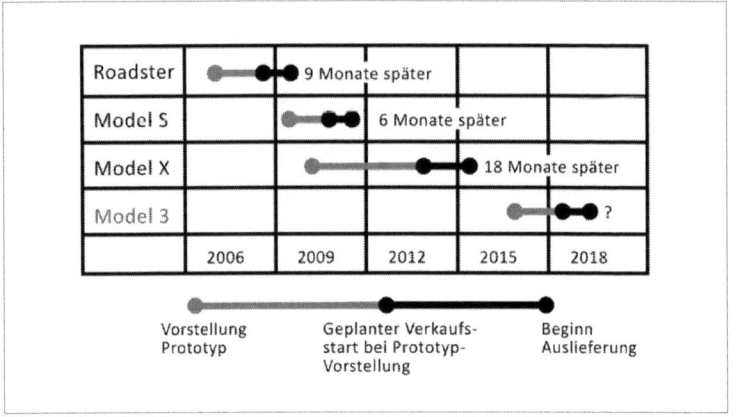

Abb. 19: Produktionsverzögerungen bei Tesla

Angesichts des äußerst attraktiven und wettbewerbsfähigen Preises und der Emotionalität der Marke Tesla ist es nicht verwunderlich, dass innerhalb von nur zwei Wochen 400 000 Tesla-Fans Kaufverträge unterschrieben und jeweils 1 000 Dollar anbezahlten. Der Auftragswert dürfte damit bei mehr als 14 Milliarden Dollar liegen, denn die Fahrzeuge werden sicher nicht alle zum Einstiegspreis gekauft. Im gesamten Jahr 2015 hat Tesla einen Umsatz von knapp über 4 Milliarden Dollar erzielt. Zwei Wochen Auftragseingang für das Model 3 entspricht damit fast dem Vierfachen des vorangegangenen Jahresumsatzes. Der bis dato größte Premiumautobauer BMW konnte im gesamten Jahr 2015 weltweit knapp 30 000 Fahrzeuge seines Elektroautos BMW i3 verkaufen. Damit hätte Tesla also in zwei Wochen so viele Aufträge erzielt wie BMW für den i3 in 13 Jahren. Das kann man sich kaum mehr vorstellen. Dies lässt ahnen, warum Tesla noch immer Investoren beflügelt, warum man Elon Musk noch immer Geld gibt, obwohl er bisher nur Geld verbrannt hat.

Überwältigt von dem hohen Auftragseingang für das Model 3 hat es Elon Musk freilich jetzt noch eiliger. Tesla soll noch schneller zu einem ernsthaften Autobauer aufsteigen. Statt wie ursprünglich geplant bis zum Jahr 2020, sollen bereits 2018 weltweit 500 000 Tesla-Autos verkauft werden, so die Ankündigung von Elon Musk bei der Telefonkonferenz zu den Unternehmensergebnissen im ersten Quartal 2016. Um die Zahl in einen Kontext zu stellen: Der Autobauer Volvo verkaufte 2015 weltweit 503 000 Fahrzeuge, Tesla selbst gerade 50 000 Autos. Innerhalb von zwei Jahren will Musk seine Produktion also verzehnfachen. Dafür muss er die Produktion deutlich schneller ausbauen, die Qualität und die Produktionsabläufe bei sich und den Zulieferern deutlich verbessern, und er braucht eine Menge zusätzliches Geld. Milliardeninvestitionen sind notwendig, um die ehrgeizigen neuen Wachstumsziele zu schaffen. Für das Teslateam und seine Zulieferer wird die Anspannung weiter ansteigen.

Das Tesla-Modell – anders als 100 Jahre altes Marketing

Nach seinem Selbstverständnis sieht sich Tesla als »Technologie- und Designkonzern, der sich innovativen Energielösungen verschrieben hat«. Tesla will mehr sein als ein Autobauer, nicht wie Fiat oder Hyundai oder Renault. Elon Musk will innovativen Energielösungen Premiumcharakter und Emotionen verleihen. Gefühlsregungen sollen beim Tesla-Fahrer ausgelöst werden durch Dynamik ohne Abgase, Beschleunigung ohne Lärm, große Touchscreen-Oberflächen im Innenraum, durch kontinuierliche Software-Updates, die dem Kunden via Internet eine Fülle von neuen und weiterentwickelten Funktionen bieten, ohne dafür in eine Werkstatt fahren zu müssen. Für Musk ist es wichtig, eine »neue Wahrnehmung« für das Auto zu erzeugen. Musk will zeigen, wie sich »innovativ« anfühlt und dies im Fahrzeugdesign zum Ausdruck bringen.

»Form Follows Function« war bei Porsche bei der Entwicklung der legendären Porsche-911-Sportwagen die Leitlinie. Genau das macht

Musk, aber eben mit der »New Function«. Was BMW, Ferrari, Mercedes, Porsche in der traditionellen Welt der Mechanik mit Verbrennungsmotoren geschaffen haben, will Musk mit emissionsloser, leiser und intelligenter Dynamik in eine neue Welt transformieren. Die Hardware, also das Auto selbst, ist für Musk in seiner Anmutungsqualität vergleichbar mit einem Apple iPhone oder MacBook. Wie trist erscheint dagegen das Google-Auto? Ein mit Software vollgestopfter, emotionsloser PC auf vier Rädern für Blinde und Alte. Das Markenverständnis von Tesla liegt näher an Apple als an BMW, Mercedes oder Porsche und weit weg von Google. Die Hardware muss die visionäre Technik als Skulptur abbilden. Dynamik und Intelligenz ohne Lärm und Abgas müssen im Design gefühlserregend zum Ausdruck kommen.

Das gilt auch für das Tesla-Marketing und den Verkauf. Elon Musk will den Vertrieb seiner Hightech-Elektroautos nicht langweiligen Autohäusern in Gewerbegebieten überlassen, in denen klischeemäßige Starautoverkäufer des Schlags Buddy Hall (wunderschön gespielt von Danny DeVito in der US-Filmkomödie »Blendende Weihnachten« aus dem Jahr 2006) die Kunden »beraten«. Tesla-Produkte passen nicht in die mehr als 100 Jahre alten Autohauskonzepte, bei denen Autos praktisch verscherbelt werden, sondern Tesla setzt auf Eigenregie im Vertrieb, um die »neue Wahrnehmung« des Autos nicht zu zerstören. In eigenen Tesla-Stores, die zentral in Innenstädten liegen und eben keine Armada von Ausstellungsfahrzeugen und jungen Dienstwagen auffahren, gestaltet Tesla die persönliche Begegnung mit seiner Marke. Andere Autobauer haben den Vertrieb an externe Autohändler ausgelagert. Mittelständische Unternehmer können mit niedrigeren Kosten arbeiten als ein zentral gesteuerter Vertrieb großer Autokonzerne, zudem spart man sich eine enorme Kapitalbindung im Vertrieb. Ihr wichtigstes Gut, der Kontakt und die Beziehung zum Kunden, liegt in den Händen von quasi Fremden, wie es seit mehr als 100 Jahren in den allermeisten Branchen die Regel ist, so wie die Waschmittelhersteller ihre Kartons in die Supermarktregale stellen, Elektrogeräteproduzenten ihre Kühlschränke und Wasserkocher in die Fachmärkte oder Verlage ihre Bücher in die

Buchhandlungen. Aber ist es nicht eigentlich kurios, als Marke so zu agieren? Tesla bricht auch hier aus und gestaltet seinen Vertrieb und die wichtigen Kundenkontakte selbst.

Bislang investierte Tesla weltweit in 230 Stores und Service Locations, diese Zahl soll bis 2017 auf 300 anwachsen. Dazu braucht Musk zwar zusätzliches Kapital, aber die eigenen Niederlassungen geben Tesla Kraft bei der Gestaltung und im Auftritt der Marke. Ganz ähnlich ging auch Steve Jobs mit den Apple Stores vor. Während Premiumhersteller wie Audi, BMW oder Mercedes inzwischen mit Edelboutiquen in den sündhaft teuren Citylagen von London, Paris oder Peking versuchen, einen Kontrapunkt zu ihren traditionellen Autohäusern zu setzen, kommt der junge Autobauer Tesla mit einem Gesamtsystem daher. Seine Innenstadtläden gleichen mehr einem gesellschaftlichen Treffpunkt als einem Verkaufsplatz. Sein Tesla-Modell bestellt und bezahlt man übrigens online per Smartphone oder PC. Damit die Bestellung angenommen wird, müssen 2 000 Euro angezahlt werden. Der Kunde kann dann in einem Zeitraum von zwei Wochen die Spezifikation seines neuen Autos online beliebig verändern. Dazu braucht er keinen Verkäufer. Überlegt er sich in dieser Zeit, vom Kauf zurückzutreten, erhält er seine Anzahlung zurück. Die Wahl und Konfiguration des Modells ist einfach, übersichtlich und transparent. Die Erläuterungen zum Fahrzeug auf der Tesla-Website sind teils mit Videos unterlegt und sehr gut verständlich. Auch Probefahrten bucht man online. Der Liefertermin wird direkt angegeben, und abgeholt wird das Auto in einem Service Center in der Nähe des Wohnorts des Kunden. Den anachronistischen Autoverkäufer vom Typ eines Danny DeVito braucht es nicht mehr. Das Kauferlebnis in der app-geprägten modernen Welt hat eine neue Qualität, ohne Teppichhändleratmosphäre.

Die Tesla-Chronik

2003   Elon Musk und Martin Eberhard entwickeln den Prototyp T-Zero, ein Elektroauto mit Lithium-Ionen-Batterien und gründen Tesla Motors, benannt nach dem serbischen Erfinder Nikola Tesla.

2006   Tesla stellt mit dem Roadster das erste Serienfahrzeug mit 292 PS-Elektromotor und 6 831 Lithium-Ionen-Notebook-Akkus vor. Basis ist der englische Sportwagen Lotus Elise.

2009   Tesla macht Millionenverluste. Musk braucht neues Geld, Daimler und Toyota steigen ein.

2010   Tesla geht an die Börse. Der Ausgabekurs der Aktie beträgt 17 US-Dollar. Zusätzlich erhält Tesla von der US-Regierung 465 Millionen US-Dollar Kredit zum Bau seines Autowerks in Fremont (Kalifornien). Der Kredit wird 2013 vorzeitig zurückbezahlt, finanziert durch den Verkauf neuer Aktien und Anleihen, die eine Milliarde Dollar einspielen.

2012   Tesla startet den Verkauf des Tesla Model S, der ersten elektrisch angetriebenen Limousine der Premiumklasse. Auch in diesem Jahr schreibt Tesla einen Verlust, 396 Millionen US-Dollar.

2013   Bloomberg berichtet, Elon Musk wolle Tesla für sechs Milliarden Dollar an Google verkaufen. Steigende Verkäufe von Model S lassen den Aktienkurs steigen. Der Deal platzt.

2014   Baubeginn Gigafactory. Gemeinsam mit dem japanischen Elektronik-konzern Panasonic entsteht die größte Lithium-Ionen-Batterien-Fabrik der Welt im US-Staat Nevada.

2015   Start der Serienproduktion des Tesla Model X, ein rein elektrischer SUV. Zweites Tesla-Montagewerk in Tilburg (Niederlande) geht an den Start zur Produktion des Model S.

2016   Ankündigung des Tesla Model 3 für 35 000 US-Dollar. 325 000 Bestellungen in einer Woche. Tesla kündigt für 2018 den Bau von 500 000 Fahrzeugen an.

Und Tesla bricht nicht nur mit den alten Regeln des Verkaufs, sondern auch der Fahrzeugwartung. Statt seine Kunden in die Werkstatt, schickt Tesla Software-Updates regelmäßig über Mobilfunk an die Fahrzeuge. Der Fahrer entscheidet dann über die Installation. Welch ein Unterschied zum zeitraubenden Besuch beim Autohaus! Der große und komplizierte VW-Rückruf im Zuge des Abgasbetrugs war für einen erheblichen Teil der Problemdiesel mit einem Update der Motorsoftware zu beheben. Doch dass dies ohne einen Werkstattbesuch möglich gewesen wäre, konnte sich bei den traditionellen Autobauern kein Mensch vorstellen.

Tesla verzichtet weiter auf die übliche Werbung und spart damit Millionenbeträge. Zwischen 500 und 2000 Euro beträgt der für Werbung kalkulierte Anteil am Gesamtpreis eines Autos. Zwischen Nudeln, Bier und Babywindeln schalten die Autohersteller in den Werbeblöcken der Fernsehkanäle ihre aufwendig produzierten Werbespots. In Tageszeitungen und Magazinen werden mit hohen Anzeigenkosten ganzseitig Autos angepriesen. Bei Radiosendern nerven vor den Nachrichtensendungen die Superschnäppchen von Fiat, Kia und Konsorten. Auf großflächigen Plakatwerbewänden prangen die Hochglanzplakate mit hoch bezahlten Models und Fotografen. Allein in Deutschland setzen Marken wie Audi, Ford, Opel oder VW pro Jahr dreistellige Millionenbeträge für Werbung und Sponsoring ein. Tesla macht keine Werbung. Auch hier bleibt Musk dem Onlineprinzip treu, setzt vielmehr auf Mund-zu-Mund-Propaganda, Medienberichterstattung, persönliches Storytelling und Empfehlungen. Und ist damit schon jetzt bekannter und begehrter als mancher Autohersteller, der sich mit Sportsponsoring und Fanartikeln abmüht.

Auch Automessen sind nicht für Elon Musk gemacht. Diese traditionellen großen Nabelschauen der Industrie mögen mit Millionenaufwand neue Autos in gepimpter Industriehallenatmosphäre von leicht bekleideten Models belagert vorstellen – die Welt holen sie damit nicht in die Hallen hinein. Nicht umsonst hat Apple nie eine Innovation oder ein neues Produkt auf einer der zahlreichen Leitmessen der Branche wie etwa der CEBIT als Weltpremiere vorgestellt. Warum sollte man auch dort als einer unter vielen in einer x-beliebigen

Messehalle seine Neuheiten präsentieren? Steve Jobs hat alle Produktneuheiten in einer eigenen und exklusiven Firmenpräsentation hoch emotional zelebriert, und via Lifestream im Internet zugleich auch noch Millionen Interessierte weltweit erreicht. Genau so macht es Elon Musk. Wenn das Produkt innovativ und emotional ist, bringt das deutlich mehr Aufmerksamkeit, als bei der IAA in Frankfurt in Halle 8 neben zwanzig weiteren Herstellern zu stehen. Apple und Tesla haben den Anspruch, einzigartig zu sein. Und dazu braucht es ein Marketing, das einzigartig ist, nicht Präsentationen wie vor 50 Jahren.

Tesla denkt und handelt in Systemen. Nicht ein isoliertes Produkt, sondern alles, was es dazu braucht, die gesamte Kundenwertschöpfungskette, steht im Fokus. Welch ein Unterschied zu den klassischen Autobauern! Bei den Elektroautos sind die Hersteller bislang auf die Ladeinfrastruktur der Energiekonzerne, der Stadtwerke, von Supermärkten und Bahnhöfen angewiesen. Und diese Ladestruktur ist löchrig, die Systeme sind inkompatibel und oft in schlechtem Zustand. Will ein Kunde der Stadtwerke Kiel sein Elektroauto an einer Ladesäule etwa von Eon in München oder von dem Energieanbieter EnBW in Stuttgart laden, kann es kompliziert werden. Sein Stromvertrag reicht für die Stadtwerke Kiel, aber in München braucht er Telefonate mit Servicehotlines, die ihm die Ladesäule freischalten. Natürlich geschieht dies dann zum »Sondertarif«. Elon Musk hat diese Probleme im Vorfeld gesehen, er hat die Tesla-Premiumlösung längst im Markt. Supercharger – wieder markenprägend – werden von Tesla weltweit aufgebaut. Sie versprechen schnelles Laden mit kostenlosem Strom für Tesla-Fahrer an hochmodern gestylten Supercharger-Stationen. 623 Supercharger-Stationen mit 3 692 Supercharger-Ladeboxen hatte Tesla Anfang 2016 über die Welt verteilt. Allein in Deutschland sind mittlerweile 35 Supercharger mit über 200 einzelnen Ladesäulen installiert, mit denen die wichtigsten Autobahnverbindungen abgedeckt werden. Selbstverständlich sind Tesla Supercharger keine Ladestationen von der Stange. Die Tesla-Leitlinie heißt immer das innovativste System. Nach Aussagen von Tesla bieten die Supercharger die weltweit schnellsten Ladevorgänge, sodass in 20 Minuten die Batterie des Tesla wieder halb voll geladen ist.

Die Stationen sind weltweit so geplant, dass sie bei Langstreckenfahrten minimale Aufenthaltszeiten garantieren und zudem an gut zugänglichen Orten liegen, also etwa in der Nähe von großen Einkaufszentren. Selbstverständlich sind weitere Stationen in Planung. Das Netz wächst, auch wenn die Finanzierung des eigenen Ladestationsnetzes für Tesla eine große finanzielle Herausforderung darstellt. Von den traditionellen Herstellern hat sich noch keiner für das deutsche Ladenetz verantwortlich gefühlt. Sie sind halt »Autobauer«, die sich auf das Bauen von Autos und Finanzierungsangebote beschränken. Den Vertrieb, den Service oder die Infrastruktur geben sie in fremde Hände.

Nicht verwunderlich ist, dass Tesla gemeinsam mit Panasonic seine eigene Batteriefabrik, die Tesla Gigafactory, baut. Batterien sind die strategische Komponente des Elektroautos. Daher ist es höchst sinnvoll, dies in Eigenregie zu machen. Ein wichtiger Wettbewerbsvorteil von Tesla liegt von Beginn an in der Reichweite seiner Elektroautos und damit in der Batterie. Vor dem Jahr 2018 wird es wohl keiner der traditionellen Autobauer schaffen, die aktuelle Tesla-Reichweite von 500 Kilometern zu unterbieten oder auch nur gleichzuziehen.

Tesla und das vollautomatisierte Fahren

Wenn Elon Musk mit seiner privaten Raumfahrtfirma SpaceX für die NASA Raketen ins All schießt, Versorgungsgegenstände zur Internationalen Raumstation ISS bringt, und die Raketen auf Plattformen im Meer wieder heil landen lässt, dann kann man sicher davon ausgehen, dass SpaceX jede Menge an Softwarekompetenz besitzt, um auch Autos für teilautomatisiertes oder gar vollautomatisiertes Fahren zu programmieren. Und da Musk ein Technikfreak par excellence ist, überrascht es wenig, dass er mit Tesla auch die Entwicklung zum vollautomatisierten Fahren vorantreibt. Das selbstfahrende Auto ist neben dem Elektroauto die zweite große Technikrevolution der Autoindustrie. Tesla nennt automatische Fahrfunktionen schlicht und einfach »Autopilot«, auch wenn es sich gegenwärtig noch nicht um ein richtiges, autonom fahrendes Autopilotsystem wie etwa in Flugzeugen handelt. Seit Herbst 2015 stattet Tesla das Model S mit Hardwarekomponenten aus, die es ermöglichen, Schritt für Schritt Software für das selbstfahrende Auto auf das Tesla Model S aufzuspielen. So verfügen die Fahrzeuge etwa über Frontradar, zwölf Ultraschallsensoren mit hoher Reichweite, die die Umgebung des Fahrzeugs im Umkreis von knapp fünf Metern bei jeder Geschwindigkeit erfassen, eine Frontkamera und ein digital gesteuertes elektrisches Bremsassistentensystem. Ohnehin verfügt das Tesla Model S über ein GPS-Navigationssystem, das auf die digitalen Straßenkarten von Google Maps zugreift. Das Auto »weiß« also exakt, wo es gerade ist und wie weit etwa die nächste Kreuzung oder Kurve entfernt ist. Es erkennt die Kreuzung, auch wenn sie versteckt hinter einer Kuppe liegt, und kann die Geschwindigkeit automatisch herunterregeln.

Im Frühsommer 2016 schaltete Tesla bereits das zweite Software-Update für seinen Autopiloten frei, der bislang vier Funktionen umfasst. Erstens die Fahrspurassistenz, sprich, das Auto folgt automatisch und ohne Lenkeingriffe des Fahrers der Fahrspur, etwa entlang von Kurven. Allerdings berichten Tesla-Fahrer, dass der Assistent in seiner heutigen Form bei fehlenden und unklaren Fahrbahnmarkierungen, so wie etwa im Baustellenbereich, zu Problemen führen kann. Zweitens: der Überholassistent. Tippt man kurz den Blinker an, führt das Fahrzeug automatisch einen Spurwechsel und Überholvorgang durch. Drittens die Abstandsautomatik, die einen Sicherheitsabstand zum vorausfahrenden Fahrzeug kompromisslos einhält und die Geschwindigkeit des Autos kontinuierlich dem Verkehrsfluss anpasst. Mit diesen drei Funktionen ist automatisiertes Fahren, etwa auf Autobahnen, möglich. Die vierte Funktion des Autopiloten nennt Tesla »Summon«. Summon erlaubt das automatische Einparken in Parklücken und Garagen. Der Fahrer kann also vor seinem Haus aus dem Auto aussteigen. Über die Funktion Summon auf dem Smartphone öffnet sich das Garagentor, das Auto fährt selbstständig in die Garage, verriegelt sich automatisch und das Garagentor schließt sich. Morgens geht das Ganze auch umgekehrt: Man geht aus dem Haus, tippt auf die App und die Garage öffnet sich automatisch, das Auto begrüßt einen mit Lichtsignal und kommt vorgefahren. Die Komfortfunktion Summon ist selbstverständlich auch bei engen Parkbuchten in Parkhäusern hilfreich. Kein Mensch muss sich mehr durch enge Lücken aus seinem Auto quetschen.

Natürlich sind solche Fahrassistenzsysteme wie Einparkautomatik, Fahrspurassistent oder Überholassistent keine exklusive Tesla-Entwicklung. Auch bei den neusten Modellen von Mercedes, BMW oder Audi sind sie schon längst im Einsatz. Aber Tesla ist an der Spitze der Entwicklung dabei und optimiert die Funktionen kontinuierlich durch neue Software-Updates. Der Übergang von den Assistenzsystemen zum wirklich selbstfahrenden Auto ist ein inkrementeller Vorgang. Wir nähern uns Stufe für Stufe einem Zustand, in dem Ihr Auto Sie zum Feierabend vor Ihrem Büro abholt und – wenn sie mögen – nach Hause chauffiert. »Keeping our customers at the forefront of driving technology on the years ahead«, die Kunden stets ganz vorne dabei sein zu lassen, dort, wo sich die Automobiltechnologie in den nächsten Jahren hin entwickeln wird, daran arbeitet Musk mit seinem Unternehmen wie ein Besessener. Es wird noch einige Jahre dauern, bis wir wirklich komplett fahrerlos unterwegs sein werden, aber mit seinem Autopiloten hat Tesla ein Konzept umgesetzt, das von der Idee her sehr nahe am Autopiloten in Flugzeugen ist. Zum Start und zur Landung braucht es noch Piloten, aber auf der Strecke – etwa von Frankfurt nach Peking – fliegt der Airbus A380 mit seinen bis zu 850 Passagieren automatisch. Der Computer fliegt die Maschine sicherer, treibstoffsparender und präziser als der Mensch.

Trotz der großen Verluste, die das Unternehmen bislang schreibt: Die Kundenbilanz kann sich sehen lassen. Tesla ist in so kurzer Zeit wie kein anderer Autobauer zuvor zur begehrenswerten Premiummarke aufgestiegen. Sehr eingängig und überzeugend zeigt das der kleine Markt Schweiz. Die Schweizer lieben Oberklasseautos, und in der Schweiz gibt es keinerlei Prämien oder Unterstützungen für Elektroautos wie etwa in China, Norwegen, den Niederlanden, Frankreich oder USA. Zusätzlich ist die Schweiz »neutral«, denn es gibt keinen großen einheimischen Hersteller, der mit eigenen Dienst- und Mitarbeiterwagen den Markt verzerrt, so wie etwa in Deutschland oder in den USA. Die Schweiz ist für Tesla eine Art Feuertaufe. Wenn Tesla im nicht-verzerrten Schweizer Markt funktioniert, dann kommt auch der Erfolg in anderen Märkten.

Und die Schweizer Verkaufsergebnisse von Tesla sind bislang beachtlich. So hat das Tesla Model S in seinem ersten vollständigen Verkaufsjahr 2015 in der Schweiz 1 556 Kunden erreicht. Im gleichen Zeitraum hat Porsche mit dem Klassiker 911 in sämtlichen Varianten wie Coupé, Targa oder Cabrio mit 1 027 Neuzulassungen nicht annähernd so viele Kunden gewonnen. Der Porsche Cayenne kam trotz SUV-Boom mit 894 Verkäufen auf weniger als 60 Prozent des Tesla-Absatzes und von der Oberklasselimousine Porsche Panamera wurden sogar nur 168 Autos verkauft. Was für den Vergleich Porsche–Tesla gilt, trifft auch auf die Oberklassemodelle der übrigen deutschen Autobauer in der Schweiz zu. So hat Mercedes im Jahr 2015 von seiner kompletten S-Klasse-Baureihe in der Schweiz 776 Fahrzeuge verkauft, das entspricht weniger als 50 Prozent des Tesla Model S Absatzes. Audi lag bei den Modellen Q7 (759 Verkäufe), A7 (242 Verkäufe) und A8 (100 Verkäufe) ebenso deutlich unter dem Absatz des Tesla Model S wie BMW mit seiner X6-Reihe (242 Verkäufe), der 7er-Reihe (192 Verkäufe) und selbst dem BMW i8 (100 Verkäufe). Eine respektable Bilanz. Im ersten vollen Verkaufsjahr schlägt Tesla im Testmarkt Schweiz mit seinem Model S alle konventionellen deutschen Oberklassehersteller. Die Feuerprobe ist bestanden. Die hohen Auftragseingänge für das im April 2016 vorgestellte Mittelklassemodell Tesla Model 3 erscheinen auch vor diesem Hintergrund »stabil«.

Was bleibt zu tun? Tesla braucht weiter hohe Kapitalbeträge, um sein Tesla-Konzept weltweit auszurollen. Es bleibt nicht bei den Geldmitteln für den bis zum Jahr 2018 von Elon Musk angekündigten Ausbau der Fertigungskapazität zur jährlichen Produktion von 500 000 Fahrzeugen. Die Stabilisierung des Cashflows, also der potenziellen Kassenmittel, die dem Unternehmen zur Verfügung stehen, ist die ökonomische Bewährungsprobe. Die Kunden sind da, das Kapital für die hohen Investitionen und die Verlagerung der Gewinne in die Zukunft sind die großen Herausforderungen auf der betriebswirtschaftlichen Seite. Es gilt, das Vertrauen der Geldgeber, der Investmentfonds nicht zu verlieren, auch wenn in nächster Zeit keine oder nur sehr dünne Gewinne anfallen. Tesla ist für seine Investoren und Geldgeber eine Wette auf die Zukunft. Von zentraler Bedeutung ist dabei der größte Automarkt der Welt, der gleichzeitig der mit Abstand größte Markt für Elektroautos ist: China. Die chinesische Staatsregierung und die lokalen Regierungen wollen weg von der schlechten Luftqualität in den Riesenstädten wie Peking, Shanghai, Shenzhen oder Chongqing. Mit Hochdruck und hohen staatlichen Prämien wird der Umstieg vorangetrieben. Bis zu 10 000 Dollar Prämie sind für den Kauf von Elektroautos in einzelnen Regionen und Großstädten in China möglich.

Neben der besseren Luft ist den Chinesen noch ein zweiter Punkt äußerst wichtig. China will in einer Art Leapfrogging-Strategie, also durch Überspringen von Entwicklungsstufen in der Industrialisierung, zum wichtigsten Autoland der Welt werden. Chinesische Autobauer sollen in der wichtigen Autoindustrie durch Exporte punkten. Daher hat man ein Zollsystem aufgebaut, bei dem importierte Neuwagen in China mit bis zu 25 Prozent Zollaufschlag verteuert werden. Importe werden damit ökonomisch nicht tragfähig. Deshalb wollen alle Autobauer der Welt in China produzieren. Nur wer in China produziert, kann wettbewerbsfähig verkaufen. Bei Elektroautos gilt zusätzlich die Sonderregelung, dass nur in China produzierte Elektroautos ein Anrecht auf die staatlichen Subventionen und Prämien haben. Tesla hat bis heute keine Produktion in China. Es wird sehr wichtig für Musk, diese Lücke zu schließen. Ohne China bleibt Tesla verwundbar. Mit China braucht Tesla nochmals erhebliche Kapitalbeträge, und Gewinne werden weiter in die Zukunft geschoben. Elon Musk muss also auch in den nächsten Jahren mit mehreren Bällen gleichzeitig in der Luft jonglieren. Er ist darin geübt, aber er braucht dafür weitere Aktionäre und Investmentbanker. Werden die unruhig, weil keine Gewinne geschrieben werden, könnte es doch noch schwierig werden.

9. REVOLUZZER UND VERLIERER

Noch geben sie ein etwas verschwommenes Bild ab, die Revoluzzer der traditionellen Autobranche. Da sind auf der einen Seite die Fahrdienstanbieter wie das amerikanische Unternehmen Uber oder sein chinesisches Pendant Didi Chuxing. Dort hat man bisher keinerlei Kompetenz in Automobiltechnik, aber das Thema Roboterauto oder autonomes Fahren reizt, eine Verbindung ist naheliegend. Also haben Uber und Didi angekündigt, an autonom fahrenden Autos zu arbeiten. Genügend Kapital und Geldgeber, um die Investitionen zu stemmen, besitzen beide Unternehmen. Wie schnell die Fahrdienste etwas Vorzeigbares werden vermarkten können, ist schwer einzuschätzen. Geschwindigkeit spielt aber bei der Transformation der Autobranche eine große Rolle, und Software nimmt eine Schlüsselposition ein.

Google-Car: Die listenreiche Knutschkugel

Eine zweite Gruppe von radikalen Innovatoren schart sich um die großen und etablierten Silicon-Valley-Konzerne Apple und Google. Schon seit dem Jahr 2009 testet Google autonom fahrende Autos, aber wie weit die Kalifornier wirklich in die Vermarktung oder gar Produktion von autonom fahrenden Autos einsteigen wollen, ist offen. Google ist ein Softwarekonzern, gewachsen um seine Suchmaschine. In der Hardware war Google bisher wenig erfolgreich. Die groß angekündigte Datenbrille Google Glass etwa sollte die Revolution der Brille mit völlig neuen Funktionen werden. Heraus kamen gerahmte Augengläser mit klotzigem, unpraktischem Design sowie eingebautem Augensensor, Bluetooth, Kamera, Mikroprozessor, Mikrofon und Batterie. Im Frühjahr 2012 wurde die Datenbrille der Öffentlichkeit vorgestellt und im Rahmen eines Testprogramms für 1 500 Dollar verkauft. Drei Jahre später wurde die Brille wieder vom Markt genommen. Das große Misstrauen, das Google immer wieder aufgrund der Nutzung von persönlichen Daten entgegenschlägt, aber auch das klotzige Design und die schlechte Praktikabilität dürften wesentliche Gründe dafür gewesen sein.

Das autonome Fahren testet Google aktuell mit seinem winzigen Zweisitzer ohne Lenkrad und Bremspedal sowie 24 umgebauten SUV-Modellen der Toyota-Tochter Lexus auf den Straßen der Städte Mountain View – Googles Heimatstadt –, in Austin (Texas), Phoenix (Arizona) und Kirkland (Washington). Bis Mitte 2016 hatte die Testflotte nach den monatlichen Google-Statusberichten mehr als 2,6 Millionen Kilometer mit rein autonomen Fahrten zurückgelegt. Zusätzlich werden mit Simulationsprogrammen nach Angaben von Google Fahrten von mehr als drei Millionen Testkilometern pro Tag im Computer virtuell zurückgelegt.

Immer wieder belebt Google sein Marketing um das Google-Auto mit neuen Episoden, so wie etwa der Aktion »Paint the Town«. Die lustigen Zweisitzer werden im Auftrag von Google von lokalen Künstlern angemalt. »We've invited our neighbors to transform our self-driving cars into moving pieces of public art«, informiert die Website Google Self-Driving Car Project an zentraler Stelle. Zahlreiche bunte Bildchen des Winzlings werden präsentiert, Fortschritte à la »jetzt kann es schon alleine hupen« werden groß und breit verkündet. Dagegen hört man selbst nach sieben Jahre und Millionen Testkilometern noch immer nichts Konkretes über eine Industrialisierung der Entwicklung. Augenscheinlich steckt Google derzeit noch mehr Energie in das Marketing seines selbstfahrenden Autos statt in ein wirklich vorzeigbares Konzept zur industriellen Umsetzung. Möglicherweise auch deshalb, weil Google letztlich weniger Interesse am

Auto selbst hat als an dem Verkauf von Software für autonomes Fahren und natürlich der neuen Datenschatzkammer, die diese eröffnet.

Für Googles Absicht, sich auf Softwareverkauf und das Geldverdienen mit Daten zu konzentrieren, sprechen weitere Hinweise. So hatte etwa Sergey Brin, einer der beiden Google-Gründer, bei der Vorstellung des zweisitzigen Google-Autos Presseberichten zufolge geäußert, dass es in Zukunft nicht mehr darum gehen werde, ein Auto selbst zu besitzen, sondern größtenteils als Service zu nutzen und dass Google die Technologie hätte, das umzusetzen. »Und es ist wahrscheinlich, dass wir eine Menge Partner haben werden«, sagte Brin in der *New York Times*, »das könnten Autohersteller, Zulieferer, Diensteanbieter, Städte oder Länder sein.«

Ein weiterer Hinweis, dass Google nur an Software und Datenverkauf interessiert ist, ergibt sich aus der von Fiat-Chrysler-Chef Sergio Marchionne im Frühjahr 2016 angekündigten Zusammenarbeit zwischen Google und dem Autobauer. Fiat Chrysler hatte bislang weder bei der Elektromobilität noch auf dem Gebiet des autonomen Fahrens oder bei Dienstleistungen aus der Sharing Economy irgendetwas Vorzeigbares aufzuweisen. Zu sehr war das hoch verschuldete Unternehmen mit seiner Restrukturierung beschäftigt. Mit Fiat Chrysler gelang es Google, an einem der schwächsten Glieder in der Kette der traditionellen Autobauer einen ersten Einstieg zu finden. Selbstbewusst hatte Sergio Marchionne im Mai 2016 getönt, Fiat Chrysler sei »an active partner with Alphabet Inc.'s Google to marry self-driving car technology with the automaker's plug-in hybrid minivan«, und nicht nur der Blechbieger, der für Google Karosserien formt. Nur wenige Tage später klang diese Partnerschaft bei John Krafcik, dem neuen Leiter der Google-Abteilung für automatisiertes Fahren, deutlich weniger wegweisend und großartig: Krafcik betonte, dass es noch keine weiteren Pläne über die 100 Exemplare der Plug-in-Hybrid-Version des Chrysler Minivan Pacifica hinaus gäbe, die mit der Google-Software für autonomes Fahren ausgerüstet werden sollten. Es würde keine Zusammenarbeit in der Softwareentwicklung geben, die Ergebnisse aus den Testreihen der 100 Fahrzeuge würden allein Google gehören. Also doch Fiat Chrysler als Testkaninchen und bloßer Hardwarelieferant? Es hat zumindest einen Grund, warum die Autohersteller in finanziell weniger angespannter Lage als Fiat Chrysler eine Zusammenarbeit mit dem Datenkraken aus Mountain View bislang vermieden haben. Nach Informationen des Nachrichtendienstes Bloomberg hat sich Marchionne zwischenzeitlich auch auf den Weg zum Taxi-Service Uber gemacht, ebenso soll es Gespräche mit Amazon über selbstfahrende Lieferwagen geben. Es sieht fast schon nach Verzweiflung aus, um für die Fiat- und Chrysler-Autofabriken Kunden zu suchen.

Die Strategie von Google, sein Softwaregeschäft in den Bereich automatisiertes Fahren auszuweiten und sich das Monopol am künftigen Milliardengeschäft mit den Daten der Fahrzeugnutzer zu sichern, ist offensichtlich und einleuchtend. Für die »schöne neue Mobilitätswelt« ist es dennoch ein bedrückendes Szenario. Google als der eine Softwarelieferant für das Roboterauto hätte die gesamte Automobilindustrie und deren Kunden in der Hand. Google würde die Kundendaten und -kontakte beherrschen und könnte die anderen Autobauer mehr oder weniger zu auswechselbaren Lieferanten degradieren. So wie es heute schon bei Googles Suchmaschine unterstellt wird, dass der Marktzugang kontrolliert und eingeschränkt wird – wer nicht bei Google wirbt, wird nicht oder schlechter gefunden –, könnte dies auch den Autoherstellern blühen. Es wird daher eine wichtige Aufgabe der europäischen Wettbewerbsbehörden sein, genau zu prüfen, welche Zugeständnisse man Google machen darf. Bei diesen Prüfungen sollte die Offenlegung der Datenschnittstellen und der Verarbeitungsergebnisse verlangt werden. Aus Dieselgate und dem Unwissen der Behörden hinsichtlich der Möglichkeiten, wie Software manipuliert werden kann, sollten wir gelernt haben. Ein Datenmonopolist á la Google, der unsere Suchdaten, Mobilfunkdaten und Bewegungsdaten vollständig kennt, schürt Ängste und Misstrauen und gefährdet damit auch den Glauben der Menschen an die zukünftige Mobilität. Ein schädlicher Nährboden für den Fortschritt unserer Gesellschaft.

Darüber hinaus gibt es aber den viel profaneren Grund, eine solche Monopolmacht zu verhindern, nämlich dass Monopolisten in der Regel zu hohe Preise diktieren und ihre marktbeherrschende Stellung weitreichende negative gesellschaftliche Auswirkungen haben kann. Schon heute gibt es Vorwürfe und Ermittlungen gegen Google, unter anderem von der EU-Kommission; das Unternehmen nutze etwa seine überragende Marktmacht im Bereich der Websuche und der mobilen Betriebssysteme aus, um sich Vorteile gegenüber Konkurrenten zu verschaffen. Das Google-Geschäftsmodell ist äußerst raffiniert. Googles Suchmaschine tritt als verlässlicher, blitzschneller und augenscheinlich kostenloser Service auf. Doch Google verschenkt nichts. Wir alle bezahlen diese Dienste mit unseren Daten, an ihrer Auswertung und deren Verkauf verdient Google. Diejenigen, die über Google werben, holen ihre Kosten im Zweifel über höhere Preise wieder rein, denn Google-Werbung ist nicht kostenlos. Die Ermittlungen der EU-Kommission gegen Google zeigen, wie risikoreich die hohen Marktanteile von Google mit seinem Android-Betriebssystem und der Google-Suchmaschine eingeschätzt werden. Der Monopolist Google ist gefährlich; nicht umsonst sprach sich das europäische Parlament im November 2015 mit deutlicher Mehrheit dafür aus, Google in mehrere kleinere Unternehmen aufzuspalten. Äußerst misstrauisch gegenüber Google sind auch die Chinesen. Dort hat das große Autoindustriekonglomerat SAIC gemeinsam mit dem Internethändler Alibaba die Zusammenarbeit auf dem Feld der vernetzten Fahrzeuge begonnen. »Connected cars are the inevitable trend of the auto industry«, sagte SAIC-Finanzchef Gu Feng im Juni 2016 der Nachrichtenagentur Bloomberg. »We worked with Alibaba instead of Google or Apple because the latter looks at the car as a piece of hardware to install their software.«

Tesla und »Titan«

Spannender als das Google-Auto könnten sich Apples Vorhaben entwickeln. Zwar ist man dort noch äußerst schweigsam und zurückhaltend, was die Pläne zum Einstieg in die neue Mobilitätsbranche betrifft, aber Apple ist im Gegensatz zu Google ein Konzern, der ausgezeichnet simultan mit Software und Hardware umgehen kann. Apple hat es immer wieder geschafft, Kultprodukte in den Markt zu bringen. Von den frühen Macintosh-Computern in den Achtziger und Neunzigerjahren bis zu iMac, -Pod, -Phone und -Pad hat Apple eine lange Historie von erfolgreichen Produkten mit wegweisendem Design vorzuweisen, versteht Hardware und schafft es, in einer ausgeprägten Form- und Materialanmutung Emotionen zu verstärken. Der Mitbegründer und legendäre Apple-Chef Steve Jobs hatte es so ausgedrückt: »Design is not just what it looks like and feels like. Design is how it works.« Auch deshalb ist Apple eine äußerst starke Marke mit Millionen von Fans, selbst nach dem Tod von Steve Jobs. Für ein neues iPhone warteten Menschen rund um die Welt eine ganze Nacht im Freien, nur um zu den Ersten zu gehören, die das aktuelle Modell in den Händen halten. Das schafft kein Autobauer. Audi, BMW und Mercedes haben sich bereits die Apple-Stores zum Vorbild für zukünftige Vertriebskonzepte genommen – raus aus den tristen Gewerbegebieten und zurück in die Innenstädte. Doch es gibt auch eine ganze Reihe von Fakten, die dafür sprechen, dass Apple bald selbst nicht mehr nur als Lieferant für zentrale Software, sondern auch als neuer Anbieter von Autos auftreten wird.

		2015	2014	2013	2012	2011	5 Jahre
	Umsatz	234	183	171	157	108	852,2
Apple	Gewinn nach Steuern	53	40	37	42	26	197,6
	Umsatzrendite	23 %	22 %	22 %	27 %	24 %	23 %
	Umsatz	100	97	105	101	89	493,6
BMW	Gewinn nach Steuern	7	7	7	7	6	34,5
	Umsatzrendite	7 %	7 %	7 %	7 %	7 %	7 %

Tab. 6: Kennzahlenvergleich Apple und BMW (Werte in Mrd. US-Dollar)
Quelle: Geschäftsberichte Apple und BMW

Der frühere Computerhersteller Apple ist heute vorwiegend auf seinen größten Umsatzbringer, das iPhone, ausgerichtet. Zuletzt gingen die Umsätze des Smartphones deutlich zurück. Bricht das iPhone komplett ein, hat Apple ein riesiges Problem. Um seine Zukunft abzusichern, muss sich der Technologiekonzern aus Cupertino ein breiteres Produktportfolio zulegen. Das rasante Tempo, in dem sich die Autoindustrie zur Mobilitätsbranche entwickelt, mit den großen Innovationen wie Elektroauto und automatisiertes Fahren, bietet für Apple die größte Chance zum balanciertem Wachstum. Ein iCar wäre die ideale Basis. Apple arbeitet – im Gegensatz zu den meisten Autobauern – äußerst profitabel und kann sich daher den Einstieg mehr als leisten. In den letzten fünf Jahren erwirtschaftete Apple knapp 200 Milliarden Dollar Gewinn nach Steuern. Apple hätte also theoretisch mit seinem Gewinn der letzten fünf Jahren viermal BMW zu seinem aktuellen Börsenwert von 51 Millionen kaufen können.

Doch für Apple wäre der Kauf eines Autobauers wie BMW kein gutes Geschäft. Die Umsatzrendite, die bei BMW für ein Unternehmen der Autobranche bei ordentlichen sieben Prozent liegt, wäre für Apple ein Drama, schließlich sind seine Aktionäre die weitaus höheren Renditen der Branche von mehr als 20 Prozent gewöhnt. Eine Investition in die neue Mobilitätsbranche lohnt sich nur dann für Apple, wenn sich ein Geschäftsmodell findet, bei dem deutlich bessere Renditen als in der klassischen Autobranche erwirtschaftet werden. Auch gab es Gespräche mit BMW und später auch Daimler über eine mögliche Zusammenarbeit Apples mit einem konventionellen Autobauer. Einem Bericht des *Handelsblatts* vom April 2016 zufolge waren diese Gespräche jedoch bislang wenig erfolgreich. BMW hatte sich bereits 2015 zurückgezogen, Daimler-Chef Dieter Zetsche brach laut *Handelsblatt* im Frühjahr 2016 die Gespräche ab. Ursprünglich waren die Entwicklung und die Produktion eines gemeinsamen hochvernetzten, teilautonomen Elektroautos beabsichtigt gewesen, doch Uneinigkeit über die Projektleitung, den Besitz und die Nutzung der gewonnenen Kundendaten und die Rolle der Apple iCloud führten zum Scheitern.

Folglich muss Apple auf eigenen Beinen stehen. Dass dies nicht unmöglich ist, hat Tesla bewiesen. Dabei muss nicht unbedingt eine eigene Produktion für das iCar aufgebaut werden. Apple lässt Produkte gerne von unabhängigen Dienstleistern herstellen. So produziert einer der weltgrößten Hersteller von Elektronik- und Computerteilen das iPhone, der in Taiwan ansässige Foxconn-Konzern. Foxconn verfügt über großes Know-how in der Automatisierung, die auch für Autohersteller unentbehrlich ist, und hat mit mehr als 130 Milliarden Dollar Jahresumsatz eine Größe, die nennenswerte Investitionen ermöglicht. Zusätzlich gibt es in der Autoindustrie rund um die Welt Produktionsdienstleister wie die holländische Nedcar-Gruppe, die finnische Valmet-Gruppe oder die kanadische Magna, die in hoher Qualität und Präzision in Fremdfertigung Autos bauen. Apple könnte also ein Produktionsabenteuer wie etwa Elon Musk bei Tesla vermeiden. Das iCar wäre dann mit deutlich weniger Kapazitätskosten und Kapazitätsrisiken verbunden. Den Autovertrieb würde Apple sicherlich zusätzlich aufmischen, denn aller Wahrscheinlichkeit nach würde die Strategie eher in Richtung Apple Stores beziehungsweise Tesla Showrooms gehen. Das iCar würde für Apple also Chancen für ein ausgeglicheneres Produktportfolio bieten und zudem ertragsorientiertes Wachstum in Aussicht stellen. Worauf sollten Tim Cook und seine Leute noch warten?

Ein weiteres Indiz für einen baldigen Apple-Eintritt in die neue Mobilitätswelt ist der im Frühsommer 2016 erfolgte Einstieg beim Fahrdienstanbieter Didi. Mit der stolzen Summe von einer Milliarde Dollar kaufte sich Apple bei den Chinesen ein. China ist der größte Automarkt der Welt und wird bei der Transformation der Branche von der Autoindustrie zur Mobilitätsbranche eine Schlüsselrolle spielen. Die »Leapfrogging-Strategie« ist nach wie vor das Konzept, mit dem China die weltweite Führung nicht nur als größter Absatzmarkt, sondern auch als Technologieführer vor den USA und Europa erreichen will. Leapfrogging bedeutet, eine Innovationsstufe zu »überspringen« und bereits für die nächsten kommenden Stufen die Kompetenzen so schnell und breit auszubauen, dass man die Technologieführerschaft übernehmen kann. China bewegt sich bemerkenswert schnell in diese Richtung. Vor Kurzem hatten Regierungsvertreter wissen lassen, dass die Voraussetzungen in China erfüllt sein werden, damit das Roboterauto bis 2020 auf chinesischen Autobahnen freie Fahrt hat und ab 2025 auch das Fahren auf den Straßen der Großstädte möglich ist. Nirgends wird das Elektroauto so propagiert wie in China, nirgends gibt es so viele Megastädte mit gewaltigen Verkehrsproblemen und nirgends in der Welt sind die Menschen dem mobilen Internet so zugetan wie in China. Mit dem Einstieg bei Didi Chuxing hat Apple klar die Weichen gestellt, den größten Absatzmarkt für die neue Mobilität von Anbeginn ins Auge zu fassen.

Nach Presseberichten firmiert das in der Öffentlichkeit gerne als iCar bezeichnete Apple-Auto unter dem Codenamen »Projekt Titan«. Tesla-Chef Elon Musk sagte dazu vor einiger Zeit: »Es ist ein offenes Geheimnis, dass Apple an einem eigenen Elektroauto arbeitet.« Im Juni 2016 wurden in der Nähe von Detroit von Apple geleaste Großraumlimousinen, vollgestopft mit Kamera- und Lasertechnik, gesichtet. Apple hatte dazu erklärt, dass die Fahrzeuge weltweit Daten für den Aufbau von virtuellen Kartensystemen sammeln. Schon länger arbeitet Apple an einer eigenen Kartenlösung, für zukünftige Projekte rund um das autonome Fahren ist dies eine zentrale Komponente. Zusätzlich warb Apple nach Zeitungsberichten bereits 2014 Manager von Autobauern für das Projekt Titan ab, darunter Spezialisten von Daimler, General Motors, Nissan, Tesla und Toyota. Tesla-Chef Elon Musk hatte dies ebenfalls bestätigt, konnte sich aber nicht verkneifen, die Tesla-Abtrünnigen als »Ingenieure, die wir gefeuert haben« zu verspotten und Apple als Tesla-Friedhof zu verhöhnen. Auch das zeigt, dass nicht nur Musk das Apple-Projekt Titan als sehr ernsthaften Wettbewerber einstuft, übrigens im Gegensatz zu den Kollegen von Google, in denen Elon Musk keinen echten Wettbewerber sieht. Weiter wurde bekannt, dass der frühere Ford-Designer Marc Newson bereits am Design des iCar arbeitet. Insgesamt sollen mehr als 1 000 Mitarbeiter in Cupertino am Projekt Titan arbeiten. Schon um das Jahr 2020 soll es die ersten iCars geben: Doch gleich ob früher oder später, das Apple-Auto wird kommen und es wird ein sehr ernstzunehmender Wettbewerber für die konventionellen Autobauer sein.

Das Gespür für Formensprache und Ästhetik besitzt Apple ebenso wie Tesla. Elektroautos und automatisierte Fahrfunktionen werden bei Tesla und sicher später bei Apple nicht in Form eines langweiligen Chrysler Minivans aus der alten Autowelt kommen. Und es werden auch keine playmobilartige Plastikknutschkugel wie Googles Zweisitzer ohne Lenkrad oder ein umgebauter, mit Baumarktteilen für Radargestelle versehener Lexus-SUV auf den Markt oder auf Teststrecken gebracht. Mobilität ist Dynamik und Dynamik kann eine Premiumeigenschaft werden, wenn sie erlebbar, anfassbar und in entsprechenden Formen mit haptischen Erlebnissen ausdrückbar dargestellt wird. Genau das war bislang das Erfolgsgeheimnis der Premiumhersteller Audi, BMW, Mercedes oder Porsche. Die Mobilität der Zukunft scheint sich daher zu verzweigen in erlebbare Premiummobilität und Massenfortbewegung. Dabei werden voraussichtlich Apple und Tesla wichtige Premiumanbieter werden, Google hingegen beim Brot-und-Butter-Geschäft der Robotertaxen bleiben und versuchen, über eine zentrale Software eine Art Eintrittsbeschränkung zur neuen Mobilitätswelt aufzubauen.

Chinesische Milliardäre und Staatsfirmen

Die dritte Gruppe der Revoluzzer sind junge Start-up-Unternehmen, hinter denen als Geldgeber chinesische Milliardäre und Internetkonzerne stehen. Hinsichtlich der öffentlichen Wahrnehmung dürfte der Technikmilliardär Jia Yueting der Profilierteste sein. Jia Yueting hat die in Peking ansässige chinesische Unternehmensgruppe LeEco, ausgeschrieben als Leshi Internet Information & Technology in Peking, vor knapp zehn Jahren regelrecht aus dem Boden gestampft. In der Forbes-Liste wird Jia Yueting mit einem geschätzten Vermögen von 4,7 Milliarden Dollar auf Platz 22 der reichsten Chinesen geführt. Einer der Hauptgeschäftszweige von LeEco ist das Verleihen von Videos per Streaming. LeEco verkauft aber auch Smartphones, Smart-TV, TV-Boxen und Kopfhörer. Die Strategie der LeEco-Gruppe zielt darauf ab, Premiumprodukte durch niedrigere Produktionskosten für den Massenmarkt erschwinglich zu machen. Eine typische Strategie chinesischer Unternehmen.

Der junge chinesische Milliardär steht gleich hinter drei geheimnisumwitterten Autoprojekten: Erstens dem neuen Autobauer »Faraday Future«, der für eine Milliarde Dollar in Las Vegas eine Fabrik für seinen exklusiven Elektrosportwagen FF Zero1 baut. Über das Auto ist außer einer Designstudie so gut wie nichts bekannt. Zum Zweiten hat Jia Yueting bei der Beijing Autoshow 2016 das vollautonom fahrende Viertürer-Coupé LeSee präsentiert. Ein Höhepunkt der Vorführung war die Sprachsteuerung, mit der das Auto per Smartphone von Jia dirigiert wurde, sowie der Innenraum der Luxusstudie. Sprachsteuerung per Smartphone allein ist noch keine bahnbrechende Revolution; das kann heute schon jedes Tesla Model S. Der Innenraum war durchaus ein Highlight. Die Rücksitze des LeSee-Präsentationsmodells ähnelten mit ihrem futuristischen Style eher dem Terrassenrelief von Teeplantagen als dem üblichen Bild von Autositzen im Fond. Das Material bestand aus sogenannten Formgedächtnispolymeren, die sich an die Körperform der Insassen anschmiegen. Zum Aufsehenerregen tauge der LeSee auf der Autoshow allemal, von belastbarer Großserientauglichkeit ist die Studie allerdings noch weit entfernt. Nun soll der LeSee erst einmal von LeEco fertig entwickelt und dann in USA bei Faraday Future gebaut werden.

Zum Dritten ist Jia Yueting Großaktionär beim kalifornischen Unternehmen Atieva, das angeblich schon im Jahr 2018 eine Oberklasse-Elektrolimousine produzieren will, ab 2020 sollen dann Crossoverfahrzeuge folgen. Atieva wurde bereits 2007 in Kalifornien von ehemaligen Tesla- und Oracle-Managern gegründet. Über die Jahre gab es in der Unternehmensführung ein reges Kommen und Gehen. Die Pläne waren schon immer hochtrabend. Zunächst sollten Elektrobusse produziert werden. Als Yueting im Jahr 2014 bei Atieva einstieg und sich kurz danach noch der chinesische Autobauer BAIC (Beijing Automotive Industry Corporation) mit 25 Prozent am Eigenkapital von Atieva beteiligte, wurden die Pläne geändert. Statt Elektrobussen will man jetzt autonomes Fahren und Elektroantrieb bei Pkw fokussieren. Nennenswertes wurde aber bisher nicht berichtet.

Alle drei Unternehmungen, Faraday Future (FF), LeSee und Atieva, sollen natürlich besser als Tesla sein, außer Konzeptfahrzeugen war allerdings bisher wenig zu sehen. Wirklich revolutionär mutet das geplante zukünftige Geschäftsmodell von Jia Yueting an: »Eines Tages werden unsere Autos nichts mehr kosten«, verkündete er in einem Interview mit der Nachrichtenagentur Reuters. »Dann verkaufen wir hochwertige Dienstleistungen, Unterhaltung und Inhalte, wie etwa Videostreaming, in unseren Autos.« Das erinnert an den Rat des amerikanischen Ölmilliardärs John D. Rockefeller: »Wenn du Öl verkaufen willst, musst du Öllampen verschenken.« Der kleine, aber feine Unterschied liegt im Preis: Eine Öllampe kostet einen Dollar, das Luxusauto mehr als 100 000 Dollar. Die Tragfähigkeit solcher Visionen darf also gegenwärtig bezweifelt werden.

Es gibt derzeit Hunderte solcher Beispiele. Nur ein Bruchteil dessen, was heute hochfliegend angekündigt wird, wird den harten Wettbewerb in der neuen Mobilitätswelt überleben. Aber die Wahrscheinlichkeit ist groß, dass mehrere zukünftige Starunternehmen aus diesen Gründerfabriken ihren Weg in der modernen Mobilität finden. Schlug das Herz der Autoindustrie lange in Detroit, bevor es von den Technologieperfektionisten in Japan und den Premiumherstellern in Deutschland vereinnahmt wurde, so zeichnen sich für die Mobilitätswelt von morgen zwei neue Hotspots ab: Asien und Kalifornien, China und das Silicon Valley sind die neuen Mittelpunkte. Von hier wird der Aufbruch kommen, der die konservative Autobranche kräftig durcheinanderwirbeln wird.

Die rollende Shopping-Mall:
Das Auto als Multifunktionsplattform

Noch spannender als die Aktivitäten der Start-ups Faraday Future, LeSee und Atieva sind die Pläne und Geldgeber hinter dem 2014 aus der Taufe gehobenen Unternehmen NextEV. Gründer von NextEV ist der junge Chinese William Bin Li. Die Geschichte von Li ähnelt ein bisschen dem Weg von Elon Musk, dem Tesla-Gründer. Li wuchs bei seinen Großeltern in einem Bergdorf in der Provinz Anhui auf. Er ging nach Peking, studierte an der Beijing University und schloss sein Studium der Sozialwissenschaften erfolgreich ab. Nebenbei jobbte er unter anderem als Verkäufer von Apple-Produkten. 2002 gründete er die Internetfirma Bitauto, die Preisdaten für Neuwagen und Gebrauchtwagen erhebt und an Autohändler verkauft, ähnlich wie bei uns Schwacke. Zusätzlich hat sich Bitauto zu einem führenden Dienstleister für den chinesischen Autohandel in den Geschäftsfeldern Internetmarketing und Finanzierungsvermittlung etabliert. Bitauto ist an der New Yorker Börse gelistet (NYSE: BITA) und erzielte 2015 mit 4 300 Mitarbeitern 620 Millionen US-Dollar Umsatz. Ein guter Mittelständler, würde man dazu in Deutschland sagen, mit einem Chef, der das Autogeschäft aus eigener Erfahrung kennt. Natürlich ist auch Bitauto auf Wachstum programmiert – alles andere wäre unvorstellbar –, und so hat das Unternehmen im Juni 2016 neben dem staatlichen chinesischen Telekommunikationsriesen Tencent (vergleichbar mit der deutschen Telekom) auch Baidu (das chinesischen Pendant zu Google) und den chinesischen Onlinehändler JD.com als strategisch wichtige Aktionäre gewonnen. JD.com ist der Wettbewerber von Alibaba, der größten E-commerce-Plattform der Welt. Im übrigen sind Tencent und JD.com auch Partner bei Bin Lis jüngster Firmengründung NextEV. Auch dieses Beispiel zeigt, mit welcher Vehemenz Chinas Internetbranche ins Auto- und Mobilitätsgeschäft drängt.

NextEV arbeitet an Hochleistungselektroautos, vor allem aber an einem ganz neuen Verständnis vom Auto. Konventionelle Autohersteller, so erklärt Bin Li seine Strategie, bauten Autos, die fast ausschließlich zu Transportzwecken genutzt werden. Bei Tesla seien es schon einige Kunden mehr, die dieses Auto nicht nur als reines Transportmittel sehen. Mit NextEV will Li einen entscheidenden Schritt weitergehen. Für ihn ist das vernetzte, automatisierte Elektroauto eine rollende Plattform mit Touchscreenoberfläche, auf der man gleichzeitig shoppen, konsumieren, entspannen und von A nach B gelangen kann. Ähnlich hat sich übrigens auch der legendäre Alibaba-Gründer und vielfache Milliardär Jack Ma im Juli 2016 geäußert.

»We believe that in the future 80 percent of the car's functionality won't be related to transportation,« so Jack Ma. Shoppen, arbeiten oder im Internet surfen wird wichtiger, als nur von A nach B zu fahren. Die Fortbewegung selbst ist nicht mehr Hauptzweck des Autos der Zukunft. »NextEV will become the world´s first User Enterprise«, verspricht William Bin Li. Und seine nächsten Schritte sind bereits in Verträge gegossen. Im April 2016 schloss NextEV mit dem chinesischen Autobauer Anhui Jianghuai Automobile, abgekürzt als JAC-Motors, einen Vertrag über mehr als 1,5 Milliarden Dollar ab. JAC-Motors hat mehr als 50 Jahre Erfahrung in der Automobilproduktion, gleichzeitig bereits viel Erfahrung mit Elektroautos. Nun soll JAC-Motors der Produktionspartner für NextEV werden. Per Unterschrift unter einen Vertrag wurde quasi über Nacht eine Fabrik für die Autos von NextEV gezaubert. So schnell ist China.

Während in Deutschland Bahnhöfe oder Flughäfen Jahrzehnte voller Pleiten und Pannen brauchen, um fertig zu werden, plant und realisiert man in China selbst Großprojekte im Rekordtempo. Auch deshalb überrascht es nicht, wenn laufend neue Ankündigungen und Unternehmensgründungen auf dem Feld der modernen Mobilität getätigt werden. Alle ähneln in ihren Konzepten den beiden vorstehenden. Der Unterschied ist nur, dass noch mächtigere Partner hinter den Startups stehen. So wurde im März 2016 die Future Mobility Corporation in Hongkong ins Handelsregister eingetragen. Future Mobility hat deshalb für Unruhe gesorgt, weil das Unternehmen eine ganze Reihe BMW-Manager erfolgreich abgeworben hat, die bei den Bayern für die Entwicklung des Elektroautos i3 zuständig waren. Zusätzlich wurden zudem zwei ehemalige Tesla-Manager eingestellt. Elon Musk muss aufpassen, dass er nicht über zu viele Tesla-Friedhöfe witzelt, sonst gehen ihm vor lauter Witzen die Experten aus. Hinter Future Mobility stehen der Telekommunikationsriese Tencent und der Elektronikproduzent Foxconn, der neben anderem auch die iPhones für Apple baut. Eine Premiummarke mit chinesischen Wurzeln mit weltweiter Ausstrahlung und Präsenz wolle man sein, so das Ziel von Future Mobility. Der Suchmaschinenriese Baidu ließ bereits 2015 die Öffentlichkeit wissen, dass man eine Geschäftseinheit für autonomes Fahren gegründet habe. Alibaba kündigte jüngst die Kooperation mit dem staatlichen Autobauer SAIC an. Gemeinsam will man ab 2017 ein Plug-in-Hybridauto bauen und verkaufen. Die in Peking ansässige CH Auto Technology Co. Ltd, eine Design- und Entwicklungsschmiede, stellte bei der Beijing Autoshow im April 2016 ihren Sportwagen Qiantu K50 vor. Das Elektroauto soll Tesla das Fürchten lehren und ab 2017 für weniger als 100 000 Euro zu haben sein. So wie BMW bei seinem i8 Carbon als Material einsetzt, will auch der Qiantu K50 auf dem superleichten Werkstoff aufbauen. Später werden die »normalen« Elektroautos folgen. Bis 2020 will CH Auto einen Anteil von 15 Prozent aller Neuwagenverkäufe an Elektroautos in China erreichen, das wären annähernd eine halbe Million Fahrzeuge. Die Reihe der Beispiele ließe sich nahezu beliebig lange fortsetzen. Die Chinesen haben sich vorgenommen, die Welt zu ändern, und sie packen es schnell und beherzt an.

Gewinner und Verlierer aus der alten Welt

Die Entwicklungen aus China und dem Silicon Valley zeigen, wie rasant und radikal die Veränderungen der Branche schon jetzt sind. Es geht um die Claims der Zukunft und für viele Mitstreiter steht nicht weniger als die Existenz auf dem Spiel. Es wird hoch gepokert und es werden Milliarden für die Innovationen der Zukunft gebraucht. Gleichzeitig müssen die bestehenden Organisationen, Fabriken, Vertriebssysteme umgebaut werden. Wer morgen Elektroautos baut, muss überlegen, was er mit seinen Motorenwerken macht. Wer in der neuen Welt Kundennähe zeigt, wird dies nicht aus dem traditionellen Autohaus bewältigen können. In den Städten werden die Vertriebssysteme der Autobauer für viel Geld umgebaut werden müssen, ein Veränderungsprozess, der Milliarden verschlingen wird. Wer als traditioneller Autobauer heute mit schwachen Kapitalpolstern, niedrigen Gewinnspannen oder hohen Verlusten kämpfen muss, der hat schlechte Chancen, den Zug der Zukunft noch zu erwischen.

In Abbildung 20 sind die Akteure in Gruppen eingeteilt. Nicht alle aus der Revoluzzergruppe werden es schaffen, sich zu erfolgreichen neuen Mobilitätsanbietern zu entwickeln. Ebenso werden aber auch nicht alle »alten« Anbieter in der Zukunft noch eine Rolle spielen. Die Verlierer des Wandels werden entweder ganz als Unternehmen aus dem Markt ausscheiden oder in neuer Form agieren müssen. In dieser neuen Form werden sie nichts anderes mehr sein als Zulieferunternehmen, so wie es heute Bosch, Conti, Hella, Magna oder ZF für die Autoindustrie sind. Diese Autobauer sind in Zukunft eine Art Hersteller zweiter Klasse: sie produzieren, können aber nicht aus eigener Kraft gegenüber den Mobilitätsanbietern Kunden gewinnen oder halten, weil sie die hohen Investitionen für die neue Welt nicht stemmen können.

International gesehen haben die mittelgroßen und heute wenig profilierten japanischen Autobauer das größte Risiko, in der Gruppe der Verlierer zu landen. Unternehmen wie Honda, Mitsubishi oder Suzuki leiden unter Ertragsschwäche und sind gleichzeitig gefangen in der verkrusteten japanischen Unternehmensstruktur. Weder Honda noch Mitsubishi oder Subaru haben bislang Erfahrungen in der Welt der Sharing Economy. Man bewegt sich in den althergebrachten Bahnen: entwickelt, baut und verkauft Produkte mit vier Rädern. Mangelnde Investitionskraft, autoritäre Kultur und wenig Neigung, sich mit neuen Konzepten auseinanderzusetzen, sind die Hauptgründe, warum Autobauer in die Verlierergruppe rutschen. Es läuft alles zu schematisch in den Unternehmen ab, es wird nichts infrage gestellt, es gibt nur eine Art mechanischen Verbesserungsdruck. Doch disruptive Innovationen erfordern andere Fähigkeiten als kontinuierliche Verbesserungsprozesse. Wer Weltmeister bei den nach den Regeln der Mechanik verlaufenden kontinuierlichen Verbesserungsprozessen ist, kann nicht Weltmeister bei radikalen Veränderungen sein. Wer nur Bestehendes optimiert, schafft es nicht, große Marken zu entwickeln und Kunden als Fans zu gewinnen. Das ist das große Problem der japanischen Autoindustrie. In der neuen Mobilitätswelt haben die Japaner eine schlechte Position.

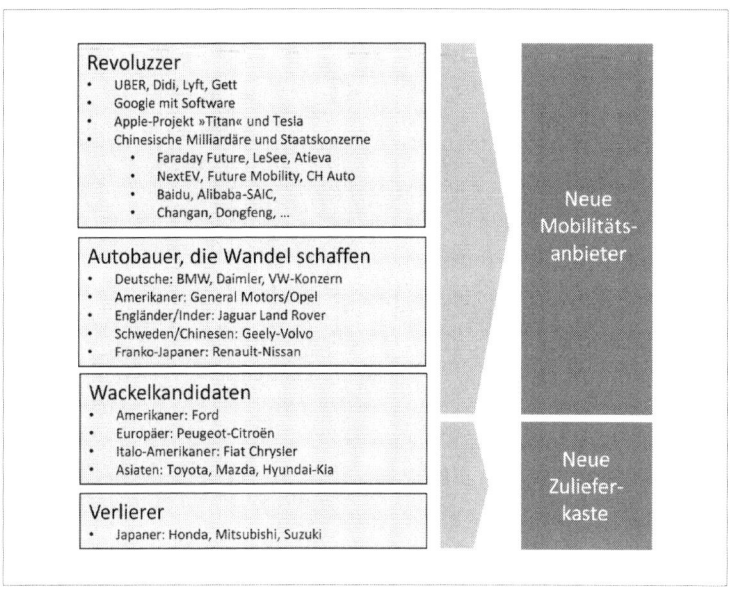

Revoluzzer
- UBER, Didi, Lyft, Gett
- Google mit Software
- Apple-Projekt »Titan« und Tesla
- Chinesische Milliardäre und Staatskonzerne
  - Faraday Future, LeSee, Atieva
  - NextEV, Future Mobility, CH Auto
  - Baidu, Alibaba-SAIC,
  - Changan, Dongfeng, ...

Autobauer, die Wandel schaffen
- Deutsche: BMW, Daimler, VW-Konzern
- Amerikaner: General Motors/Opel
- Engländer/Inder: Jaguar Land Rover
- Schweden/Chinesen: Geely-Volvo
- Franko-Japaner: Renault-Nissan

Wackelkandidaten
- Amerikaner: Ford
- Europäer: Peugeot-Citroën
- Italo-Amerikaner: Fiat Chrysler
- Asiaten: Toyota, Mazda, Hyundai-Kia

Verlierer
- Japaner: Honda, Mitsubishi, Suzuki

Neue Mobilitätsanbieter

Neue Zulieferkaste

Abb. 20: Gewinner und Verlierer der neuen Mobilitätswelt

Neben den voraussichtlichen Verlierern gibt es die Wackelkandidaten. Wackelkandidat kann man aus zweierlei Gründen sein. Entweder, weil die Mittel fehlen, um die hohen Investitionen für den radikalen Wandel zu stemmen. Fiat Chrysler und Peugeot-Citroën sind Unternehmen, die in diesem Punkt Schwächen haben und daher den Anschluss verpassen könnten. Auch wenn Fiat-Chrysler-Chef Sergio Marchionne das Gegenteil sagt: Die Googles dieser Welt werden ihn nicht ernst nehmen, solange er sich in einer Position der Schwäche befindet. Oder den Wackelkandidaten fehlen Innovations- und Gestaltungskraft. Lange hat man den Japanern vorgehalten, gute Kopien von Bestehendem zu machen. Die Perfektion in den Details verstellt den Blick für Quantensprünge. Unternehmen wie Toyota oder Hyundai-Kia erscheinen in diesen Feldern anfällig.

Wer hat dann unter den traditionellen Autobauern die derzeit besten Voraussetzungen, um den Wandel zu meistern? Der VW-Konzern ist nach Dieselgate schwer angeschlagen, doch der erzwungene Abgang der alten Garde um Winterkorn und Piëch war auch der Beginn einer dringend nötigen Wandlung. Die Konzernstrategie des neuen Vorstandsvorsitzenden Matthias Müller strotzt geradezu vor Veränderungswillen. Klare Ziele für die Elektromobilität, Weiterentwicklung des automatisierten Fahrens und mutiger Einstieg in die Sharing Economy mit der Beteiligung am Fahrdienstleister Gett sind wichtige Signale. Ebenso wichtig bleibt allerdings, die chronische Ertragsschwäche der Stammgesellschaft zu verbessern. Auch dies braucht eine radikale Veränderung. Es passt nicht in die neue Welt, die notwendigen Änderungen mit paritätischer Mitbestimmung, einem VW-Gesetz und einer Landesbeteiligung schultern zu wollen. Das bleibt das Risiko des VW-Konzerns.

BMW und Daimler haben sich schon seit einigen Jahren mit der neuen Kultur der Sharing Economy beschäftigt. Car2Go und DriveNow sind die besten Beispiele, dass man radikalen Veränderungen offen gegenübersteht. In puncto automatisiertes Fahren ist Daimler mit seiner S-Klasse-Testfahrt mindestens auf dem gleichen Entwicklungsstand wie Google. Bei BMW hat man mit den Modellen i3 und i8 das Experiment völlig neuer Materialien und Antriebe gewagt. Erstmals in der 130 Jahre alten Geschichte des Autos setzte BMW Carbon als Werkstoff für Fahrgastzellen von Serienmodellen ein. Zwar haben beide Premiumhersteller in der Vergangenheit zu zaghaft auf das Elektroauto gesetzt und zu wenig in die so wichtige Reichweite ihrer batterieelektrischen Autos investiert, aber eine Kultur der Veränderungsbereitschaft ist vorhanden. Beide Unternehmen arbeiten ertragreich und können die Investitionen schultern. Bei BMW hat Harald Krüger den Vorstandsvorsitz von Norbert Reithofer übernommen. Reithofer hat sich zu seiner Zeit sehr um die Marke BMW verdient gemacht und mit seinen flexiblen Werken und seiner geschickten Variantenstrategie mit immer neuen Modellen BMW zum Premiumautobauer mit den weltweit meisten Verkäufen ausgebaut. Aber BMW ist in den letzten Jahren vorsichtiger und langsamer geworden. »Never change a winning team« ist eine Strategie, die langfristig gefährlich ist. Mercedes hat die Spitzenposition im Rennen um die weltweit meisten Verkäufe im Premiumsegment übernommen.

Mutig ging der neue BMW-Chef nach nur drei Monaten mit einem Paukenschlag an die Öffentlichkeit: »Im Jahre 2021 wird BMW gemeinsam mit dem Chiphersteller Intel und dem Software-Unternehmen Mobileye das selbstfahrende Auto in den Markt bringen«, so Krüger. Für die Marke BMW, die mit dem Anspruch »Freude am Fahren« Jahrzehnte lang auf den Fahrer ausgerichtete Fahrspaß-autos und sportliche Limousinen baute, kommt dies einer Revolution gleich. Bei BMW fährt ab dem Jahre 2021 der Computer, wenn der Mensch das will. Wie Daimler treibt BMW gleichzeitig neue Formen der Fahrzeugnutzung voran: Sharing Economy auf Premium, lautet die Maxime. Beides, das automatisierte Fahren und die neuen Formen der Fahrzeugnutzung, leiten bei den Bayern die größte Transformation der letzten Jahrzehnte ein. Gemeinsam entschieden sich BMW, Daimler und VW für den Kartendienst HERE und verankerten damit bereits eine wichtige Säule für automatisiertes Fahren. Die Voraussetzungen sind vorhanden. Alle drei deutschen Autokonzerne können es meiner Ansicht nach durchaus schaffen, als Gewinner in der neuen Autowelt anzukommen.

Das gilt auch für Volvo. Die Loslösung von Ford durch den Verkauf an Geely war ein großer Gewinn für das Unternehmen. Die Marke ist eigenständig geworden und bewegt sich sowohl beim Elektroauto als auch beim automatisierten Fahren in der Spitzengruppe der klassischen Autobauer. Bis zum Jahr 2025 will Volvo eine Million Elektroautos und Plug-in-Hybride verkaufen. Zudem denkt man bereits laut darüber nach, aus der Dieseltechnologie auszusteigen. Bereits vor einiger Zeit hat Volvo in Göteborg ein Testfeld für autonomes Fahren aufgebaut. Autonomes Fahren passt ins Markenbild von Volvo. Für Volvo sind radikale Veränderungen kein Fremdwort. Gemeinsam mit seiner chinesischen Mutter Geely hat Volvo gute Voraussetzungen, um in der Welt der neuen Mobilität Fuß zu fassen.

Jaguar Land Rover hat ein den letzten fünf Jahren eine äußerst bemerkenswerte Entwicklung gemacht. Früher unter Ford waren die Marken Jaguar und Landrover ähnlich wie Volvo wenig erfolgreich. Seit die Engländer den indischen Tata-Konzern als Besitzer haben, geht es in Riesenschritten nach oben. Jaguar Land Rover hat sich zu einem äußerst ertragreichen Autobauer entwickelt. Wichtige Manager der Führungsmannschaft um den deutschen Chef Ralf Speth haben wie dieser selbst lange bei BMW gearbeitet und wissen, wie man Premium »buchstabiert«. In China ist Jaguar Land Rover in einem Gemeinschaftsunternehmen mit dem chinesischen Autobauer Chery verbunden. Chery baut Kleinwagen, aber auch Elektroautos, wobei die Fahrzeuge nicht den Premiumstandards von Jaguar Land Rover entsprechen. Bei Fahrerassistenzsystemen und Connectivity ist Jaguar Land Rover gut im Rennen. Es ist sicher eine große Herausforderung für die Engländer mit deutscher Ingenieursführungscrew, aber das Unternehmen ist dynamisch und schnell. Der Übergang in die neue Mobilitätswelt ist machbar.

Und das wird vermutlich auch General Motors und seiner europäischen Tochter Opel gelingen. In den letzten fünf Jahren hat sich das alte GM aus Detroit in einen neuen Konzern verwandelt. Das spürt man auch bei der deutschen Tochter Opel in Rüsselheim. GM hat sich beim Fahrdienstleister Lyft eingekauft, ist mit Carsharing unterwegs, hat als erster Hersteller bald ein Elektroauto im Markt mit einer elektrischen Reichweite von mehr als 300 Kilometern. Niemand hätte das GM noch vor fünf Jahren zugetraut. Unter seiner Chefin Mary Barra, der einzigen Frau an der Spitze eines Autokonzerns, hat GM einen großen Sprung nach vorne gemacht – einen Sprung, der zeigt, dass der früher behäbige Klotz aus Detroit flexibel, schnell und profitabel geworden ist. Die Voraussetzungen, die Phase der disruptiven Innovationen zu meistern, sind gegeben. Ähnliches, wenn auch nicht in ganz so starkem Ausmaß gilt für die Allianz Renault-Nissan. Allerdings bleiben bei der französisch-japanischen Gemeinschaft noch einige Hausaufgaben der alten Welt zu lösen. Dazu zählt die Profitabilität, denn für die neue Mobilitätswelt braucht es hohe Investitionen.

Bleibt die Ford Motor Company, die frühere Mutter von Volvo und Jaguar Land Rover und einer der wichtigsten Autobauer. Ford hat mit Mark Fields einen dynamischen jungen Chef, der das Autogeschäft kennt und die richtigen Schwerpunkte setzt. Zusätzlich hat das Thema Connectivity und Fahrerassistenzsysteme hohen Stellenwert bei Ford. Bereits 2011 stattete Ford sein Kompaktfahrzeug Focus mit der damals umfangreichsten Ausstattung an Assistenten seiner Klasse aus. Demokratisierung der Fahrerassistenzen war das Schlüsselwort bei Ford. Das sind große Pluspunkte beim Wandel. Auf der Negativseite muss allerdings verbucht werden, dass Ford wenig Zugang zur Sharing Economy besitzt. Ähnliches gilt auch beim batterieelektrischen Auto. Von daher ist Ford eher Wackelkandidat in unserer Aufstellung.

Es sieht also nicht danach aus, als würden die Autobauer, so wie wir sie kennen, durch die Revolutionäre aus dem Markt der neuen Mobilität gedrängt werden. Das Rennen ist eröffnet – und noch ist alles offen.

Abgehängt: Verlierer Deutsche Bahn

Wenn also die Autobauer vor der Herausforderung neue Mobilitätswelt stehen – wie sieht die Lage dann beim Konkurrenzmodell Bahn aus? Autonomes Fahren, elektrische Mobilität, Vernetzung und Multifunktionalität sind Punkte, die sich theoretisch auch mit Schienenfahrzeugen umsetzen lassen. Tatsächlich wäre aus Kundensicht ein vernetztes Verkehrskonzept, in dem die Nutzung von individueller Mobilität etwa in Form von Carsharing und öffentlichem Verkehrsangebot wie der Bahn einfach und unkompliziert kombiniert werden kann, die ideale Lösung. Leider lässt der aktuelle Zustand der Deutschen Bahn kaum hoffen, dass mit diesem verkrusteten Moloch in absehbarer Zukunft moderne Verkehrskonzepte und vernetzte Mobilität möglich werden. Das System Deutsche Bahn ist zentralistisch, störungsanfällig – und krank.

Jeder, der schon mal als Bahnkunde unterwegs war, kennt die Netz- und Anschlussprobleme bei Umsteigeverbindungen. Eine kleine Störung und die Reise zwingt zum langen Warten auf Anschlüsse an windigen, oft heruntergekommenen Bahnanlagen. Die 2002 für sechs Milliarden Euro fertiggestellte Schnellfahrstrecke vom Frankfurter Flughafen nach Köln ist praktisch tot, wenn irgendwo auf der

180 Kilometer langen Verbindung ein Zug liegen bleibt, aus welchen Gründen auch immer. Eine Autokolonne findet einen Bypass. Auto und Bus sind schon heute um ein Vielfaches flexibler als der an ein starres Gleissystem gebundene Zug und werden das in Zukunft dank Connectivity, Schwarmintelligenz und Datencloud umso mehr sein. Ein Zug kann nicht einfach mittels GPS-Datenupdate die beste Umfahrung herunterladen und auswählen.

Innovationszyklen, die in der Autobranche wenige Jahre umfassen, dauern beim Bahnsystem Jahrzehnte. Die ersten ICE-Züge der Bahn wurden im Jahre 1991 eingesetzt und rollen noch heute über die Gleise. Dadurch bietet der »Premiumzug« der Deutschen Bahn einen Reisekomfort, den kein Autohersteller seinen Kunden heute noch zumuten würde. Wer sich bei einer Bahnhofseinfahrt zu früh auf den Weg zum Ausgang macht, kann schon mal über den Nachbarn fallen. Gleis- und Weichenführungen und fehlende Waggonstabilisierungen wirbeln die Fahrgäste auch bei der Einfahrt zum Vorzeigebahnhof der Deutschen Bahn – dem Hauptstadtbahnhof Berlin – durcheinander. Mercedes stattete Anfang 2016 sein neues E-Klasse-Modell mit einer neuen Luftfederung aus, deren Federhärte sich über drei verschiedene Luftkammern automatisch an die Fahrbahnsituation anpassen. Damit wird ein Fahrkomfort erreicht, den Autotester beschreiben als »beeindruckendes Schweben über Bodenwellen und Querfugen hinweg«.

Aber die Probleme der Deutschen Bahn enden nicht bei Inflexibilität und langen Produktzyklen. Ein Großteil der Schwierigkeiten, mit denen die Deutsche Bahn zu kämpfen hat und die vermutlich verhindern werden, dass sie sich als ernst zu nehmender Wettbewerber in der neuen Mobilitätswelt wird behaupten können, sind Altlasten aus den letzten Jahrzehnten.

Überholte Personalstrukturen, ein starres, hierarchisches Management, ein veraltetes Gleisnetz, das immer wieder für massive Ausfälle sorgt. Nach einem vergleichsweise kleinen Stellwerksbrand im Oktober 2015 im Ruhrgebiet standen für Millionen Bahnreisende »die Räder still, Pendler mussten sich über Monate mit Notfallplänen herumschlagen. Fast bizarr muteten im August 2013 die Zustände im Stellwerk des Mainzer Hauptbahnhofs an. Weil die Bahn zu wenig qualifizierte Mitarbeiter für diesen Bereich hatte und einige durch Urlaub und Krankheit ausfielen, brach das Chaos im Bahnverkehr um Mainz aus, mit bundesweiten Auswirkungen. Zudem haben Bahnstrecken und Gleisanlagen eine schlechte Dauerauslastung, was sie unterm Strich zusätzlich verteuert. Durch das komplizierte Anschluss- und Umsteigesystem können die Kapazitäten der Gleise nur teilweise ausgenutzt werden.

Konkurrenten und Regionalbahnbetreiber zeigen, wie es besser geht: Erst seit 2014 gibt es in Deutschland Fernbusse, doch haben die Anbieter es in der kurzen Zeit geschafft, dem Schienenverkehr schon im ersten Jahr 16 Millionen Fahrgäste abspenstig zu machen. Im bevölkerungsreichen Ruhrgebiet muss die Deutsche Bahn einen Supergau im Nahverkehr verdauen. Der Schienenverkehr im Nahbereich wurde vom dortigen Verkehrsverbund VRR europaweit ausgeschrieben, mit katastrophalen Ergebnissen für die Deutsche Bahn. Zuerst verlor man die Ausschreibung für den neuen Rhein-Ruhr-Express (RRX) als eines der wichtigsten Nahverkehrsprojekte in Deutschland, Mitte 2016 dann noch einen Großteil der S-Bahn-Strecken. Nach 2019, wenn die heutigen Verträge ausgelaufen sind, wird der Marktanteil der Deutschen Bahn im Ruhrgebiet im Schienennahverkehr auf 40 Prozent absacken: zu teuer, zu schlecht, nicht wettbewerbsfähig. Da helfen auch keine Presseinterviews, in denen Bahnchef Rüdiger Grube über die Zukunft von selbstfahrenden Autos im Einsatz der Bahn fabuliert. Und selbst dort, wo lange Planungsrunden für einen Bahnhofbau in Stuttgart gedreht wurden, bleiben die Projekte wenig zuverlässig. Statt ursprünglich geplanter sechs Milliarden Euro soll der Stuttgarter Hauptbahnhof nach Presseberichten nun deutlich später fertig sein, dafür dann mit rund zehn Milliarden Euro auch deutlich teurer werden.

Legendär sind die Tarifauseinandersetzungen der Bahn mit ihren Lokomotivführern. Von Herbst 2014 bis Mai 2015 war die Deutsche Bahn mit insgesamt neun mehrtägigen flächendeckenden Streiks lahmgelegt. Keine ermutigenden Aussichten für ein Unternehmen, bei dem unter anderem autonome Züge zur Zukunftsperspektive gehören sollten.

Wie übrigens ein modernes Bahnsystem aussieht, kann man in China bestaunen. Wer mit dem Zug von Peking ins 140 Kilometer entfernte Tianjin fährt – für chinesische Verhältnisse mit 7,5 Millionen Einwohnern eher eine kleinere Stadt –, braucht für die Strecke 38 Minuten. Alle zwölf Minuten fährt ein Hochgeschwindigkeitszug. Der Service und die Reisequalität im chinesischen Hochgeschwindigkeitszug sind so, wie sie bei einem Zukunftsprojekt des ICE der Bahn im Jahre 2100 möglicherweise sein könnte. Die Strecke Bonn–Dortmund durchs Ruhrgebiet hat eine ähnliche Länge wie Peking–Tianjin. Die schnellste Zugverbindung dauert 97 Minuten, fährt aber höchstens im Stundentakt.

Die Strategie der Chinesen ist sauber und klar. Hochgeschwindigkeitszüge und Flüge zwischen Metropolen, in den Metropolen Metros, Busse und Taxen. Diese Strategie ist sinnvoll, denn sie setzt auf eine hohe Auslastung der teuren Bahninfrastruktur. Um in Randregionen oder zu späterer Stunde einen Fahrtakt einzuhalten, ist die Bahn das falsche Verkehrsmittel. In den Metropolen und Großstädten sind öffentliche Verkehrsträger sehr sinnvoll. Wenn viele Menschen die Infrastruktur nutzen, können enggetaktete Fahrpläne eingesetzt werden. Je weiter wir uns von Rushhour-Zeiten und Metropolregionen weg bewegen, umso ökonomischer wird Individualverkehr, sprich das Auto.

Will die Deutsche Bahn wirklich zukunftsfähig werden, muss sie sich völlig neu aufstellen. Das Modell der Airlines, die mit Flug-Slots ihre Strecken unabhängig bedienen und miteinander im Wettbewerb stehen, könnte ein Vorbild sein. Damit gäbe es im Fernverkehr nicht eine träge Organisation, sondern viele Anbieter, die einzelne Fernstrecken bedienen. Die Öffnung des Regionalverkehrs auf andere Betreiber zeigt, dass der Weg erfolgreich wäre. Nicht nur der Komfort und die zeitliche Unabhängigkeit sprechen allzu oft für das Auto, sondern auch die Kostenrechnung. Mehr als 85 Prozent unserer Personenverkehrsleistungen sind nicht durch öffentliche Systeme zu ersetzen, ohne erhebliche Kostensteigerungen und Komforteinbußen hinnehmen zu müssen. Falls die Bahn gegenüber dem Auto der Zukunft nicht weiter ins Hintertreffen kommen will, muss sie sich stärker konzentrieren, dezentralisieren und modernisieren. Das Risiko, dass die Bahn in der Zeitenwende der Autoindustrie zum Verlierer wird, ist sehr hoch.

10. BLEIBT DEUTSCHLAND AUTONATION?

Deutschland im Jahr 2030 – Verlierer der Zeitenwende

Eine Stadt im Ruhrgebiet. Es ist Frühling, im Jahr 2030. Ich bin auf dem Weg zur wichtigsten Leitmesse der Mobility Industry, das Ereignis der Branche, die sich immer noch Autoindustrie nennt, obwohl ihre Produkte mit dem Auto des 20. Jahrhunderts kaum noch etwas gemeinsam haben.

Meine chauffierte Autofahrt zum Flughafen lässt mich sehnsüchtig an das Ziel meiner Reise denken: In Peking wird mich ein Roboterauto von Apple am Flughafen abholen. Das habe ich vor ein paar Minuten bei Didi Chuxing gebucht, dem mittlerweile größten Ride-Hailing-Anbieter der Welt. Ich bin einer von zwei Milliarden Kunden bei Didi. Einen Fahrer braucht das iCar von Apple schon lange nicht mehr, Roboterautos sind in China seit Jahren so selbstverständlich und einfach wie U-Bahn-Fahren.

Ein eigenes Auto brauche ich auch in Deutschland nicht, denn ich lebe in einer Großstadt. Doch hier zu Hause hatte ich die Wahl, mit der Bahn in altersschwachen Waggons – vermutlich noch mit Verspätung und Warten auf heruntergekommenen Bahnsteigen bei Wind und Wetter – zum Flughafen zu fahren oder mit einem selbstfahrenden Auto aus dem Carsharing-Pool. Ich habe mich für das selbstfahrende Auto entschieden. Mein Chauffeur ist ein Roboter, der auf den Namen Hans hört. Hans und ich stehen wieder wie seit eh und je in einem Megastau auf der A40 im Ruhrgebiet. Im Schritttempo schiebt sich die Blechlawine voran bis zur nächsten Ausfahrt. Hans entscheidet sich für eine Ausweichstrecke über Nebenstraßen und chauffiert mich durch ein Gewerbegebiet. Die Straßen sind voller Schlaglöcher, wir kommen an leer stehenden Autohäusern vorbei. Vor den ehemaligen Verkaufspavillions steht meterhoch das Gras, die ehemals spiegelnden Glasfassaden sind vielfach eingeschlagen. Viele Immobilien aus der Autobranche stehen seit Jahren zum Verkauf, aber niemand will sie haben. Nicht nur, weil das Ruhrgebiet heruntergekommen ist, die Branche hat es deutschlandweit schwer erwischt. Die Betriebe rutschten reihenweise in die roten Zahlen, Banken und Sparkassen mussten große Kredite abschreiben.

Autos in Deutschland kaufen viele heute auch bei Alibaba. Richtige Neuwagen werden nur noch wenige verkauft. Das elektrische Robotertaxi beherrscht den Markt und das braucht keinen Autohändler im Gewerbegebiet. Vieles im Einzelhandel ist durch Amazon und Alibaba überflüssig geworden. Die Autobauer hatten einfach keinen Mut, sich auf die neue Vertriebswelt einzulassen. Die Revolution im weltweiten Autovertrieb ging wie erwartet von den Chinesen aus. Der Autovertrieb mit seinem hohen Kapitaleinsatz ist zum größten Verlierer der digitalen Revolution geworden. Die Chinesen produzieren heute qualitativ hochwertige und preiswerte Elektroautos – gebaut in China, verkauft in Europa. Die zweite Welle der neuen Asiaten ist seit 2020 in den europäischen Markt eingestiegen und verdrängt die alteingesessenen Autobauer immer mehr.

Die Rezession der letzten zehn Jahre ist an allen Ecken zu spüren. Der Weggang eines Großteils der Autoindustrie nach dem Durchbruch des elektrisch betriebenen selbstfahrenden Autos hat dem ehemaligen Exportweltmeister Deutschland einen heftigen Schlag versetzt. Fast eine Million Stellen hat das über die Jahre gekostet, ohne dass ein anderer Industrie- oder Dienstleistungssektor bislang in der Lage gewesen wäre, diese Verluste aufzufangen. Wie auch, wenn das Herzstück von Innovation und Wachstum, die Infrastruktur, so am Boden liegt wie hier?

Nordrhein-Westfalen hat es am schlimmsten getroffen. Im ganzen Bundesland gibt es keinen Autobauer mehr. Ford hat seine Produktion in Köln schon vor Jahren geschlossen. Die Motorenproduktion

musste als Erstes dran glauben, denn der Absatz von Verbrennungsmotoren war um 80 Prozent eingebrochen. Die großen Energiekonzerne Eon und RWE fielen im Markt zurück, nachdem der Aderlass,
der ihnen durch die von den Gefühlen der damaligen Bundeskanzlerin Angela Merkel willkürlich geleiteten und chaotisch durchgeführten Energiewende aufgezwungen wurde, sie stark geschwächt
hatte. Das ist auch dem früheren Energieland Nordrhein-Westfalen
schlecht bekommen. Weltmeister in »grüner Energie« ist heute – natürlich – China, mit seinen Megawindparks und Sonnenfarmen.

Am Flughafen angekommen fährt Hans meinen Koffer zum Au-
to-Check-in, während ich noch einen Kaffee trinken gehe. In Peking
wird Hans mich am Flughafen mit dem iCar abholen. Natürlich hat
er dann meinen Koffer schon im Auto. Das Leben ist praktisch mit
Hans, man muss sich um nichts mehr kümmern. Er ist ein Teil des
»Internet of Things« und erledigt vieles für mich. Immer, wenn ich
etwas zu organisieren habe, kann ich ihn mit meinem Smartphone
rufen. Hans spricht alle Sprachen der Welt und schläft nie. Er ist ein
sehr akkurater und wahnsinnig schneller Dolmetscher. Im Flugha-
fenbistro lese ich die immer noch größte Regionalzeitung *WAZ* auf
einem riesigen Infoscreen und suche mir ein paar Neuigkeiten aus
dem Ruhrgebiet. Gestern war die ehemalige Ministerpräsidentin mit
ihrem Nachfolger zu Besuch in einem Altenheim in Duisburg. Es
stehen bald Wahlen bevor und da muss man sich um seine Wähler
kümmern. Die beiden Politiker diskutierten dort mit Neunzigjähri-
gen über die Zukunft des Landes, gerade erst wurde die 19. Auflage
der von der Landesregierung in Auftrag gegebenen Fortschrittsstudie
vorgestellt. »In zehn Jahren ist NRW Weltmeister!«, zitiert die *WAZ*-
Titelseite die Ex-Ministerpräsidentin.

Die Realität sieht ein bisschen anders aus. Ganze Landstriche haben sich entvölkert, nachdem viele Jobs bei Autobauern, Zulieferern
und Händlern wegfielen. Die Produktion verlagerte sich noch stärker
in die Absatzmärkte mit ihren besseren Kostenbedingungen. Deutsche Autos werden heute aus China importiert. Nordrhein-Westfalen
ist zum Subventionsempfänger der EU geworden. In Baden-Württem-
berg, Niedersachsen und Bayern ist die Lage nicht ganz so düster. Aber

die Folgen sind überall spürbar. Heute spielt Deutschland kaum noch eine Rolle im internationalen Autogeschäft. Herzstück der weltweiten Mobilitätsbranche ist die Achse der »Fast Four«, die schnellen Vier, wie sie von den Investmentbanken genannt werden: Peking – Shanghai – Chongqing – Silicon Valley. Alle übrig gebliebenen Autohersteller, auch die nach wie vor großen deutschen Hersteller BMW, Daimler und VW, haben sich zu Mobilitätsanbietern entwickelt. Große Teile ihrer Entwicklung und Verwaltung sind im goldenen Viereck angesiedelt. Auch Hans kommt aus dem Silicon Valley. Die Hochleistungsbatterien für Autos haben ihre Heimat in Asien und in den USA. Dort stehen die Produktionsanlagen, dorther kommen die Innovationen. Es war nur ein kleiner Sprung von der Lithium-Ionen-Batterie der Consumer-Elektronik ins Auto, doch Europa hat ihn verpasst. Die Fahrzeugproduktionen sind heute in Asien, Mexiko und einigen Osteuropastaaten angesiedelt. Japan wurde vom großen Strukturwandel sogar noch stärker getroffen als Deutschland, doch die alte japanische Krankheit Deflation hat sich inzwischen auch hier in Deutschland festgesetzt.

Auf dem Infoscreen in der Wartehalle läuft ein Bericht über den Dauerstau auf der A40, dem ich kurz zuvor auf dem Schleichweg durch das abgewrackte Gewerbegebiet entkommen bin. Die tuckernde Autoschlange bewegt sich im Schritttempo durch Essen. Die Kamera zeigt drei altersschwache Dieselautos, die Abgase und Rußwolken in die Luft pusten. In Peking wird mir das erspart bleiben, dort gibt es schon seit mehr als fünf Jahren im ganzen Stadtgebiet keine Fahrzeuge mit Verbrennungsmotor mehr. Natürlich gab es auch hier Initiativen, die Innenstädte endlich abgasfrei zu machen. Nur noch reine Elektro- und Wasserstoffautos erhalten die weiße Plakette, mit der die Innenstädte befahren werden dürfen. Doch zahlreiche Ausnahmegenehmigungen weichen diese Regelungen wieder auf: Lieferverkehr, öffentlicher Nahverkehr mit Biodiesel, Inhaber einer Mautplakette und natürlich jeder, der sein Fahrzeug noch vor 2025 gekauft hat. Ein komplettes Verbot von Fahrzeugen mit Verbrennungsmotor, wie es die USA 2028 landesweit nach kalifornischem Vorbild einführten, war mit den Mitgliedsländern der N-EU, der

Neuropäischen Union, politisch bislang nicht durchzusetzen. Noch immer ist Dieselkraftstoff in Deutschland mit einem Steuervorteil ausgestattet. Die amtierende Bundesregierung braucht Wählerstimmen, koste es, was es wolle. Eine Eilmeldung ploppt auf dem Screen auf: Die Weltgesundheitsorganisation (WHO) hat in einer neuen Studie festgestellt, dass in 50 deutschen Großstädten die Zahl der Todesfälle durch Herzinfarkt deutlich erhöht ist. Hauptursache hierfür seien laut der Studie die Spätfolgen hoher Stickdioxidbelastungen. Die Dieselwolke über den deutschen Großstädten ist nicht spurlos an den Menschen vorbeigegangen.

Ich schließe die Augen und denke daran, wie ich vor fast 50 Jahren zum ersten Mal in China war. Damals amüsierte es mich, wie sich im dichtesten Pekinger Stadtverkehr die Chinesen mit ihren Handkarren oder Frachtdreiradmopeds neben den schicken neuen Mercedes-, BMW- und Volkswagenmodellen tummelten. Die Luft war zum Schneiden. Die Chinesen trugen Atemmasken. Heute gibt es in den chinesischen Städten schon lange keine Handkarren mehr. Heute sind wir das Land der Handkarren. Der Himmel über Peking ist blauer als über den deutschen Großstädten.

Ein realistisches Szenario?

Zugegeben, diese Vision ist natürlich konstruiert und polemisch. Vollkommen unrealistisch ist sie jedoch leider nicht. Wenn Deutschland seinen Platz unter den führenden Industrienationen der Welt verteidigen und nicht zum Japan Europas werden will – eine wesentliche Voraussetzung für den Erhalt von Wohlstand und Wachstum in unserem Land –, dann muss es seinen Status als Autonation erhalten, auch und gerade in der neuen Mobilitätswelt der Zukunft. Das können wir schaffen. Doch es muss einiges dafür getan werden. Im Zentrum steht Geschwindigkeit. Deutschland muss schneller werden.

Zum einen sind natürlich die Hersteller selbst gefragt. Nicht alle werden den Wandel schaffen können, wie wir gesehen haben. Doch die Entwicklungen der jüngsten Zeit geben Anlass zur Hoffnung, dass die deutschen Autobauer zu den Erfolgreichen des Wandels gehören werden. Sowohl die Autokonzerne BMW und Daimler als auch eine »runderneuerte« VW-Gruppe können dem Wandel ebenso die Stirn bieten wie heute schon weltweit agierende Zulieferunternehmen. Bosch, Continental oder die ZF Friedrichshafen AG sind durch Innovationen und veränderte Firmenkulturen für den Umbruch gewappnet. Das größte Branchenrisiko sitzt im Sektor mit der geringsten Anpassungsgeschwindigkeit, dem Automobilvertrieb.

Zum anderen ist die Politik in aller Dringlichkeit gefragt. Von der aktuell kriselnden EU ist derzeit eher wenig Hilfe zu erwarten. Deutschland muss jetzt dafür sorgen, dass die nötigen Veränderungen geschehen. Wir müssen ein Europa der unterschiedlichen Geschwindigkeiten zulassen und uns auf weniger, aber grundlegende gemeinsame Regeln in Europa konzentrieren. Insofern ist der Brexit, der Austritt Großbritanniens aus der EU, auch eine Chance für einen Neuanfang. Die EU der 27 ist in den letzten zwei Jahrzehnten zu einer Gemeinschaft der Langsamen geworden. In dem Szenario der »Fast Four« ist Langsamkeit gefährlich. Ein erfolgreiches Europa ist ein Europa, das dem Prinzip der Subsidiarität deutlich mehr Gewicht zubilligt. Nur so kann der Automobilstandort Deutschland bei der Transformation in die neue Mobilitätswelt seine Bedeutung erhalten. Subsidiarität macht wendiger, schneller und erzeugt mehr Eigenverantwortung und Freude am Engagement. Durch Subsidiarität können die eigenen Stärken besser zur Entfaltung kommen. Subsidiarität fördert eine Art Gründergeist oder Entrepreneurship. Genau das sind die Erfolgsfaktoren von Silicon Valley und dem neuen China. Und Subsidiarität stimuliert das politische Verantwortungsbewusstsein der Bürger, wirkt gegen die seit Jahren steigende Wahlmüdigkeit. Die hohe Unzufriedenheit in der Bevölkerung vieler EU-Staaten mit dem »Brüsseler Europa« ist weder durch das Auswechseln von ein paar EU-Politikern noch durch populistische Parolen zu lösen, sondern nur durch mehr Eigenverantwortlichkeit, sprich Subsidiarität. Zurück zu wenigen zentralen Gemeinsamkeiten und maximalen regionalen Entfaltungsmöglichkeiten und Transformationsgeschwindigkeiten.

Unter Kanzler Gerhard Schröder und seinem Wirtschaftsminister Wolfgang Clement wurde eine Reihe von unpopulären Entscheidungen getroffen, die den Autostandort Deutschland wesentlich gestärkt und ihm eine gute Wettbewerbsfähigkeit »vererbt« haben. Man muss befürchten, dass einiges von diesem Erbe während der Kanzlerschaft von Angela Merkel unter die Räder gekommen ist. Die Infrastrukturbilanz der letzten Dekade ist ernüchternd. Vernachlässigte Straßennetze mit zerbröselnden Autobahnbrücken, Wolkenkuckucksheime wie der Berliner Großflughafen oder der aus den Kostenfugen laufende Stuttgarter Hauptbahnhof, fehlendes bundesweites schnelles Internet, Fehlplanungen in der Energiepolitik wie bei den wichtigen Nord-Süd-Stromtrassen oder dem völlig konzeptionslosen Ausstieg aus der Kernenergie. Katastrophal war auch das Management der Flüchtlingskrise. Last not least verbleiben finanziell angeschlagene Kommunen mit Haushaltssperren und eingefrorenen Investitionsplänen, die wenig Hoffnung für die Erneuerung der Infrastruktur in den Großstädten machen.

Engstirnige nationale Planungen statt einer europäischen Gesamtlösung, etwa bei den Energienetzen, Bahntrassen oder Elektroautoladestationen, spiegeln den Status Quo europäischer Infrastruktur. Überall wurde gießkannenmäßig für isolierte nationale Projekte aus großen EU-Fördertöpfen Geld verteilt. Ein roter Faden, die europäische Infrastruktur, ist nicht zu sehen. Wenn wir dem Szenario »Deutschland – Verlierer der Zeitenwende« entkommen wollen, müssen wir uns stärker auf die Aufgaben in Deutschland konzentrieren und weniger auf die Rettung Griechenlands oder maroder Banken in Südeuropa.

Wenn wir nicht von den »Fast Four« überrollt werden und in Deutschland an der nächsten Generation von »Hans« mitarbeiten wollen, müssen sich unsere Spitzenpolitiker fokussierter um den Industriestandort Deutschland kümmern. »Wenn man sich ständig mit einem Land beschäftigt, das für ein Prozent der Wirtschaftsleistung steht, dann ist es schwierig, die anderen 99 Prozent erfolgreich zu steuern«, sagte der internationale Spitzenmanager und heutige Chef des größten deutschen Sportartikelherstellers Adidas, Kasper Rorsted, im Juni 2015 gegenüber der *Welt am Sonntag*. Statt von Krisengipfel zu Krisengipfel zu eilen, brauche Europa endlich eine Vision, »die auf die wirklich bedeutenden Zukunftsfragen eingeht«. Auch der Plan, bis 2018 ein schnelles flächendeckendes Internet einzuführen, sei nicht ehrgeizig. »Das kann doch kein langfristiger Anspruch für ein weltweit führendes Industrieland sein!«, so Rorsted im Interview weiter. Anders als Rorstedt äußern sich die Industriebosse meist zurückhaltend, aber mit seiner Meinung steht er nicht allein. Rorsted kann den internationalen Wettbewerb sehr gut einschätzen, hat er doch eine beeindruckende Karriere vorzuweisen, von US-Unternehmen wie Oracle, Compact und HewlettPackard über den Vorstandsvorsitz bei Henkel, dessen Börsenwert er verdreifachte, bis hin zu Adidas. »Wir haben in Deutschland und Europa so viele Möglichkeiten, aber wir ergreifen sie nicht«, so der Manager. Es ist entmutigend, wie Spitzenmanager unsere politischen Führungskräfte beurteilen.

Deutschland muss schneller werden

Deutschland muss schneller werden beim Ausbau seiner Infrastruktur. Infrastruktur muss Chefsache im politischen Berlin werden. Die Elektromobilität ist eines von vielen Beispielen, das zeigt, dass die Kanzlerin das große Zukunftsthema beherzter auf ihre Agenda nehmen muss. Im Rahmen einer Klausurtagung auf Schloss Meseberg beschloss die Bundesregierung am 23. August 2007 unter der Leitung der Bundeskanzlerin die Eckpunkte eines integrierten Energie- und Klimaprogramms (IEKP). Ein wesentlicher Programmbaustein war die Umsetzung der »Elektromobilität«. Gleich vier Bundesminister hatte die Kanzlerin mit der Aufgabe beauftragt: Michael Glos (CSU), damals verantwortlich für das Wirtschaftsministerium, die damalige Bildungsministerin Annette Schavan (CDU), Verkehrsminister Wolfgang Tiefensee von der SPD und Sigmar Gabriel (SPD) als Umweltminister sollten den regulatorischen Rahmen liefern, um Deutschland zum Leitmarkt für Elektromobilität zu machen. Alle vier gingen mit der Zeit verloren. Im Umweltministerium arbeiteten sich nach Sigmar Gabriel noch Norbert Röttgen (CDU), Peter Altmaier (CDU) und Barbara Hendricks (SPD) als vierte Ministerin in das Thema ein. Im Wirtschaftsministerium übergab Michael Glos (CSU) den Staffelstab in Reihenfolge dann an Karl-Theodor zu Guttenberg (CSU), Rainer Brüderle (FDP), Philipp Rösler (FDP) und zuletzt Sigmar Gabriel (SPD). Damit hatte das Wirtschaftsministerium gleich fünf Staffelträger in weniger als neun Jahren für das Elektroauto. Im Verkehrsministerium verantwortet nach Wolfgang Tiefensee (SPD) und Peter Ramsauer (CSU) jetzt Alexander Dobrindt (CSU) das Thema. Die größte Ministerstabilität weist das Forschungsministerium mit nur einem Wechsel von Annette Schavan auf Johanna Wanka (CDU) auf. Man mag sich nicht vorstellen, wie ein Auto aussehen könnte, das BMW oder Mercedes entwickelt, an dem vier Vorstände, die lustig mit der Zeit wechseln, herumbasteln. Insgesamt kümmerten sich vierzehn Bundesminister abwechselnd um das Zukunftsthema Elektromobilität.

Die Ergebnisse sehen enttäuschend aus, wie Tabelle 7 illustriert. Der Leitmarkt der Kanzlerin und die bereits von ihr im Jahr 2008 postulierte eine Million Elektroautos im Jahre 2020 liegen Lichtjahre entfernt. Gegenüber den Niederlanden ist Deutschland ein Elektromobilitätszwerg, im Vergleich zu Norwegen so gut wie nicht existent. So wurden 2015 in den Niederlanden 43 441 Elektroautos verkauft. Das waren 185 Prozent mehr als in Deutschland. Gleichzeitig verfügen die Holländer über ein Netz von 6 172 Ladestationen für Elektroautos. Das sind 125 Prozent mehr als in Deutschland. Dabei ist der Gesamtmarkt für Pkw in Deutschland um mehr als das Siebenfache größer als der niederländische. Wie Deutschland gegenüber Norwegen mit seinem nochmals deutlich kleineren Pkw-Markt aussieht, in dem nicht einmal halb so viele Neuwagen pro Jahr verkauft werden wie in den Niederlanden, ist noch beschämender. Selbst der Vergleich zu England und Frankreich ist wenig schmeichelhaft. Die Maßnahmen der vierzehn Minister sind nicht an Fakten messbar. Zu viel Kompetenzgerangel, Klein-Klein, zu viele Nebensächlichkeiten, kein Profil. Dabei ist keiner unserer Nachbarn einst mit so hochfliegenden Plänen vor seine Wähler getreten wie unsere Bundesregierung.

2015	Elektroauto* Verkäufe	Ladestationen** per Mai 2016	Pkw-Markt bezogen auf NL
Niederlande (NL)	43 441	6 172	1,0
Norwegen	33 721	1 976	0,3
England	28 715	2 673	5,9
Deutschland	23 481	4 951	7,1
Frankreich	22 867	6 508	4,3

* Elektroautos: Reiner Batterieantrieb (BEV) plus Plug-in-Hybrid
** Ladestationen nach ChargeMap (https://de.chargemap.com/)

Tab. 7: »Leitmarkt« Deutschland im Vergleich

Auch von der nur sehr widerwillig vom Kabinett im Mai 2016 verabschiedeten Kaufprämie für Elektroautos von 4 000 Euro, bei der man elegant den wichtigsten Anbieter Tesla durch eine Fördergrenze von 60 000 Euro ausgebootet hat, sind keine Wunder zu erwarten. Nahezu zeitgleich zur Bundesregierung verabschiedete nach einem Bericht des Wirtschaftsmagazins *bizz energy* Ontarios Premierministerin Kathleen Wynne mit ihrer Regierung ihr Klimaschutzprogramm für die kanadische Provinz. Die Eckdaten für Elektroautos lauten: Bis zu 14 000 kanadische Dollar (9 800 Euro) staatlichen Zuschuss beim Kauf eines Elektroautos sowie kostenloses nächtliches Laden von Elektroautos. Das Ganze gilt vier Jahre lang und natürlich auch für Tesla-Modelle. Zusätzlich verspricht Ontario eine Unterstützung von bis zu 1 000 Dollar (rund 700 Euro) für den Bau einer Heimladestation. Im Gegenzug werden alle Hausbesitzer verpflichtet, eine Steckdose mit 50 Ampere und 240 Volt in ihrer Garage zu installieren. Das letzte Glied in der Kette ist eine Abwrackprämie, die »einkommensschwachen Haushalten dabei hilft, ihre alten Autos durch neue elektrische oder Plug-in-Hybride zu ersetzen«, zitiert *bizz energy* aus dem Klimaplan.

Resignierend fällt unser Fazit aus: Anderswo hat man ehrgeizige Pläne, in Deutschland subventioniert man noch immer den Dieselkraftstoff. Daher ist es nicht verwunderlich, dass selbst sieben Jahre nach dem Versprechen der Kanzlerin, bis 2020 eine Million Elektroautos auf Deutschlands Straßen fahren zu haben, zu Beginn des Jahres 2016 gerade mal 25 502 Elektroautos auf Deutschland Straßen unterwegs waren. In den Niederlanden wurden allein im Jahr 2015 fast doppelt so viele Elektroautos verkauft, wie insgesamt überhaupt auf Deutschlands Straßen rollen! 974 498 oder 97 Prozent des Ziels fehlen noch. Trotzdem wiederholt die Kanzlerin wenig glaubhaft, dafür gebetsmühlenartig ihr Ziel.

Wenn der Heimatmarkt die Schlüsseltechnologie der neuen Mobilitätswelt nicht umsetzt, wird es schwer. Dann ist es für die deutschen Autobauer weitaus sinnvoller, alle Elektroautos gleich im Ausland, etwa in China zu produzieren. Die Batterien sind dort, die Kosten sind niedriger, Zölle fallen gar nicht erst an und Subventionen für den Verkauf von Elektroautos in China erhält ohnehin nur der, der auch dort produziert. Es spricht wenig für Deutschland. Deutschland ist im Weltautomarkt ein Zwerg. Nur vier Prozent aller weltweit verkauften Autos fanden im Jahr 2015 in Deutschland einen Käufer. Die Tendenz ist weiter fallend. Die Autoindustrie braucht Deutschland nicht, aber Deutschland braucht die Autoindustrie. Die späte Elektromobilitätsprämie der Bundesregierung ist kein Geschenk für die gut verdienenden Autobauer, wie oft kolportiert wird. Die Prämie ist ein Geschenk für Deutschland. Ohne Inlandsmarkt für Elektroautos hat es ökonomisch keinen Sinn, Produktionsstätten in Deutschland umzurüsten. Das Elektroauto ist weltweit »gesetzt«. Es wäre fatal, wenn Deutschland den Zug verpassen würde. Deshalb muss sich das politische Berlin stärker um das Thema kümmern. Das wird ohne Steigerung des Tempos nicht möglich sein.

Ein Großteil der »alten« Welt mit ihren Hunderttausenden Arbeitsplätzen steht zur Disposition. Nur wenn wir offen mit dieser kreativen Zerstörung umgehen, können wir bei der Ausgestaltung der neuen Mobilitätswelt eine wichtige Rolle einnehmen. Fünf Herausforderungen gilt es zu meistern.

Von den derzeit rund 800 000 Beschäftigten in der deutschen Autoindustrie wären zwar voraussichtlich nicht alle gefährdet, denn es steht zu hoffen, dass die Entwicklungen der neuen Mobilität dem Produktionsstandort Deutschland auch noch im Zeitalter des Elektroautos die Zukunft sichern. Doch ebenso wie heute gut 30 Prozent der Produktionsanteile eines Automobils – Verbrennungsmotor, Kraftstoffversorgung, Motormanagement, Abgassystem sowie die entsprechend notwendigen Getriebe – bei einer hundertprozentigen Umstellung auf Elektrofahrzeuge überflüssig würden, dürfte dies auch für den Anteil der Arbeitsplätze gelten, die in der direkten Produktion verloren gehen. Damit wären fast 250 000 Beschäftigte von den Auswirkungen der disruptiven Veränderung Elektroantrieb betroffen. Zulieferer, die fast ausschließlich auf dem Feld des Verbrennungsmotors arbeiten, wie etwa die deutschen Mittelständler Boysen, ElringKlinger, Eberspächer, HJS Emission Technology oder der Steuerkettenspezialist iwis in München, sind in einer schwierigen Lage. Mittelständler haben in aller Regel ein deutlich engeres Produktportfolio als Großkonzerne und sind damit bei einem Strukturwandel stärker gefährdet als die Großen der Branche.

Hinzu kommt, dass Mittelständler aufgrund ihrer Familienstruktur einen deutlich schlechteren Zugang zum Kapitalmarkt besitzen, der Investitionen in die neue Welt der Mobilität finanziert. Die Kapitalgesellschaften, deren Aktien an den internationalen Börsen gehandelt werden, können durch Kapitalerhöhungen leichter an frisches Kapital gelangen.

Der radikale Wandel in unserer Mobilität wird damit von einem tiefen Einschnitt in der Branchenstruktur begleitet werden. Die Welt der Großen wird stärker, die Kleinen werden es schwerer haben und weniger werden. Unsere Industrie- und Dienstleistungsgesellschaft wird zukünftig noch globaler. Großkonzerne richten sich ausschließlich nach den Bedingungen der Weltmärkte, siedeln dort an, wo die Standort- und Marktbedingungen am attraktivsten sind. Mittelständler hängen öfter an der heimischen Scholle. Damit ändert sich der

Wettbewerb um Jobs und Standortvorteile und Deutschland muss im Sinne der Arbeitnehmer darauf reagieren.

Natürlich geht der Wandel nicht über Nacht. Aber China baut schon heute an der neuen Welt der Elektromobilität. Wenn Betriebe und Motorenwerke in Deutschland noch immer nicht umgerüstet werden, weil etwa der Diesel der Liebling des Finanzministers bleibt, verliert Deutschland wertvolle Zeit. Wenn Chinesen und Amerikaner erst einmal ihre Batterie- und Elektroautowerke stehen haben, wird es für die deutschen Autobauer zu spät sein. Sie müssen jetzt aufhören, auf das kleine Kuchenstück Deutschland und Europa zu starren, denn das wird bald viel zu klein sein, um davon noch satt zu werden.

Doch es geht nicht nur um Arbeitsplätze in der Produktion. Für den klassischen Autohandel bricht mit der Sharing Economy, dem Internet und dem automatisierten Fahren eine Welt zusammen. Fast eine halbe Million Menschen arbeiten heute in diesem Gewerbe, dem in den nächsten Jahren Geschäftsauflösungen, Leerstände der teuren Immobilien und ein deutlicher Rückgang des Werkstattgeschäfts drohen werden. Der Automobilvertrieb der letzten 50 Jahre war innovationsfeindlich. Man hat sich durch Gesetze und Verordnungen wie den Gruppenfreistellungsverordnungen der EU vor Wandel geschützt. Man hat Mauern hochgezogen, die es den Händler- und Zentralverbänden gemeinsam mit den Autobauern erlaubt haben, ein reguliertes System aufrechtzuerhalten. Doch trotz all der Regulierungen haben es die Autobauer und Händler nicht geschafft, die Preisstabilität zu sichern. Immer neue Schlupflöcher wie die Internetvermittler oder die ständig steigenden Kurz- und Tageszulassungszahlen haben das Vertriebssystem ausgehöhlt. Die hohe und falsche Kostenstruktur des Handels konnte nie reformiert werden, auch weil die Autobauer mit immer neuen Vorstellungen über das Autohaus und seine Einrichtung hohe, aus Sicht vieler Kunden nicht notwendige Standards festlegen, die kostentreibend sind. Der Autovertrieb ist ein Ein-Kanal-System, ausschließlich gestützt auf das gute, alte Autohaus. Das Internet als Vertriebsweg wurde bisher kategorisch von den Autobauern ausgeklammert, obgleich es Vertriebskosten radikal senken kann. Keine europäische Automarke hat einen echten Online-Vertriebskanal wie etwa in der Touristik, bei Kleidern oder Schuhen. Tesla und der große chinesische Autokonzern SAIC sind die einzigen Branchenvertreter, die hier mit Innovationen voranschreiten. Das alte Gesetz wird deutlich: Wer sich nicht ändert, wird untergehen.

Schließlich ist eine weitere Branche betroffen, denn auch für die Versicherungen wird die neue Mobilitätswelt Herausforderungen mit sich bringen. Wenn aufgrund sinkender Unfallzahlen und damit geringerer Prämieneinnahmen Geschäftsfelder wegbrechen, werden die Versicherer Alternativen finden müssen, die über massiven Stellenabbau deutlich hinausgehen. Knapp 25 Milliarden Euro beträgt das Prämienaufkommen für die Kraftfahrtversicherungen in Deutschland. Etwa 530 000 Mitarbeiter hat die deutsche Versicherungswirtschaft, zum Teil als abhängige Beschäftigte bei den Versicherungsunternehmen, zum Teil als selbstständige Versicherungsvermittler und Berater. Hinzu kommen selbstständige Gutachter und Unfallsachverständige. Änderungen in der Mobilität gehen nicht spurlos an dem Gewerbe vorbei. Wird etwa im Zuge des autonomen Fahrens eine Grundabsicherung vieler Schadensfälle durch den Hersteller üblich, wird dies auch zu einer Konzentration und Konsolidierung in der Versicherungsbranche weltweit führen. Wenige multinationale Versicherungskonzerne werden das Geschäft mit den Autobauern übernehmen. Soll auch das Versicherungsgeschäft langfristig in Deutschland im Kraftfahrtbereich eine Heimat haben, müssen wir wettbewerbsfähig bleiben, müssen wir – in Deutschland und in der EU – für die nötigen Rahmenbedingungen und Regelungen sorgen. Auch hier gilt: Eine EU der Langsamen darf es nicht mehr geben.

Herausforderung 2: Rechtlichen Rahmen zügig gestalten

In der neuen Mobilitätswelt zählen diejenigen Staaten zu den Gewinnern, die schnell den gesetzlichen Rahmen für automatisiertes Fahren, für das Anbieten neuer Dienstleistungen wie Taxi-Hailing-Services á la Uber, für Haftungsregeln und Datensicherheit schaffen. Die USA hat auf vielen dieser Felder seit einigen Jahren eine Vorreiterstellung. In China können dank der zentralistischen Strukturen schnell entsprechende Grundlagen und Rahmen geschaffen werden. Und China hat großes Interesse daran, im Weltmarkt für Mobilität eine führende Rolle zu spielen. Umso wichtiger werden zügige Gestaltungen der rechtlichen Rahmen für die neue Mobilitätswelt in Deutschland. Auch in dieser Hinsicht ist es sinnvoll, stärker auf ein Europa der Subsidiarität zu setzen, statt früher oder später mit dem Zentralismus-Bummelzug den Anschluss an die Weltwirtschaft zu verlieren.

Herausforderung 3: Infrastruktur – Netze, Straßen und Stationen

Wer zu spät mit dem Elektroauto in den Markt eintritt, weil andere Technologien wie der Diesel zu lange Auslaufphasen haben, geht das große Risiko ein, dass die neue Wertschöpfungskette außerhalb von Europa entsteht. Damit werden es einerseits zigtausende Arbeitsplätze der Branche schwerer haben, sich im Transformationsprozess für neue Aufgaben weiterzuentwickeln. Zum Zweiten werden sich die Lebensverhältnisse in den Nachzüglerländern nachhaltig verschlechtern und einen sozialen und wirtschaftlichen Fortschritt deutlich behindern.

Neben der technischen Infrastruktur erlaubt es die neue Mobilitätswelt, neu über unsere Straßenplanungen und bautechnischen Anforderungsprofile nachzudenken und entsprechend kostengünstiger zu planen. Straßen benötigen in der Zukunft durch das automatisierte Fahren weniger Leitplanken und Sicherheitsmaßnahmen, das spart Kosten im Straßenbau. Um diesen Kosteneffekt zu gut wie möglich zu nutzen, ist es wichtig, heute mit den Planungen zu beginnen. Der aktuelle Rückstand bei der Ladeinfrastruktur, dem Schnellladenetz, aber auch in puncto schnelles Internet ist ein langfristig wirkender Wettbewerbsnachteil für unser Land. Gerade auf diesem Feld wäre allerdings sogar eine europaweite Planung wichtig. Eine notwendige Bedingung dafür, dass das Elektroauto zum Massenverkehrsmittel wird, ist ein flächendeckendes Schnellladenetz entlang der Autobahnen in Europa.

Schließlich erfordert das automatisierte Fahren auch die Übermittlungen von großen Datenbeständen und damit eine geeignete Netzinfrastruktur. Die EU-Kommission hat auf diesem Feld heute kaum etwas vorzuweisen. Außer Subventionen für Straßen in Urlaubsländern oder bei Freizeiteinrichtungen in wirtschaftlich schwachen Regionen hat das Brüsseler Europa wenig zustande gebracht. Der Erfolg des Standortes Deutschland und seine Arbeitsplätze in der Mobilitätsbranche von morgen sind jedoch unmittelbar an das Infrastrukturnetz geknüpft.

Herausforderung 4: Steuer- und Mautsystem

Das deutsche Steuersystem ist ein gewachsenes System mit einer Menge komplizierter Vorschriften, die hohe Verwaltungsausgaben mit wenig Lenkungsfunktion mit sich bringen. Mit den neuen Mobilitätsmodellen und Technologien ist es möglich, Steuern effektiver und sinnvoller als Anreizsysteme einzusetzen. Mautsysteme, bei denen Straßen in Rushhour-Zeiten mit höheren Preisen pro Kilometer belegt werden als bei wenig Verkehr, sind ebenso leicht technisch umsetzbar wie eine Berechnung von Mautzahlungen auf der Grundlage des Schadstoffausstoßes. Nicht mehr das stehende Fahrzeug, sondern die Knappheit des genutzten Verkehrsraums wäre dann Bemessungsgrundlage für Steuern. Nur so kommen wir zu einem modernen, leistungsorientierten Mobilitätssystem.

Die technischen Voraussetzungen von den Autobauern und Dienstleistern werden derzeit erbracht. Nach dem Jahr 2020 werden wir jede Menge Elektroautos – also lokal-emissionslose Fahrzeuge im Angebot haben – die dann auch teilautomatisiert bis vollautomatisiert fahren können. Es wäre wichtig, nicht zu warten, bis die Fahrzeuge im Verkauf sind, um dann über die Lenkungs- und Steuerungsfunktionen nachzudenken, sondern bereits heute entsprechende Gesetze und Verordnungen auf den Weg zu bringen. Allzu oft reagiert der Gesetzgeber erst, wenn die Technologie im Markt ist. Wir hätten die Chance, bereits heute eine neue Mobilitätswelt für unser Land zu kreieren, die auch die richtigen ökonomischen Anreize setzt und Mittelverschwendung minimiert.

Der größte Verlierer in der neuen Mobilitätswelt dürfte die Deutsche Bahn werden, die schon mit den heutigen Aufgaben nicht zurechtkommt. Schlechte Zugqualität, marodes Schienennetz, verpasste Anschlüsse – die Probleme der Bahn stammen noch aus der alten Welt und sind teils seit Jahrzehnten ungelöst. Wie soll sie da den Herausforderungen der Zukunft begegnen? Die neue Mobilitätswelt ist eine Welt der Dezentralität. Unsere moderne Kommunikationsstruktur, die modernen Dienstleister der Sharing Economy, die emissionslosen Autos werden der zentralen Behördenbahn zusetzen. Ein wichtiger Schritt wäre, schon heute wichtige Entscheidungen zu treffen und etwa den unbeweglichen Koloss in kleine agile Teileinheiten zu zerlegen. Die bisherigen Bahnreformen sind – wenn man sie an der Realität misst – alle gescheitert.

Verlierer der neuen Mobilitätswelt wird neben der Bahn auch das Heer der Taxifahrer sein. Allerdings wird sich diese Transformation langsam und schleichend vollziehen, ähnlich wie auch die Pferdekutschen nach der Erfindung des Autos nicht gleich verschwanden. Insgesamt werden wir, wie es aussieht, mit der neuen Mobilitätswelt die größten Veränderungsprozesse unserer Mobilität der letzten 130 Jahre einleiten. Der Sprung von der Pferdekutsche zum Auto, vom Segelschiff zum Containerschiff, vom Licht der Öllampen zur elektrischen Versorgung unsere Haushalte und Gebäude hat unsere Gesellschaft jedes Mal vor große Herausforderungen gestellt. Heute wissen wir, es hat sich trotz aller Mühen stets gelohnt.

Große Potenziale in der neuen Mobilitätswelt

Die neue Mobilitätswelt bricht nicht nur alte Strukturen auf und macht »alte« Arbeitsvorgänge entbehrlich, sondern treibt das Wachstum unserer Industrie- und Dienstleistungsgesellschaft an und schafft damit weltweit neue Arbeitsplätze. Alle drei großen Innovationsfelder – die Elektromobilität, das automatisierte Fahren und die Sharing Economy – tragen dazu bei. Das Elektroauto ersetzt zwar viele Industriearbeitsplätze in der Motorenentwicklung und Fertigung oder der Mineralölindustrie. Aber statt den Abbau von Rohöllagerstätten voranzutreiben, können Investitionen in das neue Geschäftsfeld der Energiespeichertechnik fließen, etwa durch die Verbesserungen der Lithium-Ionen-Batterien, den Aufbau von Batteriefabriken, der Leistungselektronik, die dafür sorgt, dass die gespeicherte Energie in den neuen Batterien schnell und effizient abgerufen werden kann, und den Ausbau der Ladenetze für Elektroautos. So werden mit den Schnellladesystemen immer größere Strommengen in kürzerer Zeit bewegt werden. Tesla arbeitet heute mit Superchargern von 120 Kilowatt. Die Autoindustrie beschäftigt sich bereits mit Turboladesystemen bis zu 300 Kilowatt. Hinzu kommt die Weiterentwicklung der Ladetechnologie durch induktives Laden, das Vorantreiben einer Smart-Energie-Welt, in der Autos als Stromspeicher für unsere Energiesysteme genutzt werden und vieles mehr. Das Weiterentwicklungspotenzial ist enorm. Die Energiewelt und die Mobilitätswelt können zusammenwachsen. In der Welt der Rohöle und Verbrennungsmotoren wäre all das nie möglich, dort gibt es keine intelligenten verteilten Energiesysteme, verarbeitetes Rohöl oder Gas wird in den unterschiedlichen Nutzungen, etwa einer Hausheizung oder in Motoren, »verbrannt« und ist verloren.

Was für die Elektromobilität gilt, trifft erst recht auf die Weiterentwicklung durch autonomes Fahren und das intelligente Auto zu. Wir steuern in eine Welt, in der uns Roboter, intelligente Maschinen immer mehr Aufgaben abnehmen. Briefträger sind durch den E-Mail-Verkehr immer weniger im Einsatz. Das Gleiche gilt für viele Jobs in der Logistikbranche. Ein Leben als Trucker sieht im Film romantisch aus, doch wer bei Glatteis, Stau und Hitze 30 Jahre lang unter ständigem Termindruck unterwegs ist, bei dem verblasst das Abenteurerbild schnell.

Technischer Fortschritt erlaubt uns, den Menschen bessere Arbeitsplätze zu bieten durch intelligente Mobilität. Dabei ist der Prozess dynamisch und nicht starr. Nach den Analysen an unserem

CAR-Institut wird das weltweite Geschäft mit Fahrerassistenzsystemen und teilautomatisierten Fahrfunktionen bis zum Jahr 2020 weltweit auf 55 Milliarden Euro anwachsen. Im Durchschnitt werden pro Fahrzeug dann mehr als 600 Euro an neuem Wert, also an Umsatz, für automatisierte Fahrfunktionen generiert. Bis zum Jahr 2025 wird nach dieser Prognose der Wertanteil der automatisierten Fahrfunktion pro Fahrzeug auf 1 400 Euro steigen, was einem weltweiten Umsatz von knapp 140 Milliarden Euro entspricht. Bis zum Jahr 2030 steigt der Umsatz nach der Prognose auf mehr als 320 Milliarden Euro. Das ist mehr als der doppelte Umsatz des Jahres 2015 der Daimler AG. Automatisiertes Fahren bringt uns bildlich gesprochen zwei neue Unternehmen der Größe von Daimler in die Welt. Hier liegt also in der neuen Mobilitätswelt ein enormes Potenzial.

Bleibt drittens die Sharing Economy. Aller Wahrscheinlichkeit wird es in der Zukunft weniger Bedarf an Taxifahrern geben. Dafür mit Sicherheit einen weiter wachsenden Bedarf an innovativen Apps, Ideen und Konzepten, wie man teure Kapazitäten besser nutzen kann. Ob die hohe Bewertung von Uber mit mehr als 60 Milliarden Dollar im Jahr 2016 gerechtfertigt ist, kann man schwer mit Sicherheit sagen. Es ist eine Wette auf die Zukunft, die gleichzeitig zeigt, dass die Zukunft große Chancen für die Sharing Economy bereithält. So wie heute die Banken und Versicherungen Risiken und Kapital bündeln und damit gesellschaftlichen Wert erzeugen, erlaubt uns die Informationstechnologie und das Internet dies morgen für physische Dinge.

Wird Deutschland also Autonation bleiben? Ich glaube, ja. Wir können die alte, teils weniger anspruchsvolle Welt transformieren, das Versprechen der neuen Mobilitätswelt abschöpfen und seine Potenziale nutzbar machen. Die Chancen stehen 50:50. Wir haben die Chance, dem Szenario »Meister der Zeitenwende« zum Durchbruch zu verhelfen. Der frühere Bundespräsident Roman Herzog sprach vom einem »Ruck, der durch Deutschland gehen muss«. Lassen Sie uns diesen »Ruck« interpretieren als »Deutschland muss schneller werden«. Wenn wir die Herausforderungen meistern, wenn wir schneller werden, wenn wir keine Angst vor der Zukunft haben, dann könnte die Vision Deutschland 2030 eine völlig andere sein.

Deutschland im Jahr 2030 – Meister der Zeitenwende

Eine Stadt im Ruhrgebiet. Es ist Frühling, im Jahr 2030. Ich bin auf dem Weg zur wichtigsten Leitmesse der Mobility Industry, das Ereignis der Branche, die sich immer noch Autoindustrie nennt, obwohl ihre Produkte mit dem Auto des 20. Jahrhunderts kaum noch etwas gemeinsam haben. Die Messe ist abwechselnd in Shanghai, Peking, Las Vegas und Frankfurt. Dieses Jahr ist Frankfurt dran. Meine Taxifahrt dauert nicht lang. Mein Chauffeur ist ein Roboter, der auf den Namen Hans hört. Das Auto, ein Apple iCar 3S, habe ich mir vor ein paar Minuten noch spontan nach Hause bestellt. Ursprünglich wollte ich den BMWi3–20 aus dem Carsharing-Pool nehmen, hatte aber prompt vergessen, Hans am Vorabend Bescheid zu geben. Hans ist so etwas wie mein persönlicher Assistent.

Seit Amazon im Jahre 2016 in USA sein Echo-Lautsprechersystem mit dem künstlichen Spracherkennungsassistenten Alexa in den Markt gebracht hatte, war die Entwicklung des sprachgesteuerten Internets nicht mehr zu bremsen. Es war eine neue Ära des Internets angebrochen. Tasten und Tippen für Nachrichten und Chats sind schon lange out.

Hans ist also immer für mich da, er redet mit mir und chauffiert rund um die Welt alle Roboterautos für mich, wenn ich das will. Heute wird Hans mich am Hauptbahnhof absetzen, wo ich in den ICEX nach Frankfurt steige; dort wartet schon ein E-Bike, das mich zur Messe bringen wird. Mein Gepäck geht direkt in mein Frankfurter Hotelzimmer, auch dafür wird Hans sorgen.

Manchmal kann ich mich immer noch nicht daran gewöhnen, dass ich die meiste Zeit kein eigenes Auto mehr in meiner Garage stehen habe. Aber das macht nichts, schließlich kann ich auch im Taxi schon mal meine Videochats abrufen. Während der kurzen Taxifahrt mit Hans fällt mir ein, dass ich vergessen habe, zu Hause die Herdplatte an meinem Elektroherd auszuschalten, aber natürlich hat Hans auch dieses Problemchen schnell und zuverlässig gelöst. »Was würden wir ohne das ›Internet of Things‹ tun?«, raunt er mir zu.

Ich blicke aus dem Fenster auf die Reihe von Fahrzeugen neben mir, die sich zügig und geräuschlos in gleichmäßigem Abstand vorwärtsbewegen. Um diese frühe Uhrzeit arbeiten die meisten der Insassen an ihren Tablets oder Smartphones, die »Freizeitfahrer« beim Shopping auf dem Weg ins Café oder zum Lunch kommen erst deutlich später. Ab und zu kommt die Kolonne der E-Autos kurz ins Stocken, wenn wieder mal ein übermütiger Teenager mit dem Rad die Kurve zu großzügig nimmt. Natürlich erfassen die Systeme der Fahrzeuge jede Bewegung in Sekundenbruchteilen und haben reichlich Zeit zu reagieren, bevor es zu Zusammenstößen oder Auffahrunfällen kommt.

In der zweiten Hälfte der 2010er-Dekade sah es noch ganz anders aus: Die deutschen Hersteller hatten mit Abgasskandalen und schlechtem Image zu kämpfen, steckten im selbst gemachten Sumpf aus Steuerprotektion und Innovationsangst fest. Die Infrastruktur in Deutschland war nicht nur auf Straßen und Schienen sehr holprig. Die politische Krise nach dem EU-Austrittsvotum der Briten war ein zusätzlicher Schock, der jedoch vieles in Bewegung brachte. Die deutschen Politiker wurden wach. In Berlin erkannte man, dass es für die Zukunftschancen unserer Kinder schlecht ist, wenn sich Spitzenpolitiker fast nur mit C-Problemen beschäftigen und mit wenig Erfolg marode Banken oder hoffnungslos überschuldete Länder retten wollen.

Die EU ist jetzt flexibler geworden. Man hat eine Reihe von unterschiedlichen Arten der Zusammenarbeit gefunden. Dazu gehört auch, dass sich schwache Staaten zeitweise »ausklinken« können. Es funktioniert ein bisschen wie auf einer Autobahn. Alle können sie benutzen, für alle haben wir sie gebaut, aber die Schnelleren können überholen. Jeder kann mit seiner idealen Geschwindigkeit unterwegs sein; die Schnellen finanzieren ein Großteil der Autobahn durch ihre höheren Ausgaben. Der deutsche Bundeskanzler konzentriert mittlerweile zwei Drittel seiner Zeit auf die Zukunftsfragen des Landes und die Infrastruktur. Er kümmert sich persönlich um viele Dinge in Deutschland und gibt keine Aufträge mehr an vier Bundesministerien gleichzeitig. Es ist professioneller geworden in Berlin. Universitäten, die Verkehrsinfrastruktur, die Energienetze, die Kommunikationsnetze profitieren davon und haben es Deutschland erlaubt, den Anschluss nicht zu verlieren.

An deutschen Universitäten und bei den großen Autobauern in München, Stuttgart und Wolfsburg arbeitet man erfolgreich an der Weiterentwicklung von Hans mit. Hans ist kein Google-Monopol mehr. BMW, Daimler und Volkswagen konnten sich erfolgreich gegenüber dem früheren Datenmonopolisten positionieren. Hilfreich waren die Chinesen, die mit dem Suchmaschinenpendant Baidu, dem Kommunikationskonzern Tencent und Alibaba ein starkes Gegengewicht aufbauten. Die Chinesen und die deutschen Autobauer arbeiten gut zusammen. Man ergänzt sich und die Chinesen haben durch eine groß angelegte Vertriebsrevolution das Internet als Vertriebskanal für Autos etabliert. Es gibt jetzt noch einige große Vertriebspunkte, aber die Vielzahl an Händlerbetrieben ist verschwunden. Das war ein schmerzhafter Prozess, doch er konnte gemanagt werden. Neue, interessantere und bessere Jobs haben die Beschäftigten nahezu vollständig aufgefangen. Auch bei den Versicherern haben sich neue Geschäftsfelder etabliert, nachdem Haftpflicht und Kasko für Otto Normalverbraucher zum Auslaufmodell wurden. Das neue Geschäftsfeld heißt für die Versicherer »Mobility Solutions«. Risiko-Pooling mit den Autobauern, Carsharing- und Ride-Hailing-Konzernen steht jetzt im Fokus.

Die Kooperation der drei deutschen Premiumhersteller Mercedes, BMW und Audi in der Batterieentwicklung war ein Meilenstein für die Massenproduktion des Elektroautos. Neue gemeinsam betriebene Schnellladesysteme erlauben es heute, Elektroautos in knapp fünf Minuten wieder zu laden. Die Energienetze in Deutschland wurden darauf ausgelegt. Es gibt nur noch grünen Strom. An den Carsharing-Stationen gibt es keine Ladekabel mehr, stattdessen werden die modernen Elektroautos mit bis zu 800 Kilometern Reichweite per Induktion geladen. Das geht zwar nicht im Eiltempo, ist aber auch nicht notwendig. Wer es eilig hat, nutzt den TurboCharger. Auch das neue Entwicklungszentrum und die Batteriefabrikation waren ein Standortgewinn. In den früheren VW-Motorenwerken werden jetzt

Batteriestacks aus Zellen zusammengesetzt. BASF ist ein wichtiger Autozulieferer geworden, denn ein Großteil der Batteriematerialien kommt jetzt aus dem Ludwigshafener Konzern. Das Ruhrgebiet konnte sich mit seinen Energiekonzernen RWE und EON auf den Ausbau der europäischen Schnellladeinfrastruktur konzentrieren. Carsharing-Systeme für Elektroautos wie unser damals aus der Uni entstandenes Projekt RUHRAUTOe konnten sich als Testplattform für neue Produkte qualifizieren. An den Hochschulen des Landes haben Forschungsprojekte für Innovationen auf dem Mobilitätssektor einen wichtigen Stellenwert erhalten. Das hilft Nordrhein-Westfalen, nicht abgeschnitten zu werden von einer der wichtigsten Branchen Deutschland, auch wenn Köln nicht mehr Produktionsstandort von Ford sein sollte. Deutschland und seine Autobauer haben es geschafft, die so wichtige Innovationskraft, das Know-how und das Investitionskapital zu bündeln und dauerhaft hier zu halten. Deutschland 2030 kriegt die Kurve.

LITERATUR

Barra, Mary: *Ansprache vor Mitarbeitern im GM Vehicle Engineering Center, Michigan*, 6. Juni 2014. Auf: http://www.usatoday.com/story/money/cars/2014/06/05/gm-ceo-mary-barra-speech-switch-recall-report/10012715/ (5 7.16).

Barra, Mary: *Ansprache vor Mitarbeitern im GM Vehicle Engineering Center, Michigan*, 17. September 2015. Auf: http://media.gm.com/media/us/en/gm/news.detail.html/content/Pages/news/us/en/2015/sep/0917-barra.html (5 7.16).

Bay, Lukas: »Warum ein Verbrenner-Verbot überflüssig ist«. In: Handelsblatt-Online 8. April 2016. Auf: http://www.handelsblatt.com/unternehmen/industrie/autoindustrie-warum-ein-verbrenner-verbot-ueberfluessig-ist/13421934.html (5 7.16).

Becker, Gary: »Crime and Punishment: An Economic Approach«. In: *Journal of Political Economy*, 76/2 (1968), S. 169–217.

Bitkom.org: *Fast jeder zweite Autofahrer liest SMS am Steuer*. Pressemitteilung, 5. Februar 2016. Auf: https://www.bitkom.org/Presse/Presseinformation/Fast-jeder-zweite-Autofahrer-liest-SMS-am-Steuer.html (8 7.16).

»BMW und Daimler lassen Apple abblitzen«. In: *Handelsblatt Online*, 20. April 2016. Auf: http://www.handelsblatt.com/my/unternehmen/industrie/kooperation-beim-icar-bmw-und-daimler-lassen-apple-abblitzen/13477244.html (27 6.16).

Bundeskriminalamt (BKA): *Cybercrime. Bundeslagebild 2014*, publiziert September 2015. Auf: http://www.bka.de/nn_224082/SharedDocs/Downloads/DE/Publikationen/JahresberichteUndLagebilder/Cybercrime/cybercrimeBundeslagebild2014,templateId=raw,property=publicationFile.pdf/cybercrimeBundeslagebild2014.pdf (5 7.16).

Bundesministerium für Wirtschaft und Energie: »Deutschland soll Leitmarkt werden«, *Nationale Strategiekonferenz Elektromobilität*, Pressemitteilung, 25. November 2008. Auf: https://www.bundesregierung.de/ContentArchiv/DE/Archiv17/Artikel/2013/05/2013–05–27-elektromobilitaet.html (5 7.16).

Bundesministerium für Umwelt, Naturschutz, Bau und Reaktorsicherheit: *Nationale Plattform Elektromobilität*. Auf: http://www.bmub.bund.de/themen/luft-laerm-verkehr/verkehr/elektromobilitaet/nationale-plattform-elektromobilitaet/ (5 7.16).

Carnot, Sadi: »Réflexions sur la puissance motrice du feu et sur les machines propres à développer cette puissance. In: *Annales scientifiques de l'École Normale Supérieure* Sér. 2, 1(1872), S. 393–457.

Christensen, Clayton: The Innovator's Dilemma: When New Technologies Cause Great Firms to Fail. Boston: Harvard Business School Press, 1997.

Doll, Nikolaus: »Bei Wasserstoffautos produziert Dobrindt heiße Luft«. In: *Die Welt*, 12. April 2016.

Dudenhöffer, Ferdinand: *Abschied vom Massen-Marketing*. Düsseldorf: Econ, 1998.

Dudenhöffer, Ferdinand: »Die Schweiz als Testfeld für die Verbreitung des ›Tesla-Konzepts‹«. In: *Wirtschaftsdienst*, Heft 4, 2016.

Dudenhöffer, Ferdinand: »Danke, Amerika!« In: *Die Zeit*, Nr. 26/2016.

Dudenhöffer, Kathrin: *Akzeptanz von Elektroautos in Deutschland und China*. Heidelberg: Springer-Gabler, 2015.

Eckl-Dorna, Wilfried: »US-Autolegende Bob Lutz gibt Piëch die Schuld am Abgasskandal«. In: *manager magazin Online*, 11. November 2015. Auf: http://www.manager-magazin.de/unternehmen/autoindustrie/vw-abgasskandal-us-managerlegende-bob-lutz-greift-piech-an-a-1062070.html (9 5.16). Originalkolumne: Lutz, Bob: »One Man Established the Culture That Led to VW's Emissions Scandal«. Auf: http://www.roadandtrack.com/car-culture/a27197/bob-lutz-vw-diesel-fiasco/ (9 5.16).

EU-Kommission: »Richtlinie 2008/50/EG des europäischen Parlaments und des Rates vom 21. Mai 2008 über Luftqualität und saubere Luft für Europa«. In: *Amtsblatt der Europäischen Union*, 11. Juni 2008.

EU-Kommission: *Beschluss der Kommission vom 20. 2.2013 betreffend die Mitteilung der Bundesrepublik Deutschland über die Verlängerung der Frist für das Erreichen der NO_2-Grenzwerte in 57 Luftqualitätsgebieten*. Auf: http://www.bund.net/fileadmin/bundnet/pdfs/presse/130225_eu_kommission_b eschluss_no2_grenzwerte_deutschland.pdf.

Ewing, Jack: »Volkswagen Not Alone in Flouting Pollution Limits«. In: *New York Times*, 9. Juni 2016.

Fromm, Thomas. Angelika Slavik: »Hier muss niemand Angst haben«. In: *Süddeutsche Zeitung Online*, 13. November 2015. Auf: http://www.sueddeutsche.de/wirtschaft/bernd-osterloh-hier-muss-niemand-angst-haben-1 2735676?reduced=true (5 7.16).

Fromm, Thomas. Angelika Slavik: »VW-Betriebsratschef fordert umfassende Konzernstrategie«. In: *Süddeutsche Zeitung Online*, 14. November

2015. Auf: http://www.sueddeutsche.de/wirtschaft/bernd-osterloh-vw-
betriebsratschef-fordert-umfassende-konzernstrategie-1 2737119 (5 7.16).

Gassmann, Michael: »Langfristig glauben wir an Russland«. Interview mit
Kaspar Rorsted. In: *Welt am Sonntag*, Nr. 24, 14. Juni 2015.

Gibney, Elizabeth: »Google Algorithm masters ancient game of Go«. In: *Nature*, Nr. 529 (2016), S. 445–446.

Google Self-Driving Car Project: *A First Drive*, Video Auf: https://www.
google.com/selfdrivingcar/ (2 6.16).

»Google wird Autohersteller«. In: *manager magazin online*, 25. Mai 2014.
Auf: http://www.manager-magazin.de/unternehmen/autoindustrie/
google-baut-selbstfahrendes-auto-und-wird-autohersteller-a-972098.
html (27 6.16).

Greenberg. Andy: »Hackers Remotely Kill a Jeep on the Highway—With Me
in It«. In: *Wired.com*, 21. 7.2015. Auf: https://www.wired.com/2015/07/hackers-remotely-kill-jeep-highway/ (23 6.16).

Greenberg. Andy: »Shopping For Zero-Days: A Price List For Hackers'
Secret Software Exploits«. In: Forbes.com, 23. März 2012. Auf: http://
www.forbes.com/sites/andygreenberg/2012/03/23/shopping-for-zero-days-an-price-list-for-hackers-secret-software-exploits/#38b481c96033
(23 6.16).

Harf, Rainer: »Nikola Tesla: Das betrogene Genie«. In: *GEOkompakt* 18,
3/2009.

Kraftfahrt-Bundesamt (KBA): *Jahresberichte*, versch. Jahrgänge,
www.kba.de.

Lamparter, Dietmar H.: »Daimler und VW verdienen weniger. Was bedeutet
das?«. In: *Die Zeit*, Nr. 19/2013.

Musk, Elon, Tesla Motors, Inc. (TSLA): *Q1 2016 Earnings Call*, 4. Mai
2016. Auf: http://www.nasdaq.com/aspx/call-transcript.aspx?StoryId=-
3971543&Title=tesla-motors-tsla-elon-reeve-musk-on-q1–2016-results-
earnings-call-transcript (9 5.16).

National Highway Traffic Safety Administration (NHTSA): *NHTSA Statutory Authorities*, www.nhtsa.gov.

OECD/ITF: *Road Safety Annual Report 2015*, Paris: OECD Publishing, 2015.

»Ontario: Stromer laden ab 2017 nachts gratis« In: *Newsletter* vom 6. Juli
2016. Auf: http://bizenergytoday.com/ontario_stromer_laden_ab_2017_
nachts_gratis (11 7.16).

Priemer, Birgit: »Mini E: Erste Fahrt im Elektro-Mini«. In: *auto, motor und
sport*, 19. November 2008. Auf: http://www.auto-motor-und-sport.de/
fahrberichte/grossversuch-mini-e-erste-fahrt-im-elektro-mini-871921.
html (23 5.16).

RUHRAUTOe: *Carsharing-Modell mit Elektroautos im Ruhrgebiet.* www.ruhrauto-e.de

Schmidhuber Jürgen:»Intelligente Roboter werden vom Leben fasziniert sein«. In: *Frankfurter Allgemeine Zeitung*, 1. Dezember 2015. Auf: http:// www.faz.net/aktuell/feuilleton/forschung-und-lehre/die-welt-von-morgen/juergen-schmidhuber-will-hochintelligenten-roboter-bauen-13941433-p2.html?printPagedArticle=true#pageIndex_2 (16 6.16).

Schulz, Christof, Wiggers H., und M. Franke:»Steigerung der Energiedichte. Nanomaterialien für Hochleistungs-Batterien«. In: Dudenhöffer, F. (Hrsg): *Universität Duisburg-Essen, UNIKATE* 39(2011), S. 29–39.

Schult, HA: Kunst ist Aktion. Tübingen: Ernst Wasmuth Verlag, 2001.

Shirouzu, Norihiko, Paul Lienert:»Taking on Tesla: China's Jia Yueting aims to outmuscle Musk«, in: *Reuters.com*, 25. April 2016. Auf: http:// www.reuters.com/article/us-autoshow-beijing-china-leeco-insight-idUSKCN0XL11X (27 6.16).

Schumpeter, Joseph A.: *Kapitalismus, Sozialismus und Demokratie.* Stuttgart: UTB, 2005 (Neuauflage).

Tesla Motors: *Shareholder Letters*, versch. Jahrgänge, www.teslamotors.com.

Tatje, Claas:»Unheimlich mächtig. Bei VW haben IG Metall und Betriebsrat einen riesigen Einfluss«. In: *Die Zeit*, 7. April 2016, S. 21 ff.

Vance Ashlee:»Elon Musk, the 21st Century Industrialist«. In: *Bloomberg. com*, 15. September 2012. Auf: http://www.bloomberg.com/news/articles/2012–09–13/elon-musk-the-21st-century-industrialist (5 7.16).

Volkswagen AG: *Geschäftsberichte*, versch. Jahrgänge.

Weibel, Peter, (Hrsg.): *CAR CULTURE. Medien der Mobilität.* Karlsruhe: ZKM – Zentrum für Kunst und Medientechnologie, 2011.

»Wie sauber sind Diesel wirklich?«. In: *auto, motor und sport online*, 1. Dezember 2015. Auf: http://www.auto-motor-und-sport.de/testbericht/real-abgastest-wie-sauber-sind-diesel-wirklich-vw-abgasskandal-10254994. html (7 7.16).

Womack, James P., Daniel T. Jones und Daniel Roos: *The Machine That Changed the World.* Boston: Free Press, 1990. Deutsche Ausgabe: *Die zweite Revolution in der Autoindustrie.* Frankfurt a. M./New York: Campus, 1991.

World Health Organization (WHO): *Global Status Report on Road Safety 2015.*

BILDNACHWEISE